スタンフォード
21世紀を創る大学

Stanford University : Leading the 21st Century

ホーン川嶋瑤子

Yoko H. Kawashima

東信堂

はじめに

スタンフォードは、全米屈指の研究大学である。否、世界屈指の大学となった。学術市場はグローバル化し、優秀な研究者や学生を求める競争、卒業していく国際人材の就業先、ネットワークは世界規模へと拡大している。大学ランキングも世界が舞台だ。知中心の時代になって、大学の社会的重要性はますます拡大している。知の伝達、知の創造に加え、知の移転を通した経済・社会への貢献も研究大学の重要な役割になった。さらに、近年は国際社会への貢献も強調されるようになった。「世界的大学」の影響力はまさにグローバル化している。

スタンフォードは1891年の開校、東部の古い名門校に比べると、若い大学だ。大陸横断鉄道ビジネスで成功したリーランド・スタンフォードと妻ジェインがその資産と情熱を注いで創設した大学は、後進西部が必要とした人材・リーダー育成のためのリベラルアーツ教育と、産業発展に必要な実用的教育を両輪の使命として、スタートした。開校時から、象牙の塔的大学ではなく、社会への貢献を使命とした。東部の名門校は、この頃すでに研究大学として成長していたが、新生スタンフォードは、短期間のうちに研究大学として成長するとともに、技術革新を牽引し、周辺の産業発展に貢献した。

1950～60年代、一流の研究者を引き抜いて「傑出した才能の尖塔」作りに成功するとともに、飛躍の時代が始まった。革新的アイディアやテクノロジーを生み出す頭脳集団である大学の周辺には、先端企業が集まってきた。大学の周辺にエレクトロニクス、IT産業が成長し、スタンフォード＝シリコン・バレー共栄の道を拓いたことは世界に知られている。80年代には、学産連携がアメリカの大学の潮流となるが、スタンフォードは大学・産業連携の先駆者として、アメリカ国内だけでなく、ヨーロッパ、アジアの諸大学にもモデルを提供してきた。近年は、スタンフォード周辺にバイオメディカル＆テクノロジー産業の集積地が形成されているが、さらに環境・エネルギー関連産業も急速に発展している。

21世紀の大学の舵取り役として登場したのが、ジョン・ヘネシー第10代学長だ。「創立者スタンフォードのパイオニア的精神、大胆でリスク・テイキング、アントレプレナー的姿勢が、ジョーダン初代学長以来育まれ……今日のスタンフォードにまで脈々と受け継がれてきた。……伝統が神聖化されることなく、進歩は何によっても邪魔されることはない。前進こそが大切なのだ。」学長就任にあたっての演説だ。教授、発明家と企業経営という経験をもつ学長は、百年以上を経た今日にまで継承されているスタンフォード精神の具現者だ。新しい時代にふさわしい大学ビジョン「スタンフォードの挑戦―21世紀の大学を創る」を作成し、強力なリーダーシップをもって、学部教育、大学院教育、研究体制、学際化、国際化、インフラ整備、産業との連携、財源拡大まで、大学の全領域にわたる大胆な改革を推進してきた。大学は、知の加速的革新、大学の役割の拡大とグローバル化という未曾有の時代を突き進んでいる。

筆者は、1980年代終わりに、スタンフォードでの博士課程学生としての経験をもとに、『飛躍する大学スタンフォード』を執筆したが、その後の変化の大きさにあらためて驚く。スタンフォードという活力と魅力溢れる大学がどのように激動の時代に対応し、あるいは変化を先導し、さらなる飛躍を続けているのか知りたいという思いから、本書の執筆を始めた。

本書の原稿が完成した2011年7月、ヘネシー学長にインタビューをお願いしたところ、快諾を頂いた。学長自らの言葉による、21世紀の大学ビジョン、この10年間の達成の意義、学際化、国際化等についての考えを、ここで紹介することができることをうれしく思う。エネルギー、情熱、自信が溢れるが、明るく、気さくで温かい人柄の学長だ。スタンフォードは開校以来優れた学長にめぐまれ、一流の研究大学として発展してきたが、21世紀の激動期に、この大きなビジョンをもつダイナミックな学長が登場したことは、大学にとって幸運だったという思いを強くした。

本書には、学長インタビューに加え、多くのインタビューが挿入されている。何人かの学部長や教授たちが、スタンフォードの教育・研究・組織の諸面についてそれぞれの立場から語って下さった。大学の具体的な営みの一端を垣間見ることができるだろう。日本人留学生たちには、スタンフォードでの留学経験を語って頂いた。真摯に、懸命に勉学し、時に悩みつつも壁を乗り越え、一流の教授たちの大きな視野と深い思考に触れ、世界から集まる優秀な学生たちと交わり意見を交換し、創造的な研究に没頭し、そして課程を修了して、大きな世界へと飛翔していくプロセスの語りは、生き生きとして、感動的である。チャレンジすることのすばらしさをあらためて教えてくれる。日本人留学生は近年減少し続けている。若い読者の方々に、大きな夢に向かって挑戦する勇気とエネルギーを与えるものとなることを願う。

インタビューを通して有益なメッセージを送って下さった教授、留学生の方々に、心から感謝する。本書は、彼らの参加によって完成した共著である。

本書はスタンフォードの紹介書であるとともに、大学研究書として書かれている。スタンフォードをアメリカの高等教育という大きなフレームワークのなかに位置づけ、全体的、有機的にとらえること、さらにグローバルな視点から論じるように努めた。スタンフォードに留学や研究滞在する方々のみならず、日本の大学問題の分析、改革を検討する上での参考として利用して頂ければ幸いである。

最後に、本書の出版を快く引き受けて下さった東信堂の下田勝司社長、編集面でご支援下さった二宮義隆さんに心より感謝の気持ちを表したい。

ホーン川嶋瑤子

２０１１年11月

目　次／スタンフォード　21世紀を創る大学

スタンフォード　21世紀を創る大学

ジョン・ヘネシー学長
——21世紀の大学を創る（インタビュー）

President John Hennessy
(Photo: Linda A. Cicero/Stanford News Service)

——2000年に学長に就任されて以来、「スタンフォードの挑戦——21世紀の大学を創る」の柱としていくつかの大きな「イニシアティブ」に集約し、全学的な改革を進めてこられましたが、その基底にある21世紀の大学ビジョンとは、どのようなものですか？

「大学は数百年、研究大学は百二〜三〇年ほど存在しており、教育、研究面で大学ができることはあるレベルに達した。21世紀の始まりにあって、私は、大学は社会でより大きな役割を果たすべきであると考えた。

世界は今、環境保全、人の発達、経済発展、平和、健康改善等、重大な問題に直面しているが、どれも難しい問題であり、新しいアプローチ、新しい思考、新しい発見が必要だ。私は、大学こそは、これらの重大な問題と取り組むのにベストの組織であり、より大きな役割を果たすように要求されているのだと考えた。

同時に、世界は急速にグローバル化しており、アジアでの問題はアメリカの問題から切り離されていないし、ヨーロッパの問題とも関連している。情報や人が世界を移動する度合いからして、問題はこれまでよりはるかに大きく共有されている。したがって、学生がよりグローバルな視点、これまでと異なる見方で問題を見られるようにグローバル市民として準備させることが必要だと考えた。これらが、大学の方向を考え、スタンフォードの挑戦をプランする基底となり、推進する力となった。」

――独立志向のファカルティから成る分権的組織である大学において、大きな改革プランを作成し、それを全学的に推進していくために、学長、副学長はどのようなリーダシップを用いたのですか？

「大学は1人とか数人によって運営されているのではなく、1500人ほどのファカルティによって運営されている。そのような組織をいかに動かしていくか？　答えは、ボトム・アップのプロセスを使うことだ。まず出発点として、ファカルティの委員会に、何を重要な問題と見るか、大学のより大きな社会貢献の機会として何を見るか、と尋ねることから始めた。学部長、学長、副学長の役割は、ここから出てきたものをもとに、課題を焦点化し、大きな長期的なプランを作成することだ。ただ単に次に何をするべきかというレベルの問題ではなく、長期的コンテクストにおいて考える。1000人の教授から各々1頁に書かれた1000のプランが出てきても困る。相当数のファカルティを引きつけるようないくつかの重要な『方向』へとまとめていく、そして、それを具体化していく努力を支援する、それが学長、副学長等の役割だ。」

――他の研究大学と比べて、スタンフォードの特徴、大学の方向の独自性は何ですか？

「大学の歴史と大いに関連している。スタンフォードは東部ではなく西部で創立された大学だ。始めから強いアントレプレナー的伝統があり、その伝統は大切にされ、より大きく育まれてきた。この大学では、個人のイニシアティブを大切にする。ファカルティは、大学が彼らのしたいことをサポートしてくれるだろうと期待してスタンフォードにやってくる。しかし新しいことの試み、そのためのリソースの獲得は、まず第一に彼らの努力にかかっている。

西海岸に位置していることが、我々をより国際化させている。東部との関係と同様に、アジアとの強い関係をもつ。このことは本校の歴史だ。開校1期生のなかに日本からの留学生がいたし、第1代学長は日本の魚類研究の専門家だった。スタンフォードは日本と常に長い関係をもってきた。我々は、常に国際的、多様であった。スタンフォードは最初から共学だった。また、イェール、プリンストン、ハーバードは始めは宗教的伝統をもっていたのに対し、スタンフォードは非宗教的だった。西海岸、共学、非宗教、これらは、多くの面で我々の制度としてのその後の方向性、運命を形づけてきた。」

――アントレプレナーとはどういう意味ですか？　精神的、文化的意味であり、ビジネスやスタートアップを奨励するという狭い意味ではないでしょう？

「精神的、文化的意味だ。大胆であること、知的リスクをあえて取り新しいことを試すことだ。グーグルやヤフーのスタートアップももちろんだが、研究において何か異なることを試す、実験する、異なるやり方でやってみる、自分が本当にやりたいと思う問題を追究してみることだ。新しいプログラムを始めること、新しい方向についてこれこそ適切な方向であると信じるならそこにエンゲージすることを奨励する。それこそ大学の開校以来のアントレプレナー的ルーツに源がある。」

――スタンフォードでは、研究、教育に対する学際的アプローチが全学的に広がっていますが、これも、学長のおっしゃる新しい試みの一つですね？

「大半のファカルティはかなり狭い分野の専門家だ。ストーブの煙突と表現するのだが、人々が孤立していたのでは、問題に取り組めない。インタラクションが必要だ。これまでの大学の研究のやり方とは異なる組織化が必要なのだ。例えばエネルギー問題に取り組もうとする場合、いろいろな分野の人たちが一緒になって問題にアプローチする必要がある。サイエンス、工学分野だけでなく、経済学者はエネルギーの裏にある経済問題、法学者は新しいエネルギー体制への移行のための改革を論じる必要がある。新しい組織化は重要な問題だと考える。」

――インターディシプリナリー組織化は、学科を代替するものですか？　学科は存続していくのですか？

「学科は存続していく。我々の組織構造を見ればわかるが、マトリックス構造と言えるようなものだ（注：学科という縦組織に横断的な横組織を作り相互のインタラクションを図る）。人々はまだ学科に所属している。２つの分野にまたがる研究者も確かにいるが、大半はそうではない。多くの研究者は、ある分野にベースを置いている。我々がしてきたことは、ウッズ環境問題研究所のように、共同研究を支援する組織を設置したことだ。だから、私が時々、インターディシプリナリーに対して、マルチディシプリナリーという表現を使うのは、その理由だ。インターディシプリナリーという言葉を聞いて、魚でもなくチキンでもない、エンジニアでもなくサイエンティストでもなく、その中間であると考える人も多い。しかし、そうではなくて、研究チームがあって、そこにエンジニアも、サイエンティストも参加する、あるいはエンジニア、サイエンティストが、経済学者と一緒に研究する。それが我々のモデルだ。」

――学長としてのこの10年間に達成されたことで、特に重要であると考えられることは何ですか？

「この10年間にずいぶん多くのことをやってきた……（笑）

アカデミックの面では、やはりマルチディシプリナリー研究を支持し、奨励し、拡大したことが、重要なテーマだ。大学の前進にとって決定的に重要であったと考える。マルチディシプリナリー研究をどう組織し、財源を確保し、ファカルティに奨励するか考え、そのためにいくつかのメカニズムをセットアップしてきた。バイオXからウッズ環境問題研究所、フリーマン・スポグリ国際問題研究所まで、多くの仕事をやってきた。マルチディシプリナリー研究は、学科での研究を完全に代替することではないが、将来より重要になるだろう。

大学の問題の一部は、しばしば、大学が変化を恐れるということだ。変化には予測不可能性があるが、大学は予測可能性を好む。物理は400年も学科であったこと、歴史は1500年、2000年も学科であったという事実を好む。何か新しいことをしようと思う時、カオス（混乱）や予測不可能性があることを受け入れなければならない。プランを前に進め、もしうまくいかない面があれば変更するという姿勢をもつべきだ。大学にとってそれは難しいのだが、大切なことだ。

教育面では、学生への学費援助に大きな投資をしてきた。アメリカの低所得家族出身者に大学へのアクセスを維持し、スタンフォードが富裕層のためだけの場所とならないために、学費援助の充実が必要だ。家族のコネや資産を基礎にしてではなく、メリットを基礎にして、若い人々に機会を与える大学にするというスタンフォード夫妻の夢、ビジョンへのコミットメントだ。

国際的活動の拡大は、明らかに重要だ。スタンフォードの学生が海外に滞在し、グローバルな経験をして、世界についての視野を広めることができるよう、海外キャンパスの充実に力を入れている。既存のキャンパスに加え、この10年間に、南アフリカ、バルセロナ、北京にも新設した。京都のプログラムも長く続いているし、ヨーロッパにも多数のプログラムがある。学部教育における国際学生の数も少しずつだが拡大してきた。学部教育は共に学び、共に生活するという教育だから、まったく異なる世界観をもつ海外学生が、どこであれ10人ほどのグループに1人くらいいることは、学生の視野を広め学習を強化する。これらが10年間の達成の最も重要な事だ。」

――スタンフォードや他の研究大学にとって、最近の最大の懸念事項は何ですか？

大きな問題の一つは、高等教育の財政問題だ。連邦政府は、研究の主要なスポンサーだ。ワシントンでの財政危機で、連邦政府の大学へのコミットメントがこれから先どうなるか不明だ。公立大学で起きていることは特に深刻だ。州からの援助は前よりも縮小しているので、教育の質を低下するか、授業料の大幅値上げを強いられている。授業料は、バークレー、ＵＣＬＡ等では今はまだ割安だが、授業料の急上昇が続けば、いずれ多くの家族にとって手の届かないものとなる。財政的にどう安定化させるか、これまでのところすばらしい解決策は出てきていないが、国として取り組まねばならない問題だ。」

――学生に対して、どのような価値、姿勢、文化を特に重要なものとして強調し、伝えてきましたか？

「新入生と卒業していく学生に対し私がどんなことを言ってきたか、お話しよう。質問に対するある程度の答えになると思う。

新入生に話すことは、自分自身の道を見つけよ、ということだ。何か自分が一生懸命になれること、興奮できること、卒業後それを用いて世界に貢献できるようなものを見つけることだ。彼らに、大胆であれと言う。エンゲージせよと言う。スタンフォードに入学する彼らはもちろん非常に優秀だが、スタンフォードでこれまでの倍もの努力をせよ、学部教育に真剣に取り組め、それを最大限に活用せよと言う。研究に参加し、知の創造の先端に立って、そのプロセスがどのようなものであるかを見る経験をするように奨励している。また、グローバルな世界観をもてるように、海外を旅行し、国際的な経験をするように勧めている。

卒業していく4年生に対しては、意味ある人生を生きるようにと言う。一人ひとりが、自分なりに、世界で何かよいことをする道を見つけることだ。企業や政府での仕事を通してであれ、社会サービス、非営利活動であれ、何か世界に貢献せよ、20年後にスタンフォードに行ったことを誇りに思うように、社会に還元せよ、こういうことを彼らに言ってきた。……時々はうまくいく……（笑）」

――グローバル化のなかで、スタンフォードが特に重点的に進めていることは？

「海外キャンパスは、学生にとって、異なる文化のなかで生活し、経験し、外国語を習得するすばらしい機会となってきた。昨年、フローレンス・キャンパスの50周年を祝った。同窓生たちと話して驚くことは、海外での経験について非常にポジティブに思い出すことだ。自分が成長していく機会だったと考えている。学生を海外に送り出す機会をより拡大していきたいと思う。

国際共同研究はより重要になっている。シンガポールとインドでは、医学関連のトピック、医療機器の開発、その他のメディカル関連の問題について共同研究している。他地域では物理関係の研究、いくつかの大学と太陽エネルギーに関連する研究提携をしている。

共同研究は、スタンフォードがしたいと思うことと海外の研究者がしたいと思うこととがうまくフィットしていて、研究の機会と課題についての共通理解がある時に、一番うまくいく。スタンフォードには、世界のあちこちから研究提携についての覚書に署名したいという希望がたくさん来る。世界のどことでも提携協定に署名できるが、こういうのはあまり意味のない紙片にすぎない。本当に意味があることは、スタンフォードのファカルティと他大学のファカルティが共同研究の理由や意義を見て一緒に研究することであり、この種のインタラクションがあって初めて、共同研究が真の進歩、成功を生み出す。」

――北京大学には、学部生の海外教育プログラムとして北京キャンパスが04年に開設されましたが、08年にスタンフォード・センターがあらたに設置され、新しい建物も12年春にはオープンしますね。このセンターはこれまでの海外キャンパスとは異なる機能、活動がねらいなのですか？

「あなたが言うように、この新しい北京センターは、学部教育中心の既存の海外キャンパスとは異なる。京都センターには、学部教育プログラムに加え、研究プログラムも長い間あったが……北京センターについては、学部教育センター以上のものになるよう企画しており、北京大学および近隣の清華大学との提携を推進し奨励していくことになるだろう。両大学の教授や大学院生と共同研究をしているスタンフォードの教授や大学院生が滞在できる拠点を作り、共同研究しやすい環境を提供することになる。中国とは多数の共同研究がある。中国が劇的に成長し変化していくのを見て、工学、医学、法学、ビジネス、教育、もちろん人文&サイエンスすべての分野からの多数の研究者が、中国との共同研究に参加している。だから、ユニークなセンターを開設するというステップを取った。これは、ただ数年だけ続くという類のものではなく、20年、30年と続くだけの内容のある提携関係であると信じる。それだからこそ、大学の能力の拡大となるこのセンターに投資しているのだ。」

――北京センターの開設は最初の試みとのことですが、将来的に、この種の2つ目、3つ目のセンターが世界の他地域に開設される可能性もあるのですか？

「いずれはこのようなセンターがもっとできるかもしれない。これは新しい実験だ。まず最初のものを試みて、どのようにいくか見る。中国にとっても最初の実験だ。中国はアメリカの大学と多数の共同研究をしているが、中国の大学のキャンパス内に海外大学がスペースをもつのは、初めてのことだ。だから、彼らにとっても、アメリカの大学とどのように提携するかの実験になる。我々も、これがどういう風に進展するか、結果を興味をもって見ていく。スタンフォードは、他地域、他大学との提携もしている。もちろん日本とも、インド、スウェーデン、ヨーロッパとも共同研究しているので、この北京での実験の展開を見て、同様な試みを他でも行う価値があるかを判断するだろう。」

――近年スタンフォードにおける日本人留学生は激減しています。日本との関係は、教育の面でも研究の面でも、強化というより、どちらかというと弱化しているのではないでしょうか？　日本との共同研究の可能性は多くあるのでしょうか？

「日本人留学生の減少については、私自身も、また日本の政府、企業、大学で働く知人たちとも話すが、彼らも感じている。海外に行く日本人学生の数は、かつてよりもはるかに少ない。海外留学する学生数が急上昇を続けている中国での現象と比べると、対照的だ。日本人の海外留学の減少が、最終的には、良いことか悪いことか、日本が自ら問うべきだろう。日本が変わると良いとは思うが、それはあくまで私の見解であり、留学の減少が真に問題なのか否かを決めるのは日本のリーダーたちだ。

共同研究の可能性については、我々が取り組んでいる問題は世界的なテーマであり、問題の規模からして国際協力が必要なのだ。例えば、日本は今春大災害に見舞われたが、これからのエネルギーをどうするか？　これまでと同じように原子力発電への依存を続けていくということはないのではないか？　化石燃料への依存もまた問題だ。では、どうするか？　このような問題こそ、より多くの共同研究が必要であろう。」

（2011年7月27日）

第1章
スタンフォードの今日

スタンフォード大学の中心、クァドラングルと教会（左側）：
後方に理学・工学・医学キャンパスが広がる（Photo Y. Kawashima）

1　キャンパスにみなぎる「成功の大学文化」

スタンフォード大学を訪れる人は、誰もが、そこが「成功の文化」に包まれた空間であることを感じるだろう。キャンパスは、美しく、豊かで、「成功のシンボル」で満ちている。

スタンフォードは、サンフランシスコ市から南に50キロ、半島に連なる緩やかなサンタクララ丘陵と湾岸とにはさまれた地域にある。太平洋からの湿気を含んだ気流は山脈を越えて乾燥した空気が平地へと流れ下りるため、冬の雨季を除きいつも快晴温暖という快適な気候にめぐまれている。近隣には、かつてスタンフォードが育てたシリコン・バレーが拡大発展して複合産業集積地域が広がる。

丘陵の遠景を眺望しながら、パロアルト市エルカミノ通りの正門から長くまっすぐ続く椰子並木を行くと、オヴァルと呼ばれる手入れの行き届いた楕円形の庭園に到達する。その奥にまばゆく輝く教会を中央にして、赤い屋根瓦の淡黄色の建物が四辺形の内庭広場を囲む。このクァドラングル（クァッド）が開設時から大学の心臓部分であり、学長、副学長等のガヴァナンス中枢がある。クァッドを中心に東側に人文系、西側に理工系が広がり、北西の医学部へと連なる。

キャンパスの拡大は、大学発展の軌跡を示す。古い建物の多くには、スタンフォードの発展に貢献した偉大な学者たちの名前が付けられていて、その足跡を記す。ＩＴ革命が進行するなかで、80、90年代には、コンピュータ・情報関連の近代的ビルが建設された。そして、この10年間のサイエンス、環境・エネルギー、バイオメディカルの建設ブームに続いて、ビジネス・スクール、ロー・スクールの新ビルも続々と完成した。今は、楕円形庭園オヴァルの両側に、アート教育推進のハブとしてアート関連ビルが建設中だ。これらの新しい建物のほとんどは、アメリカの著名な財界人の名前が付いている。彼らはビル建設への巨額寄付者たちだ。その多くはスタンフォードの卒業生であり、シリコン・バレーでの成功者が多い。建物自体が彼らの成功、そして大学の成功を語っている。

大学は8180エーカーの土地を所有しているが、キャンパスとして利用されているのはその12%、1000エーカーにすぎない。中央に教育・研究施設、それを取り巻くように学生寮、スポーツ施設、さらに周辺に大学教職員住宅がある。教育・研究の場と生活が一体となったコミュニティを作っている。広々としているが、中心部は比較的コンパクトで、7つのスクール（学部）と多数の研究所は近距離につながっている。バックパックを背負った学生は寮から教室へと自転車で移動する。連邦エネルギー省から委託されているSLAC国立研究所（スタンフォード素粒子直線加速研究所から改称されたが、今もスラックと呼ばれている）だけは少し離れている。キャンパスは非課税の大学自治区で、水・電力供給から警察・消防、バス、保育所、リサイクリング・センターまでの生活インフラをもつ。キャンパス周辺の土地の一部は、大学財源を生むように賃貸されている。丘陵地の60%は未開発地だが、特に1200エーカーのジャスパー・リッジは教育・研究用に重要な自然保護区域となっている。

ファカルティ（教授陣）約1900人、学生1万5320人（学部生6880、大学院生8440）。中規模の大学だが、卓越した頭脳が集まる。ファカルティには、ノーベル賞はじめ各分野の名誉ある賞の受賞者が大勢いる。彼らは学問的貢献の重要性に加え、強い「後光効果」を放ち、研究資金を引き寄せ、優秀な若手研究者、学生にとって成功のモデルだ。

大学は今日ますますグローバル化し、優秀な研究者や学生が世界から流入する。教育カリキュラムも、研究内容も国際化し、また海外大学との共同研究や連携が広がる。海外キャンパスも世界の主要地に広がっている。世界から多数の著名な研究者、思想家、経営者、政治家、あらゆる分野で活躍するリーダーたちがキャンパスを訪問し、講演する。学生たちは日々の生活のなかで世界舞台に触れている。

キャンパスにみなぎる大学文化は、研究にとっても教育にとっても、財源や物的インフラと同等に重要な「文化資本」であり、そこにいる人々の思考や価値観を形成する。チャレンジ、クリエイト、イノベート、チェンジ・ザ・ワールドといった言葉があらゆる場、機会に充満している。研究者たちは優れた研究達成をめざす。学生たちは、「成功のシンボル」に囲まれて、「成功の大学文化」を吸収し、「成功への志向」「達成願望」を内面化し、「リーダーシップ」を涵養し、世界の指導者をめざして飛び立っていく。

2　ガヴァナンス

(1)　学長と副学長

２０００年秋に就任したジョン・ヘネシー第10代学長（President John Hennessy）は、工学部長３年、副学長２年を経験した後、47歳の若さで、スタンフォードを21世紀の大学へと導く役割を担うことになった、ダイナミックな学長だ。電気工学科の教授であった彼は、エレクトロニクス関連の新しい発明と開発で大学もシリコン・バレーも活気づいていた1984年、高速度コンピュータ・チップを発明して起業している。しばしば、「創立者スタンフォードのパイオニア的精神、大胆でリスク・テイキング、アントレプレナー的な姿勢」に言及するが、研究とビジネス両方での成功者、まさにスタンフォード＝シリコン・バレーのシンボル的人物、そして、学生にとってリーダーシップの格好のモデルだ。

大学は、創立者スタンフォードが大学のために委託した財産を管理する法人「スタンフォード・コーポレーション」であり、任期5年の最大35人の理事から成る大学理事会が最高決定機関である。理事には著名な財界人が多いが（何人かは巨額寄付者）、社会事業家、教授、法曹人等の多様なミックス、それに学長が加わる。外部理事の存在が、大学を社会的ニーズにより敏感に反応する制度にしている。

学長は大学理事会によって任命され、大学運営を託される。空席が生じた時、理事会はサーチ委員会を設置して全米から候補者を探し、学内意見を聞いて、決定する。日本の大学のような教授たちの投票による選出ではない（学長は他大学の学長や副学長経験者からの抜擢、あるいは副学長からの学内昇進が多く、企業等の大学外組織からのリクルートは少ない。希少な大学トップ人材専門のサーチ・サービス会社すらある）。スタンフォードでは、ヘネシー学長を含め学内副学長からの昇進が多い。任期は規定されておらず、理事会の支持がある限り長期も可能であり（解雇権をもつのは理事会のみ）、強い指導力を発揮して大きな改革推進もできる。可もなく不可もなく任期を無難に過ごすというのはダメだ。

ヘネシー学長が選んだジョン・エチェメンディ副学長（Provost John Etchemendy）は哲学科教授だが、頭脳・言語・情報・コンピュータ関連の研究者だ。学長、副学長ともにジョン、「2人のジョン」と呼ばれている。学長が電気工学専門であるのに対し、副学長は人文とITをまたぐ分野。学長は大柄で大股に闊歩、快活、アウトスポークン、エネルギッシュ。副学長は、全体から細部にまで目が届き効率よく問題に対処するという感じの有能な片腕。相性がいいコンビに見える。

学長の職務は詳細に規定されているわけではないが、全体の舵取り役、説明責任、財政、建設やテクノロジー導入の長期計画等の総括責任を負う。今日の学長には、適切な大学ビジョンとリーダーシップはもとより、巨大化・多角化する組織のマネジメント能力、経営的センスが要求される。とはいえ、大学は利益追求で集権型の企業とは異なる。多様な思考、価値規範、文化を擁し、学科を基本的単位とする、本質的に非中央集中的、分権的組織である。かつてのような組織も機能も単純だった大学に長期にわたって君臨した偉大なワンマン学長たちの時代は終わり、今は「分担的ガヴァナンス」だ。決定には、しばしば、教授、学生、運営管理職者、理事会、同窓会等のさまざまな構成員が参加する。しかし、学長のビジョンとリーダーシップが、大学の方向、繁栄を左右することには変わりない。内に対しては分散的組織をとりまとめて全体としての統合性をもたせる調整力、外に対しては大学の顔として政府や寄付者などと交渉する能力が要求される。

副学長は、教育・研究のアカデミックなこと全般、大学予算策定、学生関連から土地・建物までの責任者だが、学長が外との接触に時間を割かねばならないので、副学長は、内部的な大学運営を取り仕切る重要なポストだ。副学長は、学部長（Dean）を含むアカデミック関連のトップポストの任命権をもつ。学部長は任期5年で更新可能だが、副学長が学部内の教授の意見を聞いた上で選任することが多い。しかし外部からの採用を考える場合は、サーチ委員会を置いて候補者を探す。副学長は、また、学内配分する一般財源を管理しており、配分は学部ごとの学生数による機械的配分ではなく、大学全体のニーズを配慮して配分するのだから、その責任は大きい。

大学ガヴァナンスは、学長、副学長以下、アカデミック関連と管理運営関連とに分かれる。アカデミック関連は、学部長7人、フーヴァー研究所長、ＳＬＡＣ所長に加え、研究、ファカルティ・デベロプメント、学部教育、大学院教育のそれぞれに副学長任命の副学長補佐（Vice Provost）がいる。通常は教授の兼任だ。学長、副学長と彼らをメンバーとするキャビネットが、アカデミック関連の重要問題を論じ決する場だ。一方、管理運営関連には、財政、土地建物管理、ファンド・レイジング（寄付集め）、対外関係、学生問題、同窓会等のそれぞれの分野に学長任命の学長補佐（Vice President）がいる。大学資産の運営をするのはスタンフォード・マネジメント会社で、そのトップにＣＥＯがいる。彼らはそれぞれの分野で経験を積んだその道のプロだ。ガヴァナンスのトップの構成メンバーが、学長、副学長による任命であることが、大学の大きな方向についての学内での意見共有を容易にし、大きな改革を実施しやすくしていると言えよう。

（２）教授会（アカデミック・カウンシル）

教授会は、学長、副学長、テニュア・ライン・ファカルティ、ノンテニュア・ライン・ファカルティ、一部の研究所のシニア・フェロー（上席研究員）等の１４６８人で構成されており（２０１０年秋）、55人の代表から成る評議会によって代表される。アカデミック関連の政策を議論するため７つの委員会（大学院教育、学部教育、研究、入学・学費援助、等）が設置されている。

教授の地位は過去においては弱かったが、今日では教授会の発言権は大きく、大学の方向策定に大きくかかわる。学長は、教授会の支持なくして大きな改革実行は不可能だ。万一学長と教授会の間に対立が生じたらどうなるか？　著名な例は、ハーバードの前学長だ。同大学教授で財政政策の一流の学者であり、クリントン政権下の財務大臣を務めた辣腕政治家でもあったが、学長としては、強引な発言と行動で教授たちとぶつかり、教授会から不信任決議を受けた。理事会による解雇はなかったが、結局５年だけで学長を辞職した（彼はその後オバマ政権の経済政策会議ブレーンとなった）。教授会と衝突が続けば、学長はリーダーシップを発揮できない。

３　「スタンフォードの挑戦――21世紀の大学を創る」

ヘネシー学長が就任後すぐ取り組んだのが、前学長のもとで始まった学部教育改革の一層の推進であり、教養教育の強化、専門教育の充実、研究機会の拡大、海外留学の拡充、学際的学習の増加を柱とする（詳細は第４章）。大きな改革には大きな財源が必要だ。２００１年から「学部教育のためのキャンペーン」が始まった。ロバート・バス、ピーター・ビング、クレイグ・マッコー、チャールズ・シュワブ、ジェリー・ヤンという卒業生で著名な財界人がチェアを務め、彼ら自身の貢献分２億ドルとその他の寄付を合わせて４・25億ドルでスタート、最終年06年６月までに11億ドルを達成した。シリコン・バレーとの広い人脈をもつ学長は、寄付集めに手腕を発揮するが、それにしても桁違いだ。

２つ目が大学院教育の改革である（第４章参照）。大学院教育の新しい方向が検討され、「世界の重要問題に取り組むための学際的研究・教育構想」が作られ、健康、環境、国際問題イニシアティブが始まったが、05年大学院教育報告書によって改革方向が示されると、「スタンフォードの挑戦――21世紀の大学を創る」というビジョンを掲げ、43億ドルを目標とする5年間キャンペーン（06・10～11・12）が始まった。

「スタンフォードの挑戦」は、大学に集まる世界のトップレベルの頭脳を動員して世界の重大問題の解決に貢献すること、および次世代指導者を養成することを、大学の使命として位置づけ、その面で世界での先導的役割を果たすことを強調し、6領域の全学的イニシアティブを重点化している。

①人類の健康増進イニシアティブ
②環境と持続のイニシアティブ
③国際問題イニシアティブ
④アートと創造性のイニシアティブ
⑤幼稚園から高校までの教育改善イニシアティブ
⑥将来の指導者養成イニシアティブ―学生のリーダーシップ養成教育の強化

大学改革は立派なビジョンが作成されても雲散霧消することが多いものだが、スタンフォードではめざましい成功を達成している。その理由を探ってみよう。まず、ビジョン作成から具体化へのプロセスは、成功を左右する。新しい学長、副学長コンビは、まずニーズ評価委員会を設置し、各学部からの意見聴取に着手、学部長は各学科の意見をとりまとめてニーズ・リストを提出。その過程で、大学は重要な社会的問題の分析と解決に貢献するべきだという考え方が強く提案され、それが「イニシアティブ」としてまとめられた。ボトムアップでアイディアを吸い上げ、大学全体のビジョンとプランを作り、学部・学科へと下ろす、ボトムアップとトップダウンの両方の流れによって、学内のコンセンサスと幅広い支持を得るという賢明なやり方が、強いリーダーシップによる実行を可能にした。

また、リソースの増加なくしての改革は、とかく利害衝突を生み調整が難しいが、寄付による財源拡大が既存利益の衝突を少なくしている。そして、大学の使命としての社会貢献の重視、教育と研究の学際化、国際化、未来の指導者養成という改革の主柱の適切性、スタンフォードの開校以来の教育哲学との整合性等、これらの要素が成功をもたらしていると言えよう。

4　教育と研究の学際化

学際化は近年の潮流だが、スタンフォードは先導的で最も成功している大学と評されている。開校以来の教育哲学として基礎研究と応用研究、知的追究と問題解決の結合、大学の社会貢献の重視が価値づけられてきたこと、人文と自然科学が同じ学部を構成していること、すべての学部が同じキャンパス内の近距離にあること、さらに、近年の新しい建設デザインには、学際的共同研究や学内交流を促進するような工夫がビルトインされている。

伝統的に大学は、学問分野を学科とし、それを大学組織の単位としてきた。いくつかの学科をまとめて学部とし、教授や予算等の学科・学部間配分が決められたが、原則として、教授も学生も学科に所属し、各学科がかなり大きな自由決定権をもち、学科単位で教育を行い、学位を授与していた。しかし、それが知の人為的分断を生むことにもなった。近年における知の急テンポの革新と世界の複雑化のなかで、伝統的学科の知の境界を超えた新しい学問分野も登場し、また、学科による縦割り方式ではなく、多方面からの相互関連的、網の目状的理解をめざす学際的アプローチが広がった。

学際的アプローチは、実は、案外長い歴史をもっている。最初アメリカ研究で用いられ50年代には定着し、60年代以降エスニック研究、ジェンダー研究、その他の分野に次第に広がったたし、教育学のように異なる分野からのアプローチが必須である分野もある。最近の取り組みは、学際の全学的広がりと広範囲学際化がその特長だ。

学際的授業、学際的プログラムが増えている。学位を授与する学際プログラムは40ほどあり、エスニック研究、世界地域研究、国際政策研究、国際関係などの人文系だけでなく、環境関連、バイオ関連、サイエンス、工学にもある。学位を授与しない学際プログラムも多数ある。異なる学部の2つの学位を取得できるジョイント・ディグリー（複合学位）・プログラムも増えており、学際的アプローチは学生の間でも人気が高い。

研究所も、インスティチュート、センター、ラボラトリーという名称で100近くリストされているが、それぞれ明確な定義があるというわけではなく、実態も多様だ。学科や学部所属のものに加え、独立のものもある。「独立の全学的学際研究所」は、スポグリ国際問題研究所やウッズ環境問題研究所等17あり、副学長補佐の監督下に置かれ、量的には大学の研究の20％を担う重要な研究組織になっている。

しかし、スタンフォードでは、教育の中心組織は学科だという形は基本的に維持されており、教授も学生も学科に所属しながら学際的プログラムや研究所のプロジェクトに参加するという形だ。既存学科の廃止による学際的組織への編成替えではなく、上乗せあるいは横断方式、つまり学際組織は学科の代替ではなく、補完的組織である。

大きな研究所新設のためにはいくつかの基準を充たなさければならない。正当な存在理由に加え、その分野の全米トップレベルの研究所となりうる質の高さと、独自財源の確保が要求されている。すなわち、大きな寄付金を得て基金を設置しなければならない。既存財源の再分配ではない。このようなやり方が、既存組織との利害衝突を少なくし変化への抵抗を小さくしている。

学際的プログラムと研究所は、80年代に急増した。研究大学は競って学際研究センターを設置し、トップ25研究大学は昨今平均１００近い学際研究所をもっているという調査もある。増加の理由には、上で述べた①有益性、必要性に加え、②新しい研究分野・視点の開発、③学科枠にとらわれない斬新な研究をする教授を引きつける効果、④研究グラントのとりやすさ、がある。ＮＳＦ（国立科学財団）、ＮＩＨ（国立衛生研究所）は学際的研究助成枠を置いている。かつては、個々の教授が研究契約を取り付け遂行責任を負ったが、近年は、学際的グループ・アプローチが増えてきた。

ところで、「学際」は、マルチディシプン、インターディシプン、時にはクロスディシプン、トランスディシプンも使われており、概念的に区別して使用されることもあるが、同義的に使用されていることも多い。マイラ・ストロバー教授（Myra Strober, 教育学）は、①皿の上にチキン、ポテト、人参がのっている状況、②材料を一緒の鍋に入れて煮るがそれぞれが形を保っている状況、③材料を全部ミキサーに入れてミックスした状況、と異なる学際概念に触れている。多くの場合は①、せいぜい②だろう。伝統的学科で教育を受けた研究者がまだ多く、それぞれの専門分野の知識をもって共同研究するという形だ。しかし、学際的教育を受けた若手研究者が増えれば、それも変わっていくのかもしれない。

学際化をめぐっては、アメリカの教授たちの間でも、学科不要論から、学科はあくまで大学の屋台骨であるという主張までいろいろあり、温度差がある。また広域学際研究所が常にうまくいくわけではない。財源、スペース、スタッフ、多くのミーティングが必要であり、人的、金銭的、時間的なコスト増の問題が生じる。教授は所属学科での仕事と研究所の仕事との兼ね合いの問題があり、協力関係が難しいこともなきにしもあらずだし、共同研究の重複も生じうる。しばしば学科には特有の言葉・表現があり、特に文系、理系を含めた広域的参加の場合、参加者間の相互理解に時間もかかる。しかし、スタンフォードでは原則的に学内で大幅な支持を得ている。学際化について数大学を調査したストロバー教授は、スタンフォードは最も学際化の成功している大学だと言う。学際化の動きが逆戻りすることはないだろう。学際化の具体的実践については次章以下で取り上げる。

5　大学財政

08年からの不況は大学財政を直撃し、大学の総資産価値（基本財産、使用可能な諸基金、建物設備、その他資産）は目減りし（2010年8月末で214億ドル、病院を除くと194億ドル）、資産運用収入も寄付も大きく減少し、給与凍結、教授の新規採用中止、職員削減、建設見直しを余儀なくされたが、11年には回復してきた。以下で、基本財産、運営費、スポンサー研究、ファンド・レイジングに焦点を当てて見ていこう。

(1)　基本財産（エンダウメント）

スタンフォードの基本財産は、現在7000ほどの基金から成り、時価138億ドルである（2010・8・31）。基本財産は大学の財政的土台であり永久に保存され、運用収入と寄付によってその増加を図り、毎年一定割合の

表 1-1　スタンフォードの基本財産（単位億ドル）

年	基本財産額
1983	9.7
1991	23.0
2001	82.5
2008	172.1
2010	138.0

（各年8月31日の数字。大学各年予算書）

表 1-2　大学の基本財産額（100万ドル）、学生1人当たり額（1,000ドル）

大　学	2008年	2009年	（1人当たり額）
ハーバード	36,556	25,662	(1,310)
イェール	22,870	16,327	(1,436)
スタンフォード	17,200	12,619	(933)
＊2010年	13,800		
プリンストン	16,349	12,614	(1,721)

（Chronicle of Higher Education, Almanac 2010/11）

額がそこから取り出されて（ペイアウト）、大学の運営費をカバーする貴重な自己財源である。1991年にスタンフォード・マネジメント・コーポレーションが設置され（大学の組織）、CEO以下投資のプロが資産運用し、公社債、不動産、株、ベンチャー投資、天然資源など多様な投資で長期的収益を確保する努力をしている。歴史的に多くの大学は低リスクの安全運用していたのだが、1967年にフォード財団長がより積極的運用を提言してから、より高い収益のある投資へと転換した。投資の実質収益率は景気に左右され、99／00年には38％を達成したが、08／09年度は不況で一挙にマイナス27％に下落、しかし09／10年度は14％に回復した。過去10年間平均は7％。基本財産の価値は08／09年に27％減したが、1990年からは6倍増している。

基本財産から大学運営費へのペイアウト率は近年5・5％である。運営費財源に占めるペイアウト額の割合は20年前には9％にすぎなかったが、基本財産の拡大によって、08／09年には26％にまで拡大した。しかし不況の影響で10／11年には20％に落ちた。基本財産は過去からの蓄積であるので、歴史の長いハーバード、イェールは大きな基本財産をもち、学生1人当たり額も大きく、運営費に占めるペイアウト額の割合は08／09年でそれぞれ42％、43％、スタンフォードの26％よりはるかに高い自己財源率を確保している（表1―1、表1―2）。

（2）大学運営費―収入と支出

10／11年度運営費を見ると、収入は40・28億ドル、支出は37・06億ドルである（なお、建設費関連はここ数年の大規模建設プランの一部完了と不況の影響で、前年度の4割減で3・68億ドルに縮小したが、11／12年には4・56億ドルになる予定）。

⑴収入40・28億ドル

最大の財源は、スポンサー研究収入であり、12・35億ドル、運営費の31％を占める（大学研究分6・63、SLAC分3・46、間接費2・25）。その72％は連邦政府からのものだ。

2番目は、投資収入であり、9・16億ドルで、運営費の23％を占める（基本財産からのペイアウト7・74、その他の投資収入ペイアウト1・42）。

3番目は、学生からの収入であり、6・94億ドル、17％を占める。これは授業料（5・64億ドル）、学生寮の部屋・食事代、医療サービス費等から成る。この収入は、使途自由な一般財源の6割近くを提供するので重要な財

図1-1　スタンフォードの大学運営費：収入と支出（2010/11年度）
（大学予算書2011/12）

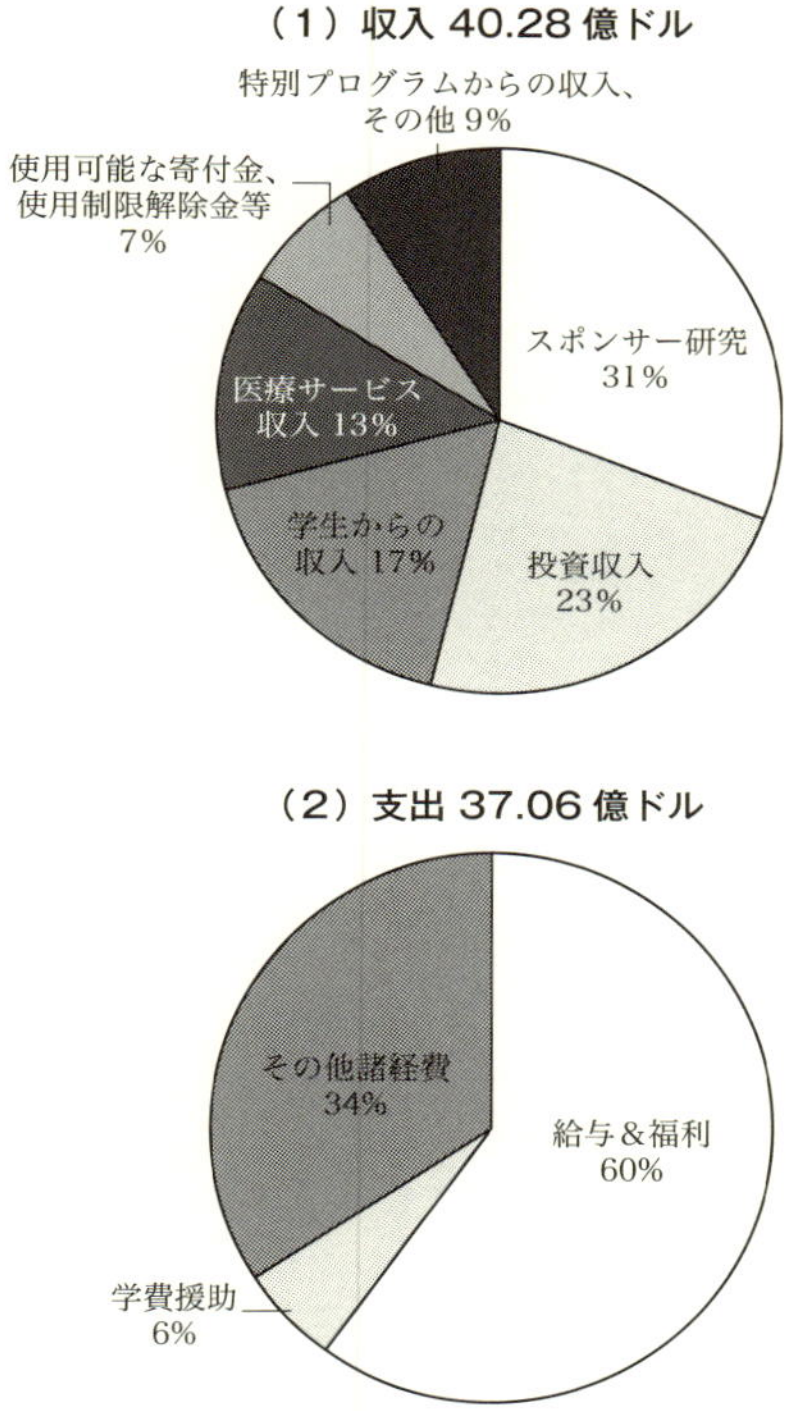

源である。しかし、授業料は学部生1人当たり教育費の3分の2をカバーするだけだし、授業料を全額払う学生は2割にすぎず、8割は何らかの学費援助を受けており、多くはスタンフォードからの援助を受けている。

医療サービス収入も5・4億ドル、13%と大きい。これは、病院から医学部への教授による治療サービスへの償還費と諸サービス・プログラム収入等である。

特別プログラムからの収入等3・64億ドル（9%）には、いろいろなものが含まれている。企業アフィリエイト・プログラム収入（第6章参照）、ライセンス収入、会議収入、外部向けコース提供収入、大学旅行社からの収入、レストラン・食堂等収入、スポーツ試合、TV、大学出版、住宅賃貸料等。設立規定によって大学所有の土地は売却が禁止されているが、一部は、大学に収入を生むように賃貸その他の形で運用されている。キャンパス南にあるのが世界に名だたるスタンフォード・リサーチ・パーク、北にはショッピング・センター、賃貸住宅、SLAC近隣でベンチャー企業の集中で知られるサンドヒル側に、オフィスビル群の賃貸、09年にはデラックスなローズウッド・サンドヒル・ホテル（運営は委託）がオープンした。

⑵ 支出37・06億ドル

運営費の59％（22億ドル）が、給与&福利等の人件費に支出される（教員、職員、TA、RA）。大学は労働力集約組織である。

学費援助費は2・32億ドル（6％）だが、うち学部生対象が1・45億ドル。ニーズ対応奨学金のうち95％は大学財源でカバーされ、連邦政府ペル奨学金等は5％にすぎない。大学院生対象には、フェローシップ等の8700万ドルに加え、RA／TA給付として2・17億ドルがあり（上記「給与&福利」に含まれている）、それを加えると学費援助支出は3・04億ドルで、その30％がスポンサー研究費でカバーされ、他はスタンフォード財源である。加えてポストドクに8700万ドルがある。合計すると学生援助費はほぼ5・33億ドルに上る。授業料値上げの一方で、学費援助拡大のために寄付金集めに力を入れてきたが、その努力が成果を生んでいる。

その他諸経費が12・74億ドル、35％である（設備器具等購入、食費・接待費・旅費、図書購入費、光熱費、建物維持費、借入金関連費等）。

予算の総括責任者は副学長であり、使用用途が自由な一般財源（授業料収入、間接費、制限なしの基本財産運営収入、使用可能な資金プール）は、副学長の管理下にあり、学内各組織に配分される。しかし、大学は各組織がかなりの独立性をもつ分権的組織であり、多くの財源は、教授（研究グラント等の主責任者）、学科、学部の管理下にあり、使用についても大きな裁量権をもつ。

各学部別に見ると、大学の一般財源からの配分の他に独自の財源構成をもち、学部の特徴が反映されている。大学全体運営費の44％を占める医学部では、スポンサー研究収入が34％、医療収入が30％と大きい。工学部は、スポンサー研究収入が42％と圧倒的に大きいが、基本財産からのペイアウトの他、企業との連携を反映し、企業アフィリエイト・プログラム収入（5％）が大きい（第6章参照）。外部向け企業幹部教育収入（6％）もかなり大きい。地球科学部は、大きな基本財産からのペイアウト（45％）とスポンサー研究収入（20％）が大きいが、アフィリエイト・プログラム収入も10％の財源となっている。プロフェッショナル・スクールである法学院では、スポンサー研究収入は1％のみで、ペイアウト、寄付が大きい。ビジネス・スクールも同様だが、企業幹部教育収入が15％の財源を供給している。

（3）スポンサー研究

研究大学にとって研究資金確保は生命線だ。研究の主財源がスポンサー研究収入（グラント／研究助成金やコントラクト／研究契約）であるが、大学の運営費の3割を支える最大財源となっている。スポンサー研究収入が教授の研究プロジェクトを支え、プロジェクトにRAとして参加する大学院生の学費援助となり、間接費は事務スタッフの人件費や事務費、施設設備使用費の一部をカバーする。

表1-3　スタンフォードのスポンサー研究費の出所（2009/10年、単位1,000ドル）

総　額	752,811	
連邦政府スポンサー研究費	582,274	（％）
国防省	58,153	（10.0）
エネルギー省（SLACを除く）	20,458	（3.5）
国立航空宇宙局（NASA）	24,988	（4.3）
教育省	2,757	（0.5）
保健省（NIHを含む）	395,209	（67.9）
国立科学財団（NSF）	71,645	（12.3）
その他	9,063	（1.6）
連邦政府以外（財団、企業等）	170,536	

注：連邦研究所SLACを除く大学分のスポンサー研究費
（大学予算書）

表1-4　スタンフォードの連邦政府スポンサー研究費
（単位 1,000ドル）

年	連邦政府スポンサー研究費
1950	1,267
1960	14,803
1970	57,043
1980	118,942
1990	245,244（＊87.5％）
2000	391,156（＊84.3％）
2009	582,274（＊77.3％）

＊スポンサー研究費総額に占める連邦政府分の割合
（大学各年予算書）

スタンフォードの09／10年度スポンサー研究収入は7・53億ドル（SLACを除く）、その77％は連邦政府からのものであり、23％が連邦政府以外（財団、企業等）からである。連邦政府の比重は90年代には87％ほどだったのが、2000年頃から減少した。オバマ政権による不況対策として2009年「回復&再投資法ARRA」が成立し、経済刺激のため2年間で1・9億ドルの追加助成があり、スタンフォードでは、医学部とSLACが恩恵に浴したほか、カリフォルニア州の幹細胞研究助成金（CIRM）からも2000万ドルの助成金が医学部に入った。エイジェンシー（助成組織）別に見ると、保健省（NIHを含む）の比重が年々上昇し、09／10年には実に68％を占めている。続いて、国防省とNSFの割合が大きい（表1―3）。

連邦政府は、大学に対する直接の運営費補助はせず（例えば、日本のような学生1人当たりいくらという形の補助金給付はない）、学部生への奨学金給付を通した授業料負担をしているが、スタンフォードはこのような形で受け取る政府奨学金額はわずかであり、連邦政府からの助成は研究スポンサーに集中している。連邦政府の研究助成は、スタンフォードを含む少数のトップ研究大学に集中しており、特にNIHの役割が大きいので、医学部をもつ大学が大きな研究助成金を受け取っている。連邦政府の大学研究助成策については第6章で詳述する。財団や企業のスポンサー研究も最近は増えているし、大学自体も研究にあてる自己財源を拡大する努力をしている。

（4）ファンド・レイジング

寄付金は大学にとって著しく大切な財源である。運営費にあてられる寄付金に加え、基本財産への組み入れ、大きな建物の建設、教授基金、学生援助、プログラムや研究所の新設等へと用途が指定されているものまで大学を多方面にわたって支える。大学にとって補充の財源ではなく、必要不可欠の財源だ。デベロプメント・オフィスが寄付担当局だが、各学部も担当者を置き寄付集めに多大な力を入れている。

大々的なファンド・レイジング（寄付集め）キャンペーンをして、61～65年1・13億ドル、72～77年3・04億ドル、87～92年の「百年祭キャンペーン」で12・7億ドルを達成、01～06年には「学部教育のための10億ドルキャンペーン」が展開され、寄付金は鰻上りに増加した。05／06年には年間最高額9・1億ドルに上った。43億ドル目標の「スタンフォードの挑戦」は11年末まで続くが、53億ドルを達成する見込みだ（表1―5）。スタンフォードは近年寄付獲得額の面で全米首位を続けている。2位ハーバード、3位コーネル、カリフォルニアとウィスコンシンの州立大2校も健闘している（表1―6）。

1年間の寄付者7・65万人で、卒業生（46％）が多いが、非卒業生（16％）、財団（22％）も大学と個人的関係をもっている場合が多い。企業6％、遺贈10％。豊かな教育を受ける代わりに卒業したとたんに寄付者プール入りし、寄付依頼が来る。学部卒業生の35％が寄付者となる（寄付率が最も高いのはプリンストンで60％）。多額寄付の多くが用途限定されているが、少額寄付は多くが用途自由であるので数多く集まれば重要な自由財源となる。

100万ドル以上の多額寄付者総数は1000人を超えている。1億ドル以上寄付すると「創立者スタンフォード・サークル」入りし、大学内あちこちに名前が付くアリヤガ、バス、ビング、パッカード、ヒューレット、

表 1-6　寄付獲得額トップ校
（2008/09 年、100 万ドル）

大　学	寄付獲得額
スタンフォード	**640**
ハーバード	602
コーネル	445
ペンシルヴァニア大	440
ジョンズ・ホプキンズ	433
コンロンビア	413
南カリフォルニア大	369
イェール	358
UC ロスアンジェルス校	352
ウィスコンシン・マディソン校	341

注：前年比軒並み 20 ～ 30％減
（Chronicle of Higher Education、Almanac 2010/11）

表 1-5　スタンフォードの寄付獲得額（100 万ドル）

年	寄付獲得額
1970/1	29
1980/1	80
1990/1	181
2000/1	469
2005/6	911
2009/10	599

（Stanford Office of Development）

ナイト、財団等の12人が属する。5000万～1億ドル未満の「初代学長ジョーダン・サークル」には、クラーク、フォード、ロキー、マンガー、シュワブ、財団等13人。1000～5000万未満は「第3代学長ウィルバー・サークル」でベクテル、カンター、ゲーツ、ハース、リ・カー・シン、リトルフィールド、スポグリ、ウッズ、ヤン等約100人、100万～1000万ドル未満は「第5代学長スターリング・サークル」で約900件。大きな建物に名前が付いているのは超大口寄付者だが、ラボや講堂、研究所、プログラム、教授ポスト、奨学金、大学院フェローシップ等に名前付き基金を設置できる。教授ポストには400万ドル、大学院フェローシップには100万ドル、学部生奨学金には25万ドルが必要だが、その全額を寄付しなくてもいろいろなマッチングで補充されうる。

ファンド・レイジング成功の要因には、①同窓会とデベロップメント・オフィス、ボランティアの動員という寄付集め組織の強さ、②大学の教育・研究・社会貢献についての評価の高さ、③周辺産業との強い連携、④寄付文化と税優遇策があげられよう。マッチング（寄付に対し財団や企業、また大学も自己財源を融通して、上乗せ分を追加して全体額を増加させる制度）の存在も寄付を後押しする。

スタンフォードで受けた教育への高い評価や寮教育を通した大学への強い愛着に加え、国内各地さらに帰国留学生を通して世界各国に広がる同窓生ネットワークの形成、大学の活動についての情報を常に流すことによるつながりの維持という同窓会の役割は大きい。同窓会はかつては独立の組織だったが、98年から大学の組織になっている。立派な同窓会館がアリヤガ家族からの寄付で完成し、会議場としても活用されている。同窓生18万8400人は国内だけでなく、海外140カ国以上に広がり、アメリカ国内以外では日本に最大数がいる。かつては日本からの留学生が多かったことと残留よりも帰国者が多いことの結果だ。

寄付者の多くは近隣在住者であるが、スタンフォードはシリコン・バレーのITからバイオまでの諸産業の発展に貢献し、産業との連携を重視してきたことが、大学への支援を拡大させている。近年は多額寄付者に中国系の名前が増えた。多くの留学生、移民2世がスタンフォードで学び、近隣でビジネスに成功し、成功へのチャンスを与えてくれた大学に寄付するというパターンだ。日系の名前は少数散見される。グローバル化で海外からの寄付も増えている。

巨額の財産を築いた成功者が社会還元するというのはアメリカの伝統であり、多額寄付は成功のシンボルだ。政府の寄付奨励策として税控除の特典がある。いろいろな寄付の仕方により異なる優遇措置があるが、単純な例として、連邦所得税率が35％の人が100ドルを寄付した場合、税金35ドルが控除されるので、実際の負担額は65ドルにすぎない（連邦政府が35ドル分の寄付額を負担していることになる）。さらに多くの州でも州税上の特典があり、例えばカリフォルニア住民の場合は、さらに10％ほどの控除となるため、実質負担額は60ドルを切る。企業からの寄付の場合も同様に控除がある（1年間に控除できる所得額は課税対象所得の10％までという上限が置かれているが、それを超える額は翌年に繰り越せる)。

＊＊＊＊＊

競争的大学市場で優秀なファカルティと学生を引き付け、高い研究成果を上げ、トップ研究大学としてのステータスを維持するために、潤沢な財源は必須だ。授業料等は上がり続けているが、それでも大学運営費の15～18％ほどにすぎないし、実質教育費の一部をカバーするのみだ。教育費、研究費、建物施設のアプデート費用を確保するために、スポンサー研究、寄付金獲得、基本財産と運用収入の拡大、その他多様な方法による収入活動が展開されている。大学の社会的役割、連邦政府との関係、産業との関係、同窓生との関係、地域社会との関係、諸要素が大学財政に反映されている。

以上、この章では、「成功の大学文化」から始め、ガヴァナンスとリーダーシップの強さ、21世紀大学ビジョンとその具体化プランとしてのイニシアティブ、学際化の推進、大学財政、特に基本財産、スポンサー研究、寄付集めの重要性についてを見てきた。次章でより具体的に変革がどのように全学的に進行しているのかを、７つの学部別に、しかし学際的に見ていこう。

第2章
スタンフォードの7つのスクール

右側手前から、学習と知のためのリー・カー・シン・センター、ベックマン・センター、臨床科学研究所、左側にロリー・ロキー幹細胞生物学＆再生医学研究所（Photo Y. Kawashima）

7つのスクールとその学科および学際プログラムと研究所について概観して、大学がどのような組織、プログラム、カリキュラムの変革のなかにあるか、それぞれの「イニシアティブ」がどのように実施されているかを見よう。7つのスクールは通常アルファベット順なのだが、ここでは、「学部・大学院併設スクール」（人文&サイエンス、工学、地球科学）から始め、「大学院だけのスクール」（教育学、ビジネス、法学、医学）を続けることにしよう。独立の広域学際研究所はスクールに所属しないが、「イニシアティブ」推進の重要な組織であるので、それと関連づけて触れる。

1　人文&サイエンス学部

人文、社会科学、自然科学が統合されたスクール

人文、社会科学、自然科学はもともとは別々のスクールだったのだが、1948年に人文&サイエンス学部（H&S）として統合され、リベラルアーツ教育の中核を構成するとともに、大学院教育も担う。教授数500人以上の最大学部。学部生は2年目の終わりまでに専攻を決定するのだが、約8割（約2300人）がH&Sのどこかを選ぶ。大学院生は約2000人（25%）が所属。学部生への授与学位の80%、博士号では40%の割合を占める。

学科は28あり、人文・芸術系、社会科学系、自然科学系にまとめられている。人文・芸術系には、アート&アート史、ドラマ、音楽、歴史、哲学、宗教学、古典、英語、言語学、文学・文化・言語部。社会科学系には、人類学、

コミュニケーション、経済、政治、心理、社会学。自然科学系には、生物、化学、物理、応用物理、数学、統計の学科がある。加えて、学位授与する学際プログラムが19あり、アメリカ研究、考古学、人種・エスニシティ比較研究、フェミニスト・スタディーズ、現代思想&文学、公共政策、都市研究、国際・比較・地域研究、財政数学、数学・計算科学、サイエンス・テクノロジー・社会（ＳＴＳ）、人間生物学、生物物理、シンボリック・システム（コンピュータ、心理学、言語学、哲学の合流領域）、音楽・音響コンピュータ研究（ＣＣＲＭＡ）、個別デザインのメジャー等、多岐にわたる。Ｈ&Ｓはそもそも広範な分野が集まっており、学際アプローチを容易にしている。

Ｈ&Ｓの学生分布を見ると、学部生の間で圧倒的に人気が高いのが人間生物学（HumBio ハムバイオと呼ばれている。３７０人も所属）、続いて生物学と経済学、次いで国際関係学となっている。大学院では、最多数が化学（２１０人）で、物理、生物学、応用物理、経済学が大世帯になっている。

学位を授与しない学際プログラムとして、天文学、仏教研究、創造的ライティング、社会倫理、サイエンスの歴史と哲学、イスラム研究、ユダヤ研究、等がある。さらに多数の研究所がある。

加えて、Ｈ&Ｓの直接管轄ではない「独立の全学的学際研究所」や他学部との連携プログラムなどの「イニシアティブ」のプロジェクト多数に参加している。例えば、フリーマン・スポグリ国際問題研究所（ＦＳＩ後述）、理・工・医連携のバイオ-Ｘ（後述）、心理学・神経医学・物理・工学の共同研究による光子顕微鏡開発と脳機能の測定・イメージ化による脳研究プロジェクト、モントレー湾にあるホプキンズ海洋研究所、ジャスパー・リッジ生物保護区域、環境・エネルギー関連研究所との連携（後述）、物理学・宇宙科学系のギンズトン・ラボ、カヴリ研究所、超高速レーザー・サイエンス&工学、マテリアル&エネルギー科学研究所、ＳＬＡＣとの共同研究、等々。

Ｈ-ＳＴＡＲという洒落た名前で呼ばれる「人間と科学・テクノロジー先端研究所」は、人とＩＴとのかかわりについての全学的学際研究所だ。人はどのようにITを使うか、テクノロジーはどのように人々の生活に影響しているか、使いやすく売りやすいITをどのようにデザインするか、研究・教育・ビジネス・メディア・娯楽などすべての分野でITをどのように有益に使うか、ITへのアクセスの不平等問題をいかに解消するか等、の問題と取り組む。

H-STARに属する「言語・情報研究センターCSLI」は、人工頭脳、心理、言語、教育、哲学等の研究者が参加、情報・コンピュータ・認知等を研究する。学習テクノロジー、インタラクティブ・テクノロジー、モバイル機器、音声認識、ゲーム、ソーシャル・ネットワーク、安全とプライバシー、ヴァーチュアル世界等、IT先端領域を研究。「学習イノベーション・センターSCIL」は02年の設立で、テクノロジーと学習・教育の革新的アプローチを研究。一方、企業のアフィリエイト&パートナーシップ・プログラムとしてメディアXが02年発足し、参加25企業からの研究資金を得て産業と大学双方に重要なトピックを研究している（第6章参照）。

以下、特に日本に関係の深い学科、研究所を紹介しよう。

日本と東アジア研究の発展と今

「東アジア言語&文化学科」は、日本、中国、韓国の言語と文化についてのプログラムを提供している。日本にとって、日本研究者、日本の理解者、日米関係に貢献する人材、人脈を養成する、大切な分野だ。

スタンフォードにおける日本&東アジア研究の歴史は古い。スタンフォードの日本人留学生だったヤマト・イチハシが、1912年から日本史、日本政治、日系人等について教え出したのに始まる（第7-I章参照）。冷戦中の58年に成立した「国防教育法」は、連邦政府による教育助成を拡大した。スタンフォードでは58年に中国語・

日本語を中心としたアジア言語学科が作られ、翌年「言語&文化」となり、東アジア・プログラムの中心地として助成金を受け、発展の途につく。

60年代から、日本や台湾の経済発展がこの地域への関心を高め、日本・東アジア研究は、学生数もカリキュラムも拡大発展していく。80年代に非西洋文明のコース履修が義務化されたことも拡大を後押しした。日本経済が活況だった80年代半ばに日本語はブームとなった。しかし、中国の国際的地位が高まるにつれ、中国への関心が高まり、90年代後半になると、中国語はキャンパスでスペイン語に次ぐ2番目に大きな外国語コースとなった。11年には、中国語と文化の教育および研究を目的とする「コンフューシャス（孔子）研究所」が開設されたが、北京大学および中国教育省組織と連携している。近年は、韓国語コースも増加している。

日本と中国にあるスタンフォード海外キャンパス

50年代終わりからスタンフォードは海外キャンパスの設置に着手（まず欧州5国）、63年に「日本語学習センター」が設置された（15大学コンソーシアムとなり、現在スタンフォードが事務局担当、横浜）。86年、京都に、工学部の「テクノロジー&イノベーションのスタンフォード・センター」ができて、理工系学生が授業とビジネス・インターンシップを経験できるプログラムを提供した。89年に、「スタンフォード京都キャンパス」が開設され、日本研究京都センター（15大学コンソーシアム）も併設された。しかし、独立の建物は閉鎖され、06年から同志社大学内に移動した。

一方、中国語のために、63年に台北にセンターが開設されたが、98年からは北京に移動した。さらに、高い中国語需要に応えるため、94年から北京大学と提携した夏9週間の中国語集中プログラムが始まった。04年には北京キャンパスが開校されたが08年には、「スタンフォード北京センター」が北京大学内に設置され、11年に新しい立派な3階建てビルも完成した。これまでの海外キャンパスは学部生対象の留学プログラムであったが、この北京センターは、スタンフォードと北京大学との広範な研究、提携の拠点となるものだ。５００万ドルの建設費はすべて寄付金でカバーされたが、ホンコンの投資家が創設した財団が最大の寄付者であり一族の名前が付く。

東アジア研究センター（CEAS）

１９６５年の設立だが、今では、学内多分野からの１００人以上が参加する東アジア研究のハブとなっている。またアジアおよび全世界の研究者、政治リーダー、企業との広いつながりをもつ。ＭＡプログラム提供、さまざまな公開講演、コロキアム、研究グラント提供、小中高校へのアウトリーチ活動を実施。しかし、ここでも日本研究の存在感の低下は否めない。

APARC（エイパーク）

正式には、「ウォルター・ショレンスティン・アジア－パシフィック研究センター」で、後述するスポグリ国際問題研究所に属する5つの研究センターの1つだ。76年に、ダニエル・オキモト教授（次頁）が中心となって設立された「北東アジア・フォーラム」が92年にAPARCとなり、２００５年に、オフィスビル開発・管理で成功したショレンスティンからの寄付で基金が設置され、彼の名前が冠された。ＡＰＡＲＣには、アジア保健政策研究プログラム、中国プログラム、韓国プログラム、東南アジア・フォーラムの他に、「イノベーション&アントレプレナーシップ地域研究プログラム（ＳＰＲＩＥ）」があり、そこに、「日本のアントレプレナーシップ・プロジェクト（ＳＴＡＪＥ）」もある。ＡＰＡＲＣは、現代アジアについての学術的研究だけでなく、アメリカのアジア政策やアメリカとアジア諸国との関係についての研究、アウトリーチ、大学・企業・政府関係者とのネットワーク形成、将来の各界指導者養成という実績を生んでいる。

ＡＰＡＲＣは、日本人に馴染みの組織だ。82年に始まったコーポレート・アフィリエーション・プログラムは、メンバーになると、職員が客員フェローとして1年間ＡＰＡＲＣに滞在できる。開設以来、日本の大学、企業、政府等からの客員を多く受け入れてきた。近年は15人ほどのフェローのうち、10人ほどが日本の企業や政府機関からの派遣だ。授業聴講、研究の他、教授や学生や世界各国からの訪問者との交流と人脈作りができる。

アジア研究は重要性を増している。日中韓の国際舞台でのステータスの変化は、アジア研究にも反映している。中国研究は中国の台頭とともにめざましく拡大し、韓国研究も急速に発展している。対照的に、日本研究は、日本の経済停滞、国際的存在感の低下を反映して、縮小傾向にある。学生、研究者数、教育プログラム、研究プロジェクト、客員、交流、財源等、いろいろな面で、日本研究はかつての活力を失いつつある。このままでは、中国、韓国、さらにはインド、東南アジア研究の影に置かれるかもしれない。

教育・研究には財源が必要だ。08年にロバート・ホー財団仏教研究所が設立された。ホンコンのホー財団からの500万ドルの寄付によって基金が設置され、仏教研究者の受け入れ、大学院生フェローシップ基金設置、シンポジウム、ワークショップ等が開催されている。中国研究への資金は拡大している。韓国語教育を発展させるために、韓国系アメリカ人ビジネス関係者や、ソウルの財団等からの資金援助がある。しかし、日本研究への資金はこのままでは先細り状態に陥りかねない。

〈インタビュー〉

ダニエル・オキモト（Daniel Okimoto）教授は日本政治・経済の専門家であり、スタンフォードの日本研究の発展を支え、ＡＰＡＲＣの生みの親として長年にわたって多数の日本人客員を受け入れ、共同研究とネットワークの場を提供し、日米間の橋渡しに貢献してきた。

スタンフォードに赴任されたころの日本研究は？「赴任した1974年頃、日本研究は発展期にあった。60、70年代は日本への関心が高まった時期で、アメリカの大学で日本関連の語学教育、研究、トレーニングが拡大した。72年に連邦政府が設置した日米友好基金も重点的に助成した。日本政府も、日本研究の拡大に関心をもち、大きな研究大学に1校当たり数百万ドルの寄付をして基金を設置し、日本語コース、図書館、日本プログラムを後押しした。国際交流基金（72年設立）の中に、91年に国際友好交流基金が設置され、日米共同プロジェクトを助成している。」

「スタンフォードは、日系アメリカ人の多さ、太平洋岸の位置ということもあり、アメリカで日本研究プログラムが最初に確立された大学であり、80年代には、カリキュラムの中にきちんと組み込まれた。75年頃には自分が教えた日本関連クラスには参加者は10人ほどだったが、80年代終わりには100人近い学生が来た。」

最近は、中国や韓国研究の隆盛と対照的に、日本研究は元気がないような印象を受けるが？「長い間いろいろな分野で日本研究をしてきた教授たちの多くがここ数年で退職や、他大学へ異動したこともある。また、中国や韓国、インド等のアジア系アメリカ人学生の著しい増加があり、彼らは親たちの母国を知りたいと考え、またこれらの国とのビジネス機会にも関心を抱き、アジア研究に入ってくる。アジア研究への需要の拡大と、アジア研究の供給の拡大がちょうど合流し、アメリカの大学もリソースを投入している。」

教育・研究プログラムの拡大には当然財源が必要だが、アジア研究への資金援助の状況は？「最近は、中国、ホンコン、台湾からの寄付が増えている。子どものスタンフォード留学とか、スタンフォード病院で治療を受けたといった理由の寄付もある。スタンフォードと直接の関係がない韓国の企業や個人からの寄付もある。もちろん、ポリティカルすぎる寄付は受け入れない。あくまでアカデミックな目的に合致している場合にのみ受け入れる。」

日本からの寄付は？　「日本からは少ない。日本では寄付に対する税金面での利点が弱いこともあり、私的財団、企業も、個人も寄付しない。そもそも寄付の文化がない。アメリカでは寄付にはいろいろな税優遇措置があるし、また寄付の伝統が強い。ノブレス・オブリージュ（高い身分には義務が伴う、成功者は成功を社会に返還すべき）の考えがある。ロックフェラー、フォード、カーネギーなど私財で財団を作り寄付してきた。これらの財団は日本研究にも寄付している。スポグリ、フリーマン、ショレンスティンもそうだ。タカハシ財団も多くの寄付をしている。日本企業は日本では寄付していないが、一部の在米日本企業はアメリカで寄付している。日本研究のプログラムへの寄付はいくつかあるが、基本財産になる基金への寄付はほとんどない状態だ。日本研究に対する長期的サポートが必要だ。」

日米関係で今特に力を入れている活動は？　「ダニエル・イノウエ上院議員はじめ多分野の著名な日系人リーダーたちが集まって、09年に、『日米会議 US-Japan Council（USJC）』を創設し、自分もそれにかかわっている。これは、ビジネスから、政治、文化、教育まですべての領域での強い日米関係の維持は重要であると考え、日本の政治、政府関係者、ビジネス、大学のリーダーたちと重要問題について論じるダイアローグの機会を作り、両国のブリッジとなって貢献しようとするものだ。関心領域の一つは、日本人留学生の減少を含む教育問題だ。また、女性の就労問題、クリーンテク、エネルギー、ハイスピード・レール等も取り上げている。基金はないが、アメリカの企業や財団がプログラムをサポート、日本企業も数社がサポートしている。助言委員会メンバーに日本人数人がいる」。

日本人留学生の減少については、昨春にハーバード学長が日本訪問中に言及してから、日本の大学やメディアはやっと深刻な問題として論じるようになった。「今の日本には、危機感がない。日本は近代化以降3つの大きな危機に直面した。1つ目は明治維新、2つ目は戦後の危機。これら2つの危機に日本はうまく対応し、構造的変化を達成した。しかし、3番目の危機、91年から現在にいたる経済危機においては、まず危機感がない、改革とか再生が急務だという感覚が欠如している。企業もリスクをあえて取ろうとするより、回避傾向だし、政治も問題の把握、対処があまりにも遅い。日本は今ガラパゴス現象になっている。日本はもっと国際化、多様化を進めるべきだ。」

国際問題イニシアティブ

フリーマン・スポグリ国際問題研究所（FSI）

「国際問題イニシアティブ」のハブだ。グローバル化のなかで87年、学際的国際問題研究所が設立され、05年に、卒業生で投資事業家フリーマンとスポグリからの5000万ドルに加え、計1億ドルの寄付が集まり再編成された。

国際平和と安全、統治、経済発展、食糧確保と環境問題、エネルギーと持続可能な発展、人権・統治・生存にかかわる世界的正義問題、国際衝突と交渉、世界保健政策、国際・異文化教育までの広範な国際問題の研究、研究結果の公開・普及、国内・国際的政策への貢献を目的とする。学内の全学部から150人ほどが参加しており、国際的に活躍している研究者、将来の指導者となる国内と海外学生に加え、海外の大学、企業、政府等との連携、客員による人脈も重要なリソースとなっている。国際規模でのインパクトという表現も誇張ではない。

「同研究所」には、5つの主要センターがある。その1つが上述のAPARCだが、その他に、「国際安全・協力センター」医学部との連携組織である「保健政策研究センター」「民主主義・発展・法治についてのセンター」、さらに、欧米の国際問題研究の中核組織として、10年に「ヨーロッパ・センター」が開設された。

教育活動として、修士課程プログラムのほか、国際&クロス文化教育プログラム（SPICE、76年設立）が、幼稚園から高校までのカリキュラム作成のアウトリーチ・プログラムを提供している。

スタンフォード経済政策研究所（SIEPR）

経済政策研究とともに実際の政策へのインパクトを目的として、82年に、いろいろな学部に所属している経済学者が集まって独立の全学的学際組織として設立された。スタンフォードには著名な経済学者が多い。財政や金融政策から、社会福祉、テクノロジー、エネルギー・環境、貿易政策まで、また海外の広範な問題についての分析や提言をする。大統領アドバイサーをはじめ政府機関のトップポスト、経済諮問委員会メンバーに就任する人も多く、政策決定に直接的、間接的影響力をもつ。企業とのつながりも強い。

〈インタビュー〉

青木昌彦教授は、1984年から経済学科の教授、今は名誉教授、経済政策研究所とスポグリ国際問題研究所の上席研究員である。比較制度分析、コーポレート・ガヴァナンス、企業論、ゲーム理論の権威である。「国際経済学会」の会長を務め、国際舞台で活躍。日本での活動も、経済政策提言、評論活動等多岐にわたる。「スタンフォード京都キャンパス」の設置にも尽力、日本とスタンフォードを結ぶパイプの役割も果たしてきた。

日本の大学は変革努力がされているが容易に変わらないのに対し、スタンフォードで感じる変革力とか活気はどこから生じているのか伺った。

「スタンフォードはコーポレーションであり、永続するためには社会での競争に勝ち抜いていく必要がある。競争というインセンティブが組織に活力を与えている。日本では、特に国立大学は、歴史的に国家の発展の一部に組み込まれていて、大学政策には、大学関係者の意見よりも、文教族と言われる人々の力が強く作用してきた。国立大学の教職員は国家公務員であり、終身雇用制、組織への忠誠、賃金や研究費の平等的分配が支配してきた。そのため流動性が足りないという特徴を生んだ。独立行政法人化は、このような状況に風穴をあけ、競争的、流動的になってきている。国の研究助成費も、アメリカのＮＩＨやＮＳＦのように、その分野の専門家の審査に基づいて分配する方向に動いている。大学には、価値感や倫理などの面でもっと多様性があった方がいい。」

「これからは、日本の大学のマネジメントにも、資金を集められる人たちが必要だ。スタンフォードへの寄付は多いが、日本では税制の関係で寄付が非常に少ないのが財源拡大を困難にしている。」

スタンフォードでは、教育と研究の学際的アプローチの推進、大学の社会貢献の一環として産学連携などが大学の変化を押し進める力になっている面があるのでは？

「学際的交流は新しい知を拓く。07年から11年にかけて、日本で、知的ベンチャーとして、仮想制度研究所ＶＣＡＳＩ（ヴィカシ）という知的実験をした。インターネット技術を用いた地理的・空間的制約にとらわれないヴァーチュアル空間だ。従来のような個々の狭い学問分野内での境界や世代の壁を乗り越えて、多地域にいる多分野の研究者や学生の交流と制度研究のプロジェクトを進めた。」「産学連携は大切だ。しかし、大学は教育と研究の場であり、金もうけの場ではない。大学と企業の間には一線があるべきだ。」

アートと創造性のイニシアティブ

リベラルアーツ教育の土台として、芸術文化を教室、寮、キャンパスのあらゆる活動の中に取り入れ、学生の生活を豊かにし、想像力、創造力、革新力を育成し、異文化との接触を通して多様性の理解を深めようとする。芸術、創造的ライティング、演劇、ダンス、音楽の諸学科が中心となり、①芸術文化教育の充実のため、カリキュラムや教育方法の改革、研究と実践の結合、アーティストを授業に呼ぶプログラム、②優れた芸術家の客員滞在プログラム、③最新のスタディオ設置や、研究助成、フェローシップ拡充、④学生がアート活動に触れる機会を拡大するため、キャンパス外のオペラやミュージカル、演奏会に学生が寮グループで見に行けるように切符提供もしている。

全学的イニシアティブ推進の中心組織として、「創造性とアート研究所（ＳｉＣａ）」が06年に設立された。そこには、３つのセンター、「アート＆人文センター」（実演、創作と理論、研究の結合）、「アート・サイエンス・テクノロジー・センター」（コンピュータ、音楽、ビジュアルアートの統合領域の研究と創作。例えば、音楽と脳、動きの分析、音楽と音響研究、ニューロサイエンスと芸術の研究等）、「グローバル・アート・センター」（アートを通した文化の多様性、人種、エスニシティ、アイデンティティの学習、創作）がある。

スタンフォードの「ライブリー・アート」は、大学内外向けの有料の音楽・劇・舞踊プログラムだが、さらに、サンフランシスコの美術館やニューヨーク公立劇場とパートナーシップが築かれ、アーティストのキャンパス滞在や学生のインターンシップも開かれている。シンポジウムやレクチャー・シリーズ、イベント（ヨーコ・オノ等が訪問）、学内での頻繁な演奏、美術展示、学生の海外演奏旅行もある。

芸術関連が集まるアート・コーナーが、キャンパス正門から続くヤシ並木の左右に建設中だ。庭にロダンの彫刻「考える人」「地獄の門」が置かれているカンター・アート・センターは、世界からの美術収集を展示している（証券会社の創立者で美術品収集家のアイリス＆ジェラルド・カンター夫妻から多数の寄付を受け、スタンフォード・ミュージアムから名前を変更した）。その近隣に、マクマトリ・アート・ビルが建設予定だ（卒業生で、シリコン・バレーのベンチャー・キャピタリストからの寄付）。これが完成すれば、映画、メディア研究も加え、ビジュアルアート系教育と研究のハブとなる。

フロスト野外劇場のそばに、先端の音響・照明テクノロジーと建築デザインによる９００席のビング・コンサートホールの建設が２０１２年に完成する。ヘレン＆ピーター・ビングが５０００万ドルを寄付。ビングの名前は、幼稚園から海外キャンパス・プログラムまで、キャンパスのあちこちにある。スタンフォードの既存の劇場は時代遅れで、世界一流のパフォーマンスはＵＣバークレーに行ってもスタンフォードには来なかった。立派な劇場建設は長年の夢だったのだが、いよいよ実現する。

２　工学部

シリコン・バレーを育てた学部

「エンジニアは、科学者の発見を使って、問題の解決とテクノロジー創出によって世界を変える人々だ。大学のラボを使ってのプロトタイプでは世界を変えられない。我々のテクノロジーとアイディアを企業に移し、市場にもっていく必要がある。スタンフォードは、工学部の教授、学生たちによって設立された多数の企業の長い歴史を誇りにしている。」99年から学部長を務めるジム・プラマー電気工学科教授の言葉だ（10・1・21）。

工学部は、開校以来、新しいテクノロジーの創出と産業育成の長い輝かしい歴史をもつ。シリコン・バレーを育てたところだ。1925年にいくつかの学科がまとまって工学部として誕生、フレデリック・ターマンが電気工学科に就任した。一流の研究者の赴任による研究体制の充実、インダストリアル・パーク建設、半導体産業の萌芽、ジョージ・フォーサイトによるコンピュータ・サイエンス学科設立（65年）、シリコン・バレーの成長、80年代以降のサン、ネットスケープ、ヤフー、グーグル、エヌヴィデア等、工学部が生み出した人材、テクノロジーは多数の企業を発展させてきた。電気工学科教授だったヘネシー学長自身もそのような起業経験者の一人だ。先端テクノロジーの創出・移転、学産連携のパイオニアは、今も世界のモデルであり続けている（第6＆7－I章参照）。『USニューズ＆ワールド』の11年工学部大学院ランキングでは2位（1位MIT、3位バークレー）、学科別でもほとんど全部がトップ5以内に入っている。

教授数240人以上（教授総数の13％）、学生数約4000人という大世帯、学生の4人に1人は工学部生だ。学部生800人（専攻を決めた3、4年生の20％）、大学院生になると実に40％の3300人が工学部に属する。留学生比率が最も高い学部であり、43％に達する（10年秋）。日本人留学生は20人。工学専攻のアメリカ人学生はもともとアジア系が多いが、アジアからの留学生の多さと相俟って、アジア系が圧倒的に多い。女性比率は24％（なお、留学生比率の高さを反映して、同窓生は世界各国に広がるが、外国で最大数の卒業生がいるのは日本で、650人にも上る。シンガポール、台湾、香港、インド、韓国がトップ10に入っている。企業派遣の日本人留学生が集中していた過去の実績と卒業後の帰国者が多かったことを反映しているのだが、近年は日本人留学生の減少、中国、インドの上昇が続いているので、同窓生総数の構成も間もなく変わるだろう）。

カリキュラムの学際化、広域化

「工学部の教育は、T字型人間を育てることだ。Tの縦棒はエンジニアとして必要な工学の知・スキルの深さを、横棒は広範な知・スキルの習得を指す。生涯ずっと生産的であり続けるには、アントレプレナーシップ、創造性、イノベーションにかかわる広い知がますます必要になっている。……新しいテクノロジーの発展ゆえに、工学は早いテンポで変化していく分野だ。学科は定期的に学部教育プログラムを見直し改革している。」（プラマー学部長）。工学部の戦略的優先領域として、バイオ工学、環境・エネルギー、情報テクノロジー、ナノサイエンス＆ナノテクノロジー、指導者教育の5つが掲げられているが、近年もカリキュラム刷新は続いている。

カリキュラムにおいて、学際アプローチの広がり、アントレプレナーシップやイノベーションの価値化、大学と産業のパートナーシップ、世界的視野は、教育・研究を強化するものとして位置づけられている。

9つの学科（航空宇宙工学、バイオ工学、化学工学、土木・環境、コンピュータ、電気工学、マネジメント理工学、材料理工学、機械工学）および「計算・数学工学研究所」「建築デザイン」「デザイン」「工学物理」等の学際的プログラムが学位を授与する。学生が自分でデザインする学位も可。学生数を見ると、電気工学科が突出して多く、コンピュータが続く。機械、土木・環境も多い。マネジメント理工学科にも多くの学生が集まっている。新設のバイオ工学も急速に拡大している（表2―1）。広域的プログラム＆研究所を含め、65ほどの研究センターやラボがある。

表 2-1　工学部学科別学生数（2010/11）

学　科	学　部	大学院	計
航空・宇宙工学	–	194	194
バイオ工学	–	104	104
化学工学	49	125	174
土木・環境	32	421	453
計算・数学工学	–	118	118
コンピュータ	247	466	713
電気工学	92	907	999
マネジメント理工学	140	420	560
材料理工学	40	169	209
機械工学	104	539	643
その他	224	139	363
計	928	3,484	4,412

(Office of University Registrar)

電気工学科とコンピュータ・サイエンス科は、まさにＩＴ革命を牽引してきた。ハードとソフト、インターネット、ネットワーク、データプロセシング、オプティカル・テクノロジー、人工頭脳、ロボット、グラフィックス、医療機器から教育学習テクノロジーと、あらゆる領域に技術革新をもたらし続けている。コンピュータ・システムズ・ラボ（ＣＳＬ）は68年設立の両学科共同ラボだ。

広域学際アプローチの先駆けとして、例えば、Ｈ＆Ｓの「科学・技術・社会」は、学部生対象とした社会科学・理科学・工学の複合領域プログラムで、開設は71年と古い。「工学物理プログラム」は、工学・物理・応用物理の複合領域で、06年の設置。「デザイン・プログラム」は、機械工学のデザインとＨ＆Ｓのアーツ、さらにビジネスの連携領域だ。50年代後半に、テクノロジーと芸術性を結びつけて人間的要素を取り入れたプロダクト・デザイン工学のコンセプトから発展し、90年代にはさらにビジネス要素を取り入れ、05年にデザイン・スクールが発足した（後述）。

「バイオ工学科（ＢｉｏＥ）」は、大きな注目を浴びている。

工学部と医学部の共同運営という斬新な試みで04年に新設され、クラーク・センター内にある。工学と生命科学の合流領域で、バイオメディカル分野のコンピューテーション、イメージング、バイオメカニックス、バイオメディカル・インフォーマティックス、医療機器等の発展があったが、さらに近年の遺伝子研究を取り入れた新分野の研究開発が進み、再生医療、人の脳研究、分子・細胞工学、コンピュータ使用手術等の新しい医療テクノロジーと治療の開発をめざす。バイオ-Xプログラム、バイオデザイン、等とともに「健康イニシアティブ」推進の一役を担う（本章メディカルスクールと病院参照）。

「材料理工学（MSE）」は、ナノサイエンスの登場で、物質のナノレベルの構造分析、エレクトロニクス材料、エネルギー素材、ナノ&バイオ素材研究とその分野は著しく拡大し、学生の関心も非常に高い分野だ。

「土木・環境工学科（CEE）」は、土木工学科から拡大され、クリーンで効率的な建築デザイン、社会インフラまでの環境建設、河川・海洋・地下水・水循環までの水環境、さらに04年に、エネルギーと大気、気候、汚染、エネルギー消費問題や再生エネルギーに関するプログラムが開設され、維持・安全・効率の政策論までを幅広く教育・研究する。プレコート・エネルギー研究所やウッズ環境問題研究所、地球科学部「エネルギー・リソース学科」等と、「環境エネルギー・イニシアティブ」に参加する。

「計算・数学工学研究所（iCME）」は、88年に設立された科学的計算コンピュータ数学プログラムが、04年に再編成されたものだ。コンピュータの力を使った数学モデル、シミュレーション・テクノロジーが、航空工学、化学、環境工学、情報通信、バイオメディカル、素材、製造から教育まで、あらゆる領域の研究と発見に、理論や実験と同様に、不可欠になっていることから、数学・コンピュータ・モデルの教育と研究をするところだ。

マネジメント、アントレプレナーシップ教育

「マネジメント・サイエンス&エンジニアリング学科（MS&E）」は、かつての産業工学&工学マネジメント、工学経済システムなどが合併して2000年に開設された、工学と経営学、政策研究の合流地域である。組織構造、工学的システムデザイン、最適化、デシジョン・メーキング、リスク管理や問題解決、政策分析等をカバーする。

この学科が管理する「スタンフォード・テクノロジー・ベンチャー・プログラム（STVP）」は、工学部のアントレプレナーシップの中核プログラムだ。通常の工学コアの授業ではカバーされないスキルを教える。ベンチャー投資会社や法律事務所など数社がスポンサーしており、IT、環境、健康その他世界が直面する諸問題の解決に貢献する革新的アイディアやテクノロジーを企業化するアントレプレナーシップ教育と研究、将来の起業家・経営者の養成、アウトリーチ活動をする。授業提供、セミナー、コンペティション、インターンシップの他に、いろいろな分野の企業の専門家がコーチとしてオフィスアワーを提供し、学生に助言を与えるコーチ・オン・コール・プログラムもある。ハイテク企業、ベンチャー投資会社、情報産業のトップ経営陣1000人以上が参加してのサミットも開催。ビジネス・スクールと共同で経営幹部者向け短期コースも提供している。

アントレプレナーシップ・プログラムはアメリカの大学に広く浸透してきているが、スタンフォードはリーダーだ。

ところで、アントレプレナーシップとは何か？　プラナー学部長は、アントレプレナーシップのクラスに参加した一学生の言葉「世界や可能性についての考え方であり、現状維持に満足せず、より良くすることができると

自らに言う勇気だ」という表現を引用しつつ、「アントレプレナーシップとは、会社をスタートするだけではない。いかに世界を見るか、いかに問題と機会にアプローチするかだ」と述べている。アントレプレナーシップを、このように姿勢・価値・倫理を基底に含めて定義するならば、まさに教育カリキュラムに取り入れるべき重要な要素となる。日本語の「起業家精神」は、通常新しいビジネスのスタートアップを意味するが、スタンフォードで強調されるアントレプレナーシップは、いかにして起業するかのノウハウを教えるというような狭いものではない。

デザイン・スクール、通称Dスクールは、「デザイン思考、デザイン・プロセス」のプログラムだ。「何か気になることがある時、落ち込んでいる時に立ち寄ってここの授業を覗けば、元気が出てくる。学生たちが発明し創り出すものはすばらしい」とプラマー学部長が言うところだ。Dスクールは、デザイン・イノベーション・コンサルタント会社IDEO（アイディオ）の創立者であるデイビッド・ケリー機械工学科教授が発案し、企業ソフト会社の創立者ハソー・プラトナーからの3500万ドルの寄付で05年に設立された。

Dスクールは、企業のプロダクト、ソフトウェア、組織デザイン、ビジネス・デザインから上演企画まで、あらゆる実際的な問題に取り組み、解決をデザインし、新しいアイディア、イノベーションを生み出すことを目的とする。工学部だけでなく、医学、ビジネス、人文、教育学すべての分野からの学生や教授が参加。「エンジニアは、ソフトからエンジンまでテクノロジーを使ってデザインするが、ビジネス・コミュニティからの積極的インプットが必要だ。なぜなら、経済性のないプロダクトを作っても仕方がないからだ。また、人々の真のニーズを考慮しなければならない。」（ケリー教授）。学生たちは、学際チームを組んで、実際に存在する問題を発見し、分析し、解決策を考案する。飲酒運転をなくすには？　環境にやさしいプロダクトを開発するには？　快適な空の旅のためには？　行列待ちをより楽しくするには？……諸問題を人間的要素、ビジネス、テクノロジーからの総合的アプローチで分析して問題解決、改善をデザインする。学生は、企業人や起業経験者、ベンチャー投資家などとひんぱんな接触をもち、フィードバックをもらえる（なお、Dスクールの授業については84頁参照）。

スタンフォードには多数のアントレプレナーシップ・プログラムがあるが、それらを結びつけるため、「スタンフォード・アントレプレナーシップ・ネットワーク（SEN）」が作られている。ビジネス・スクールのアントレプレナーシップ研究センター（CES）と社会イノベーション・センター（CSI）、工学部の電気・電子工学エンジニア・インスティチュート（IEEE）やプロダクト化ネットワーク（PRN）、学際的バイオデザイン、ウッズ環境問題研究所ベンチャー・プロジェクト、H-STARのメディアX、スポグリのイノベーション&アントレプレナーシップ地域プログラム（SPRIE）、テクノロジー・ライセンシング・オフィス（OTL）と企業関係オフィス（OCR）を含む14のアントレプレナーシップ関連組織をつなぐ。さらにアントレプレナーシップ学生組織も多数ある。SENは学内だけでなく、シリコン・バレーから、さらに全世界へとネットワークは広がっている。

工学部は、産業との太いパイプをもつ。学科や研究所には、企業スポンサーや多くの企業アフィリエイト・プログラムがあり、大学から企業へのテクノロジー移転に貢献するが、企業との研究契約や寄付は、教育・研究を支える財源でもある。また、企業向けのさまざまな教育を通した学産連携も50年以上の歴史をもつ。その中心組織が、スタンフォード・プロフェッショナル・デベロプメント・センター（SPDC）だ。工学部と企業との連携、理工系・経営幹部向け専門教育、一般人向け生涯教育を提供している。さらに、全世界に向けた工学教育エクステンション活動「すべての場所でスタンフォード工学SEE」は、コンピュータと機械工学のいくつかの人気授業をシラバス、リーディング・リスト、配布資料へのアクセスとともに無料で提供している（第6章参照）。

「集積化システム研究所ＣＩＳ」――大学と企業とのパートナーシップ

ＣＩＳ（Center for Integrated Systems）は、大学と企業とのパートナーシップのパイオニアだ。70年代に、ＩＴ革命が進行するなかで、大学と企業の研究者が半導体関連の共同研究を行い、「大学＝企業間のテクノロジーの相互移転」を促進するセンターの設立構想が練られ、18のメンバー企業から各75万ドルの出資を受けて建設が進められ、80年に発足した。ＣＩＳが入っているポール・アレン・ビルディングは、96年に、マイクロソフトの共同設立者ポール・アレンからの寄付を受けて増築された建物だ。

ＣＩＳには、理・工系から生物・医学も含む80人ほどのファカルティが参加し、学際的研究を主体として、企業との共同研究、シードマネー（初期研究を支援する少数の研究助成金）による自主研究、学生を媒体とした大学と企業との交流プログラムがある。研究資金は100％企業から会員費として支援を受けている。発足時から日本のエレクトロニクス関連企業2社が参加、その数は現在24会員企業のうちの9社に上る。変化のスピードの速いハイテク分野の要求を反映してリアルタイムでの交流を通して、学生、教授、企業が相互利益を得られるような仕組みである。

具体的にはＣＩＳとメンバー企業の連携の仕組みとして、①学生・企業研究者・教授がチームとなる「フェロー・メンター・アドバイサー・プログラム（ＦＭＡ）」では、学生は、教授に加え、企業研究者からも研究上のインプットを受け、また企業研究所のリソースへのアクセスをもつ。②学生による企業訪問、研究発表、企業見学、企業研究者との交流の機会をもつ。これらを通じて企業もＣＩＳでの研究内容をより詳しく知ることとなり、人材リクルートにもプラスとなる。③企業研究者がＣＩＳに短期あるいは長期に滞在し、学生、教授と共同研究する。④各種の講義やレクチャー、研究成果発表会等への参加を通して、企業はCISにおける初期段階の自主研究にも触れることができる。卒業者を通じて企業へのテクノロジー移転に貢献する他、企業は研究やカリキュラム開発に助言を行うこともある。

〈インタビュー〉

西義雄教授は、電気工学科教授であり、CIS研究総括責任者と「ナノファブリケーション施設」(Stanford Nanofabrication Facility, SNF)の所長も兼務している。東芝の研究所勤務の後に、HPシリコン・プロセス研究所所長、テキサス・インスツルメント上席副社長を経て、02年にスタンフォードに赴任した。SNFは、「国立科学財団NSF」所属のナノ研究先端施設であり、研究目的での使用はスタンフォード大学内だけでなく、他大学、企業や世界の研究機関にも広く開かれている。

日本では理工系離れが言われ、アメリカでもアメリカ人学生の理工系離れは懸念されている。スタンフォードでは?「トータルの応募者数はまったく減っていない。留学生は増えているが、留学生の多くはアメリカに残る。日本の大学へもより多くの優秀な留学生が行くようになれば、日本の理工系不足の問題は緩和される。」

スタンフォードには以前は日本企業派遣の修士学生やアカデミック研究者をめざす博士課程学生がかなりいたが、今はやはり減少しているのでは?「日本人学生は非常に少ない。ピンからキリまでと言うが、スタンフォードなどの大学には、本当のピンの人たちが世界中から集まって、お互いに刺激しあって新しいものを生み出していく。より多くの日本人が、若いうちに世界のトップクラスの大学に留学して、ピンのすごさを身をもって知り、このような人々と混じって頑張る経験をしてほしい。」

電気工学科での大学院生への学費援助は？　「修士課程では、特に成績優秀な応募者には、学科からの奨学金を出している。そのほかの奨学金を含めると2人に1人くらいがサポートされている。博士課程学生は、スタンフォード大学院フェローシップSGF、企業からの奨学金（IBM、インテル、テキサス・インストルメント等）、SRC（大学の半導体関連研究を企業に結びつけることを目的に82年に設立された民間団体）からのフェローシップ、NSFからの奨学金等で学生の3分の1がサポートされ、残りはリサーチ・アシスタントシップ（RA）を受けるので、ほとんど全員がサポートされている。スポンサー研究におけるRAの場合は、プロポーザルが通った時に、その研究内容を学生に示し、研究トピックを選ばせる。」「自分の研究費は全部自分で取ってくるのがルールだ。スポンサー研究のグラント申請もあるが、その他に制約なしの寄付も多く受けている。」

CISのインターディシプリナリー・アプローチの強さは？　「新しい技術や研究は、しばしば境界領域から生じる。教育面でも研究面でも、他学科の研究者、企業研究者との交流を通して狭い専門内に閉じこもる弊害を克服し、領域的広がりに触れることには、大きなメリットがある。共同研究の成果は高い。私の研究室には今12人の博士課程学生がいるが、所属学科もいろいろだし、学生は主指導教授の他に、副指導教授2人をもてるが、どの学科の教授でもいい。日本の大学における研究課程の充実のためには、学科単位のたこ壷的縦割り方式、教授・学生間の徒弟的人間関係からの脱却が必要であり、学生が誰からも指導を受けられる環境、他学科・他大学とのネットワークや共同研究の推進、等が重要だ。」

電気工学科は、教授の起業も多く、また学生のスタートアップを育てたところとして知られているが、起業文化は今でも強い？　「教授、学生の起業は今も多い。自分の研究成果を使った起業の場合は、大学を休職して起業にフルタイムで専念ということもあるが、大学の政策として、1週間に1日は、利害衝突がない限り、大学外活動が認められているので、それを利用できる。企業のボード・メンバー、テクニカル・アドバイサー等になることも多い。私も、企業の研究開発戦略のアドバイサーとして、7、8社にかかわっている。」

カリキュラムの中に、起業を支援する要素（企業との連携とか、アントレプレナーの授業）が組み込まれているのか？　マネジメント・サイエンス＆エンジニアリング学科やデザイン・スクールではそういう授業を多く提供しているが、電気工学科では学部の講義に一般論的な講義がある程度。しかし、授業の中で、あるいはセミナーで、企業の研究者に研究成果を話してもらうことはある。学生にとって、企業の最先端研究に触れる機会だ。企業も学生とのコンタクトを通して彼らの興味を知ることができるし、学生がその企業に就職したり、企業との共同研究に参加することもある。」

「CISでは、企業研究者との共同研究はたくさんある。また、FMA（フェロー・メンター・アドバイサー）は、非常に成功している。実は、FMAは私が作った制度だ。HP研究所にいた88年頃、スタンフォードのリンヴィル教授に提案して了承を得た後、電気工学科のサラスワット教授と一緒に始めたものだ。MITも企業との協力関係を探していたので、MITでの会議で紹介したところ彼らも導入を決めた。学生（FMAフェロー）に対し、CISに参加する教授がアカデミック・アドバイサーとなり、企業研究者がメンターになるコ・アドバイサー制度で、メンターは博士論文審査にも参加する。いくつものFMAをもっている企業もあり、今は年に50人程度のFMA学生がいる。」

工学部には海外からの客員研究員やポストドクが多いと思うが、どんなことが期待されているのか？「私のところには、年間で全世界から20～30人の応募があり、その中から2～3人を選ぶ。教授、学生が彼らと共同研究したり、共著で論文発表することもある。企業からの研究者の場合、企業との共同研究に発展することもある。

帰国後も活躍している人が多い。」

日本の大学や企業からスタンフォード滞在を考える場合について助言は？　「応募する前に、研究面で十分な実績をあげておくべきだ。滞在中に研究についてのプレゼンテーションをしてもらうし、学生にも研究のアドバイスなどプラスになる存在であってほしい。英語で考え話せることが必要だ。肩書きに追加するだけでは意味がない。滞在を研究に有効に使うべきだ。私もかつて東芝からの客員研究員として1年間滞在し研究に没頭した。この時の研究が今のスタンフォードでの仕事にも役に立っている。もう一つ大切なことは、一緒に研究をして苦労を共にした学生、研究員、教授との友情こそ最も永く続くものであり、これが本当の人のネットワークとなって将来にわたり役に立つものだということだ。」

「サイエンス&工学クァッド」と「サイエンス・工学・医学キャンパス」の建設

90年代に工学部の建物の新築が進み、クァッド西南側が「S&Eコーナー」として整備された。IT関連のパッカード電気工学ビル、ビル・ゲイツ・コンピュータ科学ビル、ポール・アレン・ビルが99年に完成。02年には機械工学研究ラボ、03年には、工学部、医学部、人文&科学の3学部共同によるジェームズ・クラーク・バイオエンジニアリング&サイエンス・センターが完成した。

さらに、4つのビルから成る新しいコンセプトの「S&Eクァッド」建設が完成しつつある。まず08年に環境・エネルギー関連のハブとして、Y2E2ビルがオープンした（本章地球科学部参照）。10年には、「ジェンスン・ファン工学センター」と「ナノスケールS&Eセンター」（ナノ・センター）が完成した。ジェンスン・ファン工学センターは、工学部事務局、マネジメントS&E学科、「計算・数学工学研究所」、アントレプレナーシップ関連プログラム等が入り、学産連携にも重要な拠点となる。ジェンスン・ファンは台湾生まれのアメリカ人で、スタンフォード電気工学科を92年に卒業後グラフィック・プロセッサー・ユニット製造企業エヌヴィディア（ＮＶＩＤＩＡ）を３人で創立し、買収によって拡大させ、ＣＥＯとなっている。３０００万ドルの寄付によって名前が付いている。

「ナノファブリケーション施設ＳＮＦ」（集積回路等に使用する有機半導体等、ディバイス構造を作る）と、「ナノ・センターＳＮＣ」（ユニット・プロセス、化学反応を調べる）、「ナノキャラクテライゼーション・ラボＳＮＬ」（物理的な基本構造を調べる）は、相互補完的機能をもち、光子・量子工学、分子生物物理学まで、Ｓ＆Ｅおよび医学に必要なナノスケール研究の最先端設備を提供する。原子や分子レベルの研究のほか、薬品開発、ＤＮＡシクエンスから新しい半導体開発、新素材開発等広範な領域の研究が可能となる。

10年には、ピーターソン・ビル、フォルクスワーゲン自動車イノベーション・ラボも完成。最後のバイオ工学＆化学工学ビルが14年に完成すれば、バイオ・工学・化学・医学を結びつけ、キャンパスのあちこちに散らばっていた教授や学生が集まる教育、研究、交流の場となり、「健康イニシアティブ」推進のハブとなる。「Ｓ＆Ｅクァッド」は、「サイエンス・工学・医学キャンパスＳＥＭＣ」の一部を構成し、理・工学と医学・病院を連携させ、医学基礎研究者・臨床医も参加しての共同研究を推進するという大きな構想が実現する。

学科の再編成、教育・研究プログラムの学際アプローチが進んだ。建物の新築も急ピッチで進められたが、建物の配置、そして内部設計は学際化と交流を容易にするように配置されており、物的面からも広域融合を補強促進する。

＊　＊　＊　＊　＊

産業育成に貢献してきたスタンフォードの工学部の特徴は、教育・研究の質の高さだけではない。新しいアイディアと発明、その市場化の価値付け、優秀な人材、チームを組む仲間、スタートアップ文化とアントレプレナーシップ、ビジネス・スクールとの連携、ビジネスのノウハウやベンチャー・キャピタルをはじめとする起業インフラへのアクセス、企業とのネットワーク等、大学発のテクノロジーの商業化に必要な要素がここに集まっていることだ。

3　地球科学部

環境・エネルギー・持続問題研究の重点化

地学科学部は、教授数55人、学生数は約460人で学内割合3％ほどと最小のスクールだが、学部と大学院を併設している。留学生割合は39％と高い。地球・環境・エネルギー・持続問題が世界的重要課題になっていることに対応して拡大再編成され、活気がある。エネルギー資源工学、地球環境システム科学、地質・環境科学、地球物理学の4学科があり、地質、地球物理、地球化学、環境、気候、水、土地、海洋、石油、代替エネルギー等をカバーする。

さらに、全学生を対象とする3つの学際プログラムがある。学部生向けが、環境問題を地学や海洋学、生物学、経済学、政策学から複合的に取り組む「地球システムズ・プログラム」で、学部生の間で非常に人気が高い。大学院生向けが、「環境&資源の学際プログラム（IPER、アイパー）」。IPERは01年の設立だが著しく成功し、07年からは他学部との連携プログラムを開始し、ビジネス、法学、医学の学生はIPERとのジョイント学位を取ることができる。IPERは、基金の寄付者エメット夫妻の頭文字をつけたE-IPERと名称変更した。

地学とコンピュータ・システムズ・ラボとの連携、環境測定などのいくつかの学際研究センターと多くのラボがある。今新しい企画として、「ジオバイオロジー・プログラム」の開設準備が進んでいる。地学と物理学、化学の合流が今日の地球研究を発展させたように、地球科学の新たな地平を拓くと期待されているのが、バイオロジーと地球科学の合流領域である「ジオバイオロジー」なのだ（同学部が入居しているセシル・グリーン・ビルディングは、グリーン図書館と同じく、寄付者であるテキサス・インストルメント設立者の名前を採っている）。

環境とエネルギーは近年の注目分野だ。この問題に取り組む研究者は、環境工学、地学工学、建設から経済学、法学、政策研究まで、キャンパスのあちこちに散っていたが、一カ所に集まり共同研究する組織として、後述する2つの大きな独立の広域学際研究所ができ、500人ほどの研究者・学生が参加して、「環境と持続イニシアティブ」を担っている。

〈インタビュー〉

パメラ・マトソン（Pamela Matson）学部長は、バイオ・ジオケミストリー教授。02年から学部長を務め、2期目にある（1期5年）。学際化を進め、特に上述「地球システムズ」とIPERを成功させた。夫ピーター・ヴィトウセック教授も同じ分野の研究者で現IPER所長を務め、国際科学技術財団の日本国際賞（1982年松下幸之助氏の寄付をもとに創設された公益財団法人）の2010年受賞者という、パワフルなアカデミック・カップルだ。2人共にUCバークレー教授だったが、97年に一緒にスタンフォードに異動した。「2人そろって職を得るのは容易ではなかった。カップル採用は今でもまだそれほど容易ではない。この点はもっと変わるべきだ」と言う。

日本の大学では、学部長は通常学部内の教授たちの投票で選出されるが、スタンフォードではどのようなプロセスで選ばれるのか？

「副学長が、学部内の教授たちの意見を聞いた上で、自分を任命した。教授たちによる選挙方式だったら、自分は学部長にならなかっただろう。人気投票でトップになったとは思えないから。学内で誰がリーダーになるのがいいか、次第に押し上げられていく人材がいるものだ。」

学部長としての任務は？　「大学キャビネットに出席して、大学の全体政策を決める時に、学部にとって重要なことを反映させること。学部の政策策定は、学部内の意見を聞いて、どこに何が必要か考え、5年計画を作る。学部内でのリソースの配分も学部長の重要な任務だ。ファカルティ採用・昇進プロセスは学科に大きな発言権があるが、学部長が承認する。ビジネス・リーダーなど外部との良好な関係を築くこと、ファンド・レイジングにも力を入れる。」

学際プログラムと研究がスタンフォードでかくも広がり、かつ成功している理由は？　「まず、ヘネシー学長のビジョンと強いリーダーシップがある。各学部のニーズを聞き、それらを取り入れて大きなイニシアティブにまとめ、大学の取るべき方向を示した。」「バークレーに比べると、スタンフォードはもともと学部間、学科間の壁が低い。他学部とのクロス・リスティングのコース（科目）も多く、他学部の授業を担当してもいやがられない。

学際アプローチへのバリアが少なかった。学際的イニシアティブは、すでに進行中であった変化を一層容易にした。今では、学部生の3分の1が学際プログラムに所属している。」

学際アプローチの強さは？　「新しいパースペクティブを生み出している。」伝統的学科の学位に比べ、学際プログラム学位の場合、就職に影響しないか？　「企業は幅広い学習をしている学際プログラム学位の取得者をよろこんで雇用する。アカデミックなジョブも、分野での知識を十分深く学習しているので問題ない。どんな研究をしているかが大切だ。」

環境と持続のイニシアティブ

ウッズ環境問題研究所

環境と持続問題についての学際研究・教育・行動の中心組織であり、「環境と持続イニシアティブ」のハブだ。ウォード&プリシラ・ウッズ夫妻（卒業生で、ニューヨークのベンチャー投資家）から多額寄付を受けた時にその名前が追加された。

工学、地学、人文科学、スポグリ国際問題研究所、SLAC等の研究者多数が参加、文字通り全学的プロジェクトが展開している。気象とエネルギー、土地利用と保全、海洋と河口、淡水、持続的環境の5分野研究について、政策化と実践化、指導者養成を行っている。パッカード財団からの2000万ドル寄付で設立された「海洋問題解決研究所」「ホプキンズ海洋研究所」「モントレー湾水族館」とも提携している。

環境ベンチャー・プログラム（学際研究支援するためシードマネー提供）、企業アフィリエイト・プログラムをもつ。

プレコート・エネルギー研究所

09年に、5000万ドルを寄付したジェイ・プレコート（卒業生で石油関連企業の経営者）の名前を冠して設立された。ここには、「地球気候&エネルギー・プロジェクト（GCEP）」「エネルギー効率研究所」「トムカット持続可能エネルギー・センター」（卒業生で投資信託経営者、大学理事のトマス・ステイアー、カット・テイラーから4000万ドルの寄付で設置）があり、160人ほどの教授、22学科、13のラボ&プログラムが参加している。SLACの「素材&エネルギー科学研究所」、スポグリ国際問題研究所の「エネルギー&持続的開発プログラム」、その他にも多数のキャンパス内学科、研究所、研究プログラムと連携している。

所長フランクリン・オアー教授（Franklin Orr 前地球科学部長）に、この研究所の役割を尋ねると、「世界のエネルギー研究分野での先導的役割を果たすこと、エネルギー事情を変えていくための人材・アイディア提供、基礎研究から応用、経済・社会面までの分析、この分野でのスタンフォードの教育強化、企業との効果的連携等が柱だ」と言う。

「地球気候とエネルギー・プロジェクト（GCEP）」は、スポンサー4社からの10年間にわたる計2・25億ドルの出資（エクソン1億ドル、GEとトヨタが各5000万ドル、シュランベジェ2500万ドル）という大きな財源を確保して、2002年に発足した。キャンパス内の学際プロジェクトだが、国内と海外数カ国の大学、研究所、企業とも提携。温暖化ガス削減、持続可能な代替エネルギー開発、炭酸ガスの回収と貯留、エネルギー使用の効率化、発電・蓄電等の新テクノロジー開発、さらに地球環境保全、政策論、クリーン・テクノロジー使用の妨げになる要因分析（コスト、安全性、環境へのインパクト、消費者の姿勢等）、問題解決策探求までカバーする。

ベンチャー・プログラムは、学際研究のためのシードマネーを提供している。企業との連携面では、アフィリエイト・プログラムの他に、ここで開発されたテクノロジー、パテントへのアクセスを拡大し、より広く迅速な応用をねらう。スポンサー企業はライセンスを受ける面で優先されるというメリットがある。

Y2E2

08年に環境とエネルギーの建物、Y2E2が完成し、「環境とエネルギー・イニシアティブ」の本陣ができた。Y2は7500万ドルの寄付者ジェリー・ヤンとアキコ・ヤマザキ夫妻の名前、E2は環境とエネルギーを指す。ヤンは台湾出身で、スタンフォードの博士課程学生の時にヤフーを共同設立し成長させたサクセス・ストーリーの1人だ。妻ヤマザキもスタンフォードで学んだ日系女性であり、2人は京都キャンパスで出会っている。

Y2E2は、3つの目的を果たすように設計されている。①最先端研究スペースの提供。②共同研究とインタラクションの推進。内部のスペース配置は、学科中心ではなく、研究領域によって配置されているのも斬新だ。③環境配慮の建築のモデル提供。太陽光採取、建物内温度管理、太陽光エネルギー発電、建築素材も再生材料や石炭燃焼で生じる灰をコンクリート代替材として使用するなど、先端の環境テクノロジーを駆使し、伝統的建物に比べると、エネルギー消費は56%少なく、水も再利用するため使用量は90%も少ない。

Y2E2は、地球科学部の「グリーン・ビル」の隣にあるが、工学部の節で述べたように、電気工学・コンピュータ等の工学系、さらに物理や化学とも隣接し、「サイエンス&工学クァッドSEQ」を構成する。Y2E2には、環境研究所、エネルギー研究所の他に、工学部の「土木・環境工学科」、地球科学部の「環境地球システム科学科」、学際プログラム「地球システムズ・プログラム」と「環境&資源の学際プログラム（IPER）」、「環境・天然資源関連法と政策プログラム」、等も入居している。

＊　＊　＊　＊　＊

巨大な学際的研究・教育組織やプロジェクトを動かしていくのには、大変さもあるのではないだろうか？　プレコート所長のオアー教授の答えを引用しよう。「確かに、学際研究・教育には、組織の巨大化から生じる人的・金銭的コストがあるし、プロジェクトを進めるためのミーティングに費やす時間的コストはある。しかし、研究・教育成果は非常に大きい。学内、国内、海外大学・研究所・企業との連携のネットワークの拡大も大きなプラス面だ。」

成功の鍵は？「優秀なファカルティと学生こそ研究大学の中核だ。優秀なファカルティのところには優秀な学生が集まり、優秀な学生は優秀なファカルティを引き寄せるという相互関係にある。今日の知の複雑化、変化の加速のなかで、ファカルティは1人で大きな研究成果を達成することはできない。優秀な学生が必要だ。両者の結合こそが優れた研究成果を上げる。優れた研究成果を上げる人材のいるところには研究財源も集まり、先端設備をもつ研究体制も整うという輪ができる。学際は、多様な人材を集める。」

4 教育学大学院

理論と実践の結合、教育現場とのつながりの重視

教育学大学院は大学院学位のみ授与する。最近学部生のためのマイナー・プログラムを開始した。ファカルティ52人。学生数は約430人で、女性が68%と多い。博士課程学生の平均年齢は31歳と高い。

理論と実践の結合、現場の教育者および政策担当者との強い関係、学校とコミュニティとのパートナーシップ、学校の改革と政策研究を強調してきたが、この10年間の全学的な変化のなかで、教育学大学院も著しく変わった。教育学はもともと多数の学問分野からのアプローチが不可欠な分野であり、伝統的に学際アプローチが実践されてきたのだが、それが全学的連携へと拡大した。

教育プログラムとしては、修士課程には、①政策・組織・リーダーシップ研究、国際比較教育、教育管理・政策国際分析、学習・デザイン・テクノロジー、カリキュラム・教師教育。②通称「ステップ（STEP）」で呼ばれる教師教育・再訓練プログラムは、59年からの長い歴史と実績があるが、修士号とともに初等中等教育の教員資格を授与し、その需要は今も著しく高い。③他学部との複合学位プログラムとして、ビジネス・スクールの学生が教育管理を学ぶMA／MBAプログラム、法学院生のためのMA／MDプログラム、さらに、他学部の博士課程学生が教育学のMAを併せて履修する道も開かれているというように弾力的だ。

博士課程は、「社会科学・政策・教育実践」「発達&心理学」「カリキュラム研究&教師教育」の3プログラムにまとめられており、学生はそれに加えてクロスエリアとして、「科学とテクノロジー学習デザイン」を併せて取れ

る。これはH-STAR（本章人文&サイエンス学部参照）、工学部のデザイン・スクールと連携している。

教育学大学院も、多数の研究センターをもつ。古いもので70年代設置の「教育研究センター（CERAS）」があるが、2000年以降に、「若者研究所」、「青年とコミュニティの研究所」「教育政策・実践についての研究所」「学校再デザイン・ネットワーク」（ビル・ゲイツ財団からの500万ドル寄付で設立、高校再編成の全国情報収集ネットワーク、情報提供）、等々が設立されている。

幼稚園から高校までの教育改善K—12イニシアティブ

「K—12イニシアティブ」は、研究大学として、公立学校の改善、将来の人材育成と貧富の差縮小という国家的課題と取り組もうとするものだ。スタンフォードなどに入学してくる学生はトップのトップの学生たちだが、アメリカ全体としては、高校までの教育の質の低下が問題となっており、いかに教育改善するかは国家的課題となっている。特に理工系教育の問題は深刻だ。アメリカ人生徒の多くが高校までに理工系から脱落していき、大学の理工系は海外留学生比率が著しく高く、理工系労働力も外国人に大きく依存しているのが現状だ。中国やインドなどのアジア留学生はトップクラスの大学の理工系に集中している。これらの国との経済競争が次第に激化している今日、高校までの理工系教育を充実し、アメリカ人大学生の理工系専攻を拡大することは国家的関心事なのだ。

教育学部を中心に、数学、サイエンス、歴史、英語等の研究者も参加する学際アプローチで、現場教師・校長および政策担当者、地域社会とのパートナーシップを組み、研究・実践・評価を結合させて、いろいろな教育改革を進めている。その推進のために、3つのセンターが設置された。「優れたティーチング・サポートセンター」

は、教室での授業を活性化するための教師開発プログラム提供、「教育におけるリーダーシップ」は、学校長や教育委員等の教育リーダーたちを対象に授業と組織改革を推進するアントレプレナー的指導者養成のプログラムを提供、「教育政策分析センター」は、効果的教育政策についての科学的研究・情報提供・推進・評価を推進している。

教育学部は、学校区の要請に応えて、01年に低所得地域に「イースト・パロアルト・アカデミー」という公立高校を開設し運営している（予算は学校区から来る）。校長、教師は雇っているが、教授や学生も参加し、高い卒業率、進学率を達成している。サンフランシスコ湾岸地域の学校とのパートナーシップだけでなく、全米にも広がり、さらに国際的ネットワークが形成されている。

「教育ベンチャー・ファンド」が設置され、初期段階の革新的な学際研究・開発のパイロット・プロジェクトにシードマネーを提供している。すでに125件以上を支援しており、より大きなプロジェクトへと発展し外部資金の獲得へとつなげる。例えば、恵まれない環境の生徒を対象にした実践的サイエンス教育やエコロジー学習開発のパイロット・プログラム、ホプキンズ海洋研究所と協力しての海洋保全の実地教育の実施。工学部のデザイン・スクールと連携して、「イースト・パロアルト・アカデミー」で、教授と大学院生が参加して、いかにしてデザイン思考を発展させるかのワークショップ開催もある。学部生が地域の中学生に1対1で週1度のチュータリングしたり、大学キャンパスでの夏5週間のキャンプを提供して学習スキル、自信を付けさせるプログラムもある。医学部では、生徒のための夏8週間、大学院生とポストドクの指導で、バイオ、免疫学、幹細胞等のラボ実験に参加、終わりに研究結果を教授の前で発表させるというバイオメディカル・サイエンス・プログラムを提供している。

〈インタビュー〉

学部長デボラ・スタイペック（Deborah Stipek）教授は、学習と動機理論を専門とし、２０００年から学部長を務めている（11年秋からクロード・スティール新学部長と交代）。

アメリカの大学人の一部には、学科は19世紀にできた古い概念であり時代遅れだという意見もあるが、最近の学際化の普及は、伝統的学問分野の知とそれをもとにする学科を単位とする大学組織そのものを根底から覆えしてしまうのだろうか？「学科は大学の土台を構成するものであり、その構造は変わらない。教授は学科に所属し、学際的研究所、プログラム、プロジェクトに参加するという形をとっている。例えば、教育学部に50％、ウッズ環境問題研究所に50％という形だ。ただし、教育学はもともと学際的アプローチの学問だ。ある意味では、教育学でずっと実践してきたことを、大学全体がキャッチアップしたのだとも言える。」

大学の雇用がこれからも学科単位である場合、博士課程カリキュラムの学際化が非常に進むと、伝統的学科の枠との間にギャップは生じないのだろうか？「学生は、広さとともに集中分野があるので問題ないだろう。」

大きなビジョンを実際の改革へと具体化するには、学部長はどのようにリーダーシップを使うのか？「現在進行中のイニシアティブは、研究大学は、社会の実際の問題の解決に貢献するべきだという学長のビジョンから生まれたものだろう。大学運営委員会が置かれていて、各学部から2名がメンバーとして参加し、全学的な調整と方向付けを議論する。」「学部長が独立志向の教授たちに正面から命令してもうまくいかない。財源というインセンティブの提供はあるが、教授の関心とおおよそ一致しているアイディアを提案し進めるという方法、いわゆる〝後ろからリードする〟式のリーダーシップが適切だ。」

「K―12イニシアティブ」にどう取り組んでいるのか？　「教育改善との取り組みには、学校区、教育委員、教育現場の校長や教師、地域コミュニティとの連携が大切だ。一方で、つながりは世界的に広がっている。ウェブでの教師開発プログラムも開始したところで、世界中の教師にアクセスが開かれている。」

近年におけるスタンフォードの変化はまさに根底からの変化だと思うが、このような大きな変革を可能にしている要素は？　「スタンフォードは東部の大学に比べると若い大学だ。シリコン・バレーの近隣にあり、アントレプレナーシップが価値づけられている。ここには優秀な頭脳が集まってくる。革新的試みを受け入れる姿勢、弾力的組織、必要な財源がある。新しい大学の試みを助けようという気持ちの寄付者が大勢いる。」

5　ビジネス・スクール

ビジネス・スクール（GSB）は、企業から公的組織までさまざまな組織のマネジメントとリーダーシップ教育の場だ。ここから将来の世界各国、各界リーダーたちが巣立っていく。ここでの価値は、エクセレンス（卓越）、リーダーシップ、アントレプレナーシップ、イノベーション、グローバルな視野と活動等だ。近年、学際化とグローバル化を軸にして、カリキュラム刷新、研究体制の再編成、教育研究インフラ整備が推進されてきた。また、ビジネス・コミュニティとの連携を進め、ビジネス・リーダーたちとの緊密なコンタクトを通し学生がアイディアを実現化するチャンスを拡大している。海外活動にも積極的だ。内にも外にもアグレッシブな拡大路線にある。教授100人強、その6割は基金付きポストだ（松下幸之助チェアもその一つ）。

全米ビジネス・スクール・ランキング1位

ＧＳＢの中核は、２年間のＭＢＡプログラムであり、『ＵＳニューズ＆ワールド』誌の２０１２年版ビジネス・スクール・ランキングで1位（2位ハーバード、3位ＭＩＴ）だ。学生数８００人、留学生は36％。近年入学志願者数が急増しており、10／11年度は８０００人が志願し、合格者は５０３人、合格率６％という狭き門だ（医学部４％に次ぐ低さだ）。合格者のうち４６６人が入学（入学率は93％で学内で1番高い）。ＭＢＡは超エリートへの道だ。学費も高い。年間授業料５・1万ドル＋部屋・食事代その他諸経費で８万ドル、２年で16万ドル（後述するように実際にはもっとかかる）。約半数の学生は奨学金を受けるが、卒業時に平均７・５万ドルの借金が残るという。しかし、卒業生の初任給中位値は12万ドルと高給だから、大半の卒業生は教育投資分もすぐ回収できる（11／12年は授業料５・52万ドル、その他諸経費も加え８・７万ドル）。ＧＳＢ卒業生は昔から卒業にあたって大半が寄付することで知られていたが、近年は寄付率１００％（卒業が近い5月頃になると、寄付依頼のメールが来る）。研究者養成である博士課程は、学生数１００人ほどと小さい。

新カリキュラムでは、1年目はマネジメントの基礎的知識の学習で、２年目はより専門化するが、少人数グループ学習、参加型セミナー増加、個々の学生に対する教授の個人的指導、実際的学習、グローバルな視野、クリティカル・アナリティカル思考、革新的思考、全学的学際研究プログラムへの参加、リーダーシップ・スキル涵養等が強調されている。

かつてのＧＳＢは他学部との交流はあまりなかったが、広域学際化が進んだ。法学部、教育学部、「経済政策研究所」、地球科学部「環境＆資源の学際プログラムE-ＩＰＥＲ」との複合学位プログラムが提供されており、２

つの学位を履修できる（MBAに加え、法学、教育や公共政策あるいは環境・リソースの修士号取得。1つの科目が両学位への単位となる）。あるいは、医学部や生物工学科との2学位プログラムを通して、MBAと医学MDや生物工学科の修士号を一緒に取れる（1つの科目は1つの学位への単位となる）。博士号と連結させることも可能だ。ビジネスに関心をもつ他学部の院生のためにも、夏の4週間プログラム「アントレプレナーシップ・サマー・インスティチュート」を提供しており、学位プログラムではないが、需要が非常に高い。

リーダーシップ、アントレプレナーシップの開発、社会変革

いくつかの研究センターと研究プログラムがGSBの教育と研究を担う。「リーダーシップ開発&研究センター」（03年設立）は、組織におけるリーダーシップについての教育・研究および大学の外へとアウトリーチ活動をしている。組織マネジメント理論、組織行動論、パワーへの道、パワーをもつ行動、衝突のマネジメント&交渉など、さまざまなリーダーシップについての授業を提供。企業リーダーたちのゲスト参加によるインタラクティブな学習、小さなグループ・ディスカッション、理論を学んだ後での実践演習、さらに、MBAの必修授業である「リーダーシップ・ラボ」では、具体的設定のなかで、チームを組んで決定や組織行動を演習形式で経験し、期末試験である「エグゼキュティブ・チャレンジ」で、世界中から集まった大企業CEOなどの卒業生を相手に実際に演習をして、評価を受ける。ケース・スタディーズ、ワークショップ、学外での実際学習等、リーダーシップの理論と実践が結び付けられている。

「リーダーシップ・コーチングとメンタリング」は、リーダーシップ・フェローと呼ばれる2年生学生精鋭が1年生に対してコーチングとメンタリングすることを通しリーダーシップを発達させ、それを通して自らもリー

ダーシップを伸ばすというものだ。グーグルやマイクロソフト等の世界的企業のCEOや政治的リーダーによるゲスト・スピーカー・シリーズ、エグゼキュティブ・コーチによるマンツーマンでの学生指導も提供。企業ガヴァナンスやパワー・ステータス・影響力等の研究プロジェクト、リーダーシップ・コースの開発・デザイン、また学内多分野でのリーダーシップ問題についての意見交換の場ともなっている。

GSBはリーダーシップ養成を常に重点化してきたが、「将来の指導者養成イニシアティブ―学生のリーダーシップ養成教育の強化」を全学的に推進するため、教育学大学院とも連携して、中核的役割を担っている。

「アントレプレナー研究センター」は、起業についての研究、カリキュラム開発、起業しようとする学生・卒業生へのリソースを提供する。「グローバル・ビジネス&経済センター」は、国際ビジネス関連の研究、ティーチングとカリキュラム&教材開発している。その「グローバル・マネジメント・プログラム」は、学生に世界各地の研修旅行を提供し、グローバルな視野と経験を涵養するプログラムだ。

「ソーシャル・イノベーション・センター」は、貧困・環境問題・水不足などの社会問題の解決に貢献するための活動をしている。少額融資から社会的アントレプレナー養成、NPO運営委員会への学生斡旋、さらに学生のグアテマラや南アフリカでのボランティア活動もある。このセンターの活動に刺激を受けた卒業生から、開発途上国での小型家庭発電や農業用灌漑等の有名なスタートアップが生まれている。

「グローバル・サプライチェーン・マネジメント・フォーラム」は企業とパートナーシップを組み、「コーポレート・ガヴァナンス研究プログラム」は、法学部と連携した組織である。「スタンフォードの挑戦」のイニシアティブにもさまざまな形で参加している。ウッズ環境問題研究所、スポグリ国際問題研究所、フーヴァー研究所、倫理研究所、バイオデザイン・イノベーション・プログラム、デザイン・スクール等々、多数の学際的共同研究プログラムが進行している。「ヘルスケア・イノベーション・プログラム」もある。

ＧＳＢは活動の場を世界にも広げている。ビジネスの戦略的重要国であるインド、中国、その他の国との関係の構築、ビジネス状況の把握、研究の機会の開発、グローバルな視野の開発等を目的として、年3回の「ファカルティ海外研究プログラム」が実施されており、12〜15人ほどの教授が、毎年インド、中国を訪問するが、もう一国はファカルティが選択することになっており、11／12年はブラジルを予定している。

ビジネス中間幹部、経営幹部対象の教育の拡大

ビジネス人対象のプロフェッショナル教育プログラムも拡充している。特に長い歴史を誇るのが、「スローン・プログラム」だ。かつてＧＭ会長だったアルフレッド・スローンの寄付により１９５７年に始まったもので、若手中間幹部対象の10カ月半のコースである。授業料は10・7万ドルと高いが、修士号を授与し、海外からの参加者も多く、卒業生からは多数の経営者を輩出している。

「経営幹部対象の教育プログラム」は１９５２年に開設されているが、今ではマネジメントやマーケティングから社会革新、国際プログラム（シンガポール国立大学との連携）まで多種多様なコースを提供している。長いものでは夏の6週間の「エグゼキュティブ・プログラム」（授業料は5・6万ドル）があるが、2週間、10日、6日間というようにさまざまなコースがある。これらは財界人とのネットワーキングの機会であると同時に収益活動でもあり、研究グラント収入がほとんどないＧＳＢにとって貴重な財源となっている。

さらに、革新的アイディアとシリコン・バレーのアントレプレナー、ベンチャー・キャピタリスト等を結び付けてスタートアップを後押しするため、「イノベーション&アントレプレナーシップ・プログラム」が２０１１年

から始まった。シリコン・バレーなど周辺地域で働くプロフェッショナルと、ビジネスに関心をもつ他学部の大学院生が一緒に学べるように、夜と土曜に開催する4カ月のパートタイム・プログラムだ。

8つのビルから成る巨大な新校舎ナイト・マネジメント・センターが2011年に完成した。これは、卒業生でナイキ創立者のフィリップ・ナイトからの1・05億ドルという巨額の寄付を含め、総工費3・45億ドルで建設。彼は学部長ポスト基金その他にも寄付しており「最多額寄付者サークル」入りしている。建物自体クリーンテクを使用、大小さまざまのサイズの教室、ミーティング・ルーム、交流を促進するスペースを取り入れたデザイン、そして先端教育テクノロジーを設備する。ハーバード、ワートン等アメリカの著名なビジネス・スクールは、近年、競って豪華な新校舎建設または建設予定だ。教育環境のすばらしさは、優秀な教授と学生を引き付ける重要な要素であるし、そのような環境の中で学んだMBAたちはやがてビジネスで成功し高額所得者となり、将来の高額寄付者となる可能性が高いのだ。

〈インタビュー〉3人の日本人留学生が語るGSBでの経験

2008年秋入学の日本人留学生はわずか3人（09年4人、10年6人）。この3人に、ビジネス・スクールでの留学経験を語ってもらった。**松重和歌子《わかこ》**さんは、慶應大学法学部04年卒、外資系投資銀行で働いた後の留学。**岩崎洋平《ようへい》**さんは、東京大学法学部04年卒、企業法律事務所で、M&A、ファイナンス、知的財産関連の弁護士として働いた後留学。**鹿島幸裕《ゆきひろ》**さんは、東京大学法学部06年卒、官庁勤務の後留学。GSBの日本人留学生はかつてはほとんど企業や官庁派遣だったが、3人は職場を辞めての私費留学である（自費や、ビジネス・スクールの奨学金・ローン活用。留学費用は、年間最低10万ドル、2年で20万ドルはかかった）。

ケース・スタディーとディスカッション

ＧＳＢの教育について、松重さんは、「リソースをつぎ込み、一人ひとりの学生の多様なニーズにカスタマイズする配慮をし、高いレベルの教育を提供している」と言う。「1学年３６０人ほどと少ないので全員と知り合える。クラスは最大で60人、多くは8〜16人の少人数授業だ。1学年１０００人近い人数のいる他のトップ・ビジネス・スクールでは、個別の学生に合わせたプログラムが組みにくく、伝統的な大企業経営者向けの人材養成の様相が強くなりがちなのに対して、スタンフォードのビジネス・スクールはあまり組織内におさまらないタイプの学生にも柔軟に対応し、スタートアップ願望にも存分に応えている。」

「授業の7割程度はケース・スタディーだ。毎回15〜20頁ほどのケース・スタディーの教材に加え、論文2〜3本のリーディングがある。ケースは深く読み込んで準備していく。教室ではそれをもとにディスカッション。突然当てられることもある。卒業までに触れる３００以上のケースを通じて、あらゆる角度からビジネスを疑似体験できる。」（松重さん）。毎日１００頁ほどの英文を読み、授業に出席し、そして宿題をこなす。各学期4単位のコースを4〜5コース取っていき、2年で卒業に必要な１００単位を履修する（09年入学者からは１０５単位）。

3人は、次のように語る。「学生は授業中の発言も参考にして、将来誰とビジネスをしたいかを見ている。日本人は文化の差や言葉の壁もあり黙りがちだが、黙っていると他の学生に自分を知ってもらう機会を逸す。積極的に発言するよう努力していると、慣れてきて自然にディスカッションにのれるようになる。」「授業は、自分が普段感じている疑問を世界をリードする教授にぶつけ、自分の意見を他の学生からのインプットでブラッシュアップし、また、彼らの疑問や意見から学ぶ時間だ。日本人が必ずしもハンディがあるわけではなく、アメリカ人と視点の違う見方を、躊躇することなく論理的に説得力をもって発言する勇気が評価される。」

岩崎さんは、「ディスカッションを通して、いろいろなコミュニケーションのパターンを学び、使い分けることができるようになった」と語る。「ビジネス・ミーティングで、時には相手の話をさえぎってもアグレッシブに自分の意見を主張することが良いこともあることや、相手と反対の意見をもっていることを正面から示すことが良しとされる場合もあることを学んだ。例えば、インテルの元CEOのアンディ・グローブ教授は、彼の意見に対して、自分は違う意見だとしっかり反論する学生を高く評価した。彼は自著『インテル戦略転換』で、ダイレクトなカルチャーがビジネスを成功に導くと述べているが、それを自らが手本として実践しているのだと思う。」

プレゼンテーション、論文・ビジネス文書作成、ビジネス・ミーティングでのコミュニケーションの仕方にとどまらず、テレビの映り方、社内で重大な問題が発生した後の記者との会話の仕方、また、優秀な従業員を社内に保つ方法など、ありとあらゆるコミュニケーション能力を習得できるように、教授だけでなく、コミュニケーションのプロも指導する。岩崎さんは、GSBの「コミュニケーション・フェロー」を務め、シリコン・バレーの有名企業のエグゼキュティブたち相手のプロのコミュニケーション・コーチたちからプレゼンテーション指導を受ける機会を与えられた。2010年5月に開催された「スタンフォード・ビジネスプラン・コンペティション」で、「世界の水使用量の70％を占めている農業用水を50％カットする技術を商用化するビジネスプラン」を発表し、プレゼンテーション能力を評価されて、参加80グループのうちで2位に輝き、1・6万ドルの賞金を獲得した。

学際アプローチ

ビジネス・スクールの枠内にとどまらず、学内あちこちの学際プログラムに参加し、ジョイント学位を取ることができる。松重さんは、MBAと教育学MAの両方を取れる20人ほどのGSB—教育学大学院連携プログラムに所属した。「学校経営、管理、教育投資等の領域を中心にカバーするが、枠にとらわれず各学生が自分の関心に応じて違うカリキュラムが組める非常に自由度が高いプログラムだ。ビジネス・スクールはより具体的かつ実践的でケース重視なのに対し、教育学部の授業はよりアカデミック、理論重視、論文を読み、書く機会が多いという差があったが、大学近辺の高校をケース・スタディーとして現場での意志決定のプロセスを体験したり、教育ビジネスプランを書く機会など実践的な授業も豊富だった。プログラムには、幅広い分野からの参加者があり、教育分野の投資家、NPOのボード・メンバー等との交流も多い。旧来の教育のあり方を突き破った革新的なアイディアを好む姿勢はスタンフォードらしい。学生の一人ひとりに、変化を起こすのは自分だという自負と強いエネルギーを感じた」と言う。

鹿島さんは、工学部のデザイン・スクールの起業クラスで、「Launch Pad（発射台）」という名が付けられている授業を取った（Dスクールについては本章工学部参照）。「これは、10週間で起業のビジネス・アイディアをもとにプロジェクトを立ち上げ、プロダクト化し、実際に市場に送り出すという、非常にスピード感のあるクラスだった。講師は、起業や有名企業での経験を経てビジネスで成功し、教育への熱意からクラスを教えている特任教授2人が担当。授業には、起業家、投資家、シリコン・バレーのエンジニアなど、毎回さまざまなゲストが来て、学生にアドバイスをした。教授やゲストも、人材、知、資本、技術など分野を超えてさまざまなリソースが集まったシリコン・バレーのネットワークから恩恵を受けていて、その自ら培ったネットワークを学生に還元してくれた。ベンチャー・キャピタリストがクラスでの学生のプレゼンテーションに来て、将来性のあるアイディアの後押しもする。10週間の短期間で実際にかなりの売上げを上げたチームや、現在も続いているビジネスもある。」

岩崎さんは、3年間でMBAとMS両方を取れる「環境&資源インターディシプリナリー・プログラム」（IP

ER）に所属、クリーンテクノロジー分野の授業を集中的に取っている（IPERについては本章地球科学部参照）。

教授と学生の距離の近さ—充実した学生指導

鹿島さんは、「教授と学生の距離の近さに驚いた。学生が教授をファースト・ネームで呼ぶのも普通だ」と言う。「例えば、すべての科目のベースとなる論理的思考力を鍛えるCAT（Critical Analytic Thinking）と呼ばれる必修授業では、16人の少数編成クラスにベテランの教授が割り当てられ、そのクラスの学生のアドバイザーとなり、学問のみでなく、キャリアについてもアドバイスをする。学生を自宅の豪邸に呼んで、夕食を食べながら、学問やキャリアについて、親密な雰囲気のなかで会話が行われることも少なくない。その他の教授も、学生が求めていけばどんどん時間を作ってくれる。学生に個別にフィードバックもくれるし、自身の授業の質の向上にも熱心で、学生の意見をすぐに授業に反映して改善することも多い。」「多くの教授が学生指導に熱心な理由の一つは、各コースの終わりにある学生による授業評価。授業内容だけでなく、学生指導も評価の対象になる。高い評価は教授にとってインセンティブになる。自分のビジネスで成功し切ってしまい、評価を超え、学生へのメンター行為を楽しみ、教え子の成功を純粋に喜ぶ教授もいる。」

「シリコン・バレーの著名なベンチャー・キャピタリストで、クライナー・パーキンスのパートナーであるビング・ゴードンは、教授と親しくなることは、値段のつけようもないほど価値あることだ、1学期に1人の教授と仲良くなれ、と学生にアドバイスしたが、実際、教授と親密な関係を築く学生は多い。」（岩崎さん）。

ビジネス界リーダーたちとの頻繁な接触、ネットワーク

ビジネスリーダーたちと接触する機会もふんだんに作られている、と3人は言う。ケース・スタディーのなかで登場したCEOが、実際にクラスに来て、ケースの具体的状況についてレクチャーし、学生のディスカッショ

ンについてコメントをくれることもある。その後一緒にランチをして、学生は個人的にビジネスに関するアドバイスを受けたり、実際にその後にビジネス関係に発展することもある。シリコン・バレーのCEOやベンチャー・キャピタリストなどとの頻繁な交流がクラスに組み込まれている。大物CEOが、ゲスト・スピーカーとしてクラスに来る。彼らとのランチ・セッションもあり、ランチに招かれる。毎日こういう機会があると言う。アメリカでは個人的関係が著しく大切だから、学生たちはこのような機会を積極的に活用し、自らのネットワークを広げる。ここで得たネットワークは後にビジネスで支えになる。

ビジネス界の人たちは、なぜ学生たちにこのようなサービスを提供するのだろうか？「メンター精神、そして、卒業生の場合には学校に対する恩返しの気持ちが強いのだと思う。また、もしかしたら、スタンフォードの大学院生だった時にグーグルを起業したラリー・ページとサーゲイ・ブリンのように、世界を変える学生がいるかもしれないという思いの人もいるかもしれない。在校時にGSBカリスマ教授の支援を受け起業し成功させたベンチャー・キャピタリストは、恩師からゲストで呼ばれ、その時の講演のために優に100時間の準備はしたと言っていたが、お世話になった教授と学校に恩返しをしたいという気持ちが伝わってきた。」

また、「ビジネス・リーダーたちも学生との関係、会話をもつことに積極的なので、授業で学生が近づいていけば喜んで受け入れ、親身になってくれる。成功者ほど新しい発想を取り入れる裁量が大きいように思う。」（松重さん）。

日米を比較すると

起業への関心から留学したという岩崎さんは、農業用水使用量削減テクノロジー開発のスタートアップをし、そのCEOを務めている。「シリコン・バレーには、優秀な人材とスタートアップの集積の好循環が生まれている。起業者は優秀な人材にめぐまれたシリコン・バレーで起業し、人材は優秀なスタートアップが多いシリコン・バレーに集まってくる。自分のような未経験の若造がCEOでも、すでに、大企業のトップ経営経験者やベンチャー・キャピタリストからの連絡やコンタクトが入ってくる。こうしたことは、日本では、まず難しいと思う。」

鹿島さんは、「アメリカはハイレベルな人材の流動性が非常に高い。GSBの同級生にも入学前に複数の職歴のある人が多い。卒業後にはいきなりスタートアップのCEO求人もある。優秀な人材がさまざまな業界や職種を経験して、超一流のビジネス・パーソンになっていく。何か新しいことをやろうとした時に優秀な仲間を集めやすいのはアメリカの方だと思う。アメリカの学校や企業では多様性がよく強調されるが、さまざまなバックグラウンドや考え方をもった人間を集めた方が新しい発想やイノベーションが起こると信じて実践している。」

外資系企業に就職する松重さんは、「アメリカの職場では女性も相当のアグレッシブさを求められるが、日本の職場で同じような姿勢でいると煙たがられる場合がほとんど。舞台に応じてうまく使い分けていく必要がある」と言う。

ところで、日本人留学生は減少しているのだが、それについては？「社員を留学生として派遣することは企業にとって大きなコストがかかるので、不況が続けば留学生派遣を減らすだろうし、一方、若い日本人にとって、留学のメリットを見出しにくくなっているのかもしれない。日本ではまだ、有名大学を出て大企業に就職すれば、安定した暮らしがある程度保障されているので、あえて時間とお金がかかる留学をするインセンティブが働きにくい。その結果として、優秀な若い人材があまり留学を志向せず、また留学してもその経験が必ずしも社会で十分に活用されているとは言い難い状況になっているのではないか。しかし、低成長が続くなかで、日本企業が今後成長していくためには海外に目を向けざるをえないし、国際的な人材を育てなければいけない。日本人留学生を減らしてはいけないと思う。」（鹿島さん）。

それでは留学で得たものは？　岩崎さんは、「留学を通じ、世界や自分のことをより深く知ることができた。アフリカやグアテマラで、貧しい人の掘っ立て小屋で、仲間と共に、生活と仕事を共にするという経験もした。広い世界を見ることで、世界にはいろいろな人がいて、日本人とはまったく違う生活や文化をもっているという当たり前のことがわかってきて、人生が豊かになった。人生の意味を考え、自分にとって大切な価値観を再考する機会となった。」

松重さんは、「人生を豊かにするための自分なりの指針を構築する機会になった。社会にどのような影響を与えたいのか、自分の情熱のままに突き詰めて考える機会は日本にいる時はあまりなかった。答えが出ないままに、無難な選択をしてしまう方が短期的には正直ラク。刺激的な友人や教授たちとの本気のやりとりを通じて、そのラクさを選ばず、自分の本当に望む選択をし、前に進み続けるための自信がついた。幸せも成功も自分を知り、舵を取るところから。」

鹿島さんは、留学のメリットとして、視野が広がったこと、最先端でプラクティカルなビジネス・スキルを身に付けることができたことに加え、「世界のどこに行ってもやっていく自信がついた。組織に依存せず、自分自身で直接社会にインパクトを与えることができる下地が身に付いたと思う。また、日本を外から見ることができたことも非常に良かった。日本が現在世界の中でどのような位置にいて、どのような課題があるかダイレクトに実感することができた。将来は、日本にインパクトを与えるような仕事がしたい」と語り、留学をポジティブに評価している。

ビジネス・スクールで常に強調されることは、「人生、組織、そして世界を変えよ」「付加価値を作り出せ」「チャレンジせよ」。このような価値規範は、そこで学ぶ学生たちをエンパワーするに違いない。３人の日本人ＭＢＡの経験と感想からそれを如実に感じ取ることができる。松重さんは10年６月にＭＢＡを修了して、今は米系投資運用会社で、世界各国の株式の運用を行っている。鹿島さんは、同じく10年６月にＭＢＡを修了し、戦略コンサルタントとして日本だけにとどまらず海外企業の経営戦略に関する企画・立案を行っている。岩崎さんは11年６月にＭＢＡとＩＰＥＲのＭＳをジョイントした３年の複合学位プログラムを修了し、シリコン・バレーで、スタートアップした企業のＣＥＯを務めるが、その農業用水使用の効率化技術の有用性と将来性、ビジネスプラン、創立者チームの構成等が高く評価され、ベンチャー・キャピタルからの投資に加え助言やサポートが提供されている。

＊　＊　＊　＊　＊

ＧＳＢから「リーダーシップやアントレプレナーシップ、イノベーション、グローバルな視野と活動」を実践していく人材が育っていく。多数の具体的事例を通してビジネスで必要な判断力、決断力、達成のためのノウハウを身に付け、プレゼンテーションやディスカッションや交渉能力を鍛えられ、広いネットワークをもつ、即戦力となる人材だ。

スタンフォードの教育を見ると、成功やリーダーシップは、節約文化からではなく、成功やリーダーシップを具現するモデルたちに囲まれ、潤沢にリソースを投入しそれ以上のアウトプットを生み出そうとする文化の中で育まれているのだと感じさせられる。

6　ロー・スクール

法学教育の抜本的改革の断行

ロー・スクール（法科大学院）も、法学教育の抜本的改革を断行している。ＩＴ革命、バイオ・医学の進展、ビジネス環境の変化、国際化等、社会が大きく変化していくなかで、法律問題もより複雑化し、専門知識が要求される一方で関連領域は広がり、さらに社会価値や異文化の理解も必須となり、伝統的法学教育は時代遅れとなった。04年に赴任したラリー・クレイマー学部長のリーダーシップのもとで、新時代のニーズに対応する革新的カリキュラムと再編成が、全国のロー・スクールに先駆けて導入された。

その主軸は、学際アプローチと全学的連携の推進だ。ロー・スクールだけが2学期制を66年以来維持してきたのだが、09年秋から4学期制に合流し、他学部と連携した複合学位プログラムが著しく拡大された。法学の学生が他学部の学位も併せ取ることができるし、他学部の学生も法学の学位を取ることが可能になった。他分野の学生も参加するチームによる問題解決学習の強調、クリニカル・プログラム（実習）の拡大、プログラムの国際化、2・3学年目向けプログラムの改革等も実施されている。

ロー・スクールの10／11年度の総学生数は約６４０人、トップスクールのなかでは最少規模だ（イェールは７００人弱、ハーバードは約１９００人と巨大）。毎年４０００人ほどの応募者から選び抜かれた１７０人ほどが新入学する。男女比はほぼ半々、平均年齢25歳、30％が学部卒後すぐの入学者、38％が1〜2年後、32％が3年以上後の入学者。主な学位として、3年でJD（Doctor of Jurisprudence, その後、司法試験を受ける）、他学部とのジョイント学位、専門分野での法学修士号LLM、JSM、法学博士号JSDなどがある。10／11年度の年間授業料4・5万ドル。一方、卒業生の初任給中位値は、6割が就職する法律事務所で16万ドル、司法研修生や政府勤務の場合は5・7万ドルと大きな差がある。

フルタイム・ファカルティは47人、うち基金付きポスト38人、加えて、100人近いレクチャラー等がティーチング担当。新しいカリキュラムの遂行のために、ファカルティの拡充に力を入れている。

新時代のニーズに対応する革新的カリキュラム

法学院には、9つの大きなプログラム領域がある（憲法、刑法関連、環境法、国際法、法・経済・ビジネス、法・サイエンス・テクノロジー、法的職業と倫理、交渉と調停、公共サービス・公益法）。それぞれの中に複数のセンターやプログラムがあり、授業提供と研究をしている。

学生は1年目に、法制度、法的理論展開、ケース分析、法的決定等の基礎を習い、2＆3年目は個人の関心に応じたカスタマイズされたカリキュラムを取る。卒業後の就職先は、法律事務所、司法関連、企業、政府組織、国際機関等と広がり、仕事も人権問題から企業関連、知的財産権、税金、スタートアップから国際取引まで多様な分野に広がる。どこであれ仕事の初日から役に立つ人材育成を目標に、教室での学習だけでなく、実習教育、社会とのインタラクションがある教育の重視、問題解決能力の育成、専門化とともに広域化への対応、チームワークの強調、法律問題の国際化や海外留学生の増加に対応するカリキュラムの国際化などがプログラムに組み込まれている。

学際アプローチ

憲法や刑法、民法、商法等の伝統的科目に加え、多分野からの法学授業（法の経済分析、環境政策論、法と創造力、法と文化、リーダーシップ、等）、国際法（ＥＵ法、中国法＆ビジネス、中国での取引＆投資、南米法、等）、争議解決・調停・交渉、法律家としての倫理、サイエンス＆テクノロジー＆知的財産法（バイオテク法＆政策、サイバー法、法＆バイオサイエンス、コミュニケーション、コンピュータ犯罪）等が、学際アプローチで提供されている。

複合学位プログラムの拡大

ビジネス・スクールとの連携プログラムは最も古いものであり、ＪＤ／ＭＢＡを4年で取得できる（一定の科目の取得単位を両方にカウント）。このモデルの成功から、連携は他の分野にも拡大され、今では27の複合学位プログラムが提供されている。地球科学の環境＆リソース（Ｅ-ＩＰＥＲ）、教育、工学部のバイオ工学、コンピュータ、電気工学、マネジメントＳ＆Ｅ、経済、政治、心理、公共政策、社会学、健康研究＆政策、等である。さらにプリンストン大の公共＆国際政策、ジョンズ・ホプキンス大の国際研究等、他大学とのジョイントの道も開かれている。３年でＪＤと修士号が取れる。加えて、学生は自分のキャリア関心に合わせて、個人的に学内どの分野とのジョイント学位を取ることも可能だ。非常にフレクシブルなカリキュラムとなっている。

クリニカル・プログラム（実習教育）

クリニカル教育とは、医学生が理論を学んだ後患者ケアを実習するように、法律家の助けを必要とする顧客に対し法律問題の解決、顧客の代理、弁護等、実際のケースと取り組む実習教育を言う。

伝統的法学教育が理論中心だったのに対し、実習教育は、60年代に、学生からの要求と、連邦政府の貧困政策の一環として低所得層のための法律問題解決援助策が始まったことで、70、80年代には多くの大学のロー・スクールに普及した。92年にアメリカ法曹協会が出したマックレート・レポートは、当時の法学教育が学生に必要なスキルを十分に教えていないことを指摘し、実践教育の推進を後押しした。

スタンフォードでは70年代に導入されたが、84年に学生によるＮＰＯとして「イースト・パロアルト法律プロジェクト」が設置され、低所得層への多様な法的サービスを無料で提供し始めた。02年から、「スタンフォード・コミュニティ・ロー・クリニック」となった。教授の指導のもとで、学生はケースを最初から最後まで担当。毎年５００件ほどが持ち込まれる。今では、大学内に「スタンフォード法律クリニック」が設置され、刑事犯弁護、サイバー法、若者と教育、環境法、連邦最高裁訴訟、移民の権利、組織&取引、知的財産権、国際人権・開発までをカバーする。法廷での弁護、法廷での顧客代理、紛争解決、政策策定でのリーダーシップ、立案過程での意見提出まで、多様な活動を展開している。法律家としてのスキルの学習だけでなく、現実社会との接触を通して社会的視野を広げ、法律プロフェッショナルとしての公的サービス・社会的責任感を育むプログラムでもある。

法学の国際化

カリキュラム自体の国際化に加え、「発展途上国での法学教育開発支援プログラム」もある。アフガニスタン（法学教育発展支援）、ブータン（農地所有者と開発業者の争いの調停制度設置）、ティモール（法学教育教材の提供）等。発展途上国では、社会が変化していくなかで法的解決が必要なことが増えているが、法律家が不足しているので、法律家の訓練や、問題解決方法を探るなど、学生は、社会的責任感をアメリカ国内だけでなく、国際社会へと広げること、グローバルなコンテクストで異なる文化と法的問題へのアプローチを学ぶ。

海外で法学位を取得し法関連業務の経験がある海外社会人向けのプログラムもあり、修士号が取れる（例えば、法・サイエンス・テクノロジー）。国際法研究プログラム（ＳＰＩＬＳ）は、海外からの学者、法律家、判事、公務員等のためのプログラムで、国際的な法問題を取り上げて学際研究し、ＪＳＭ学位を取得できる。

新しいコンセプトのロー・スクール・ビルと学生寮

学生寮での生活を学際的な交流、学習、経験を促進する場にするという新しい寮教育の考えに基づくマンガー大学院生寮が、ロー・スクールのすぐ隣に09年完成した。５棟から成る６００人が入居できる巨大な寮で、ロー・スクール学生優先だが、いろいろな学部のいろいろな分野の学生も入居している。大きなホール、ミーティング・スペース、カフェテリア、キチン、コンビニ店、エクササイズ・スペースまで備わっている。持株会社創立者チャールズ・マンガーから４４００万ドルの寄付があった。

ニューコム・ビルが11年に完成し、クラウン・クァッドと呼ばれるロー・スクールの一角も、オープンスペース、交流や共同プロジェクトに適した設計、省エネテクの使用等による新しいコンセプトに基づいた、教室、ロー・クリニック、教授オフィスができた。卒業生で長年マイクロソフトの法律関係トップ責任者だったウィリアム・ニューコムが２０００万ドルの寄付を行った。

企業との連携

ロー・スクールも企業幹部教育プログラムや企業アフィリエイト・プログラムを通して、産業との協力関係を強化している。

＊＊＊＊

ロー・スクール・ランキング（『ＵＳニューズ＆ワールド』誌）で、１位イェール、２位ハーバード、３位スタンフォードという順位がかなり長く固定している。ハーバードやイェールは政治経済や政策策定の中心地ワシントンやニューヨークに近いこともあって人材吸引力が強く、スタンフォードは教授を引き抜かれることはあっても、逆は少なかった。しかし、クレイマー学部長は、アグレッシブに引き抜き努力を開始した。彼自身、シカゴ、ミシガン、ニューヨーク大、そしてスタンフォードへと異動している。「法と政策&社会へのインパクト」の第一人者J・ドノヒュー教授はかつてイェールに引き抜かれたのだが、その呼び戻しに成功した。さらなる引き抜きによるファカルティ増強が続くかもしれない。

トップスクールの間でのトップクラス教授の引き抜き競争は激しい。傑出した人材の存在こそ革新的知の創出力を高め、大学のランクを上昇させるものであり、優秀な若手教授や学生を呼び寄せる力となる。引く手あまたの有能教授を引き抜かれないように給与や仕事環境を魅力的にする、あるいは魅力的条件を提示して他大学から引き抜くということが常に行われている。引き抜く力は、その大学のステータスを象徴する。大物教授の引き抜きの成功は、「引き抜かれ側」から「引き抜き側」へと、引き抜き競争における「ゲームの成り行きを変える力」となる。

7　メディカル・スクールと病院

近年大学内で最も拡大発展のめざましいのがメディカル・スクール（医科大学院）であり、バイオサイエンスでの画期的発見、革新的医療機器と治療方法の開発によって、バイオメディカル革命を牽引している。

2001年に就任したフィリップ・ピゾ医学部長のリーダーシップのもとに、医学の新しいビジョンに基づく大胆な改革が実施されてきた。一つは、バイオサイエンスの新しい知・テクノロジーと医学の統合的教育、学際的アプローチ、共同的学習の奨励などを柱とするカリキュラム改革だ。もう一つは、「トランスレーショナル医学」の推進である。研究&開発（R&D）のうち、大学は主に基礎研究、開発は産業という伝統的役割分担を超えて、基礎研究からの発見を患者治療や人の健康増進に結びつけることをめざすトランスレーショナル研究と臨床研究を重視する医学だ。さらに、先端のバイオメディカル教育・研究を推進するのに必要なインフラ整備を着々と進めてきた。また、人体の秘密を解明して予防と新しい治療を開拓し人々の健康増進を推し進める「健康イニシアティブ」を展開している。

かつてコンピュータ・電気工学からの発明を核にしてシリコン・バレーが発展したが、アントレプレナー的文化は近年バイオメディカル領域を席巻している。北のUCバークレー、UCサンフランシスコ（医科と病院のみ）、そのミッション地区新キャンパス、スタンフォード、さらに南のUCサンタクルスまで研究大学が連なり、連邦政府の退役軍人用病院、民間病院との強い提携関係も築かれている。この広域シリコン・バレー地域は、バイオメディカルの研究および薬品や医療機器などの企業集積地として急速に発展しており、大学と産業との連携関係が築かれている。

研究、教育、医療の3本立て巨大組織

医学部には、28学科（バイオ化学、バイオ工学、ケミカル&システムズ・バイオロジー、遺伝学、分子・細胞生理学、神経生物学等の基礎科学系および臨床科学系）に加え、全学的学際プログラムとしてバイオ-Xおよび「臨床&トランス

レーショナル教育・研究を促進支援するセンター（スペクトラム）」があり（後述）、さらに、いろいろな分野の大小さまざまな200に近いセンターとこれまた多数のラボがある。そして、それらを横切る形で5領域をカバーする5つのトランスレーショナル医学研究機構が設置されている。ただし、これらはそれぞれ独立の組織というわけではなく、ファカルティがあちこちにアフィリエイトして活動に参加するというやり方だ。治療サービスとして、スタンフォード大学病院と09年オープンの外来クリニック（レッドウッド市）、パッカード小児病院が付設されているが、それぞれ独立の管理運営体だ。

ファカルティは830人、大学全体の43％を占める。テニュア・ライン・ファカルティは約330人（大学全体のテニュア・ラインの25％）、基礎研究と教育が主任務で、一部は臨床（治療）もする。ノンテニュア・ラインは約500人（大学全体のノンテニュアの88％）。第3章でファカルティについて触れるので、詳細は省略するが、医学部だけの特殊なグループとして、メディカル・センター・ラインがあり、臨床が主だが、教育、研究（20％分）もするファカルティと、病院での患者治療を主任務とするクリニカル・ファカルティがいる。メディカル・センター・ラインは、大学教授会メンバーではない。教育（9カ月分）や医療サービス（12カ月分）に対しては対価として給与が出るが、研究は給与を含め必要経費を自己調達するというのが原則的考えだ。

さらに、アカデミック・スタッフとして、レクチャラー、リサーチ・アソシエイト、アクティングと呼ばれるポストがある。地域医療機関との交流も多く、客員、コンサルティング、インストラクターとして、地域臨床医が無償または有償で授業提供もしており、大学にとって有益なリソースである。

学生数は、10／11年度で約1000人。入学の競争率は高く、合格率は5％ほどだ。教育は、医学関連の研究者やプロフェッショナル養成のためのPh・D、MSプログラムと、臨床医養成のためのMDプログラムの二本立てとなっている。両方の学位取得も可能だ。

Ph・D、MD／PhD、MSプログラムの学生数約570人は、バイオサイエンスの13の学際プログラム（生物化学、バイオメディカル・インフォーマティックス、癌生物学、遺伝学、免疫学、分子・細胞生理学などの基礎科学の複数学科から構成されているプログラム）か、トランスレーショナル医学を強調する「幹細胞生物学&再生医学研究所（SCBRM）」か、あるいはバイオ工学科のどこかに所属するが、他の学科や教授のプロジェクト、ラボ参加も可能であり、非常に自由で柔軟だ。

一方、臨床医をめざす学生は約460人で、基礎科学と臨床科学から成るMDプログラムに所属する。入学には、5900人近くが応募し、狭き門をくぐって、86人（1・5%）が入学している。

ポストドクが1450人もおり、学生数を大幅に上回る。ポストドクの7割が医学部に集中している。研究資金を獲得してプロジェクトが発足すれば、研究スタッフとしてポストドクの需要は高い。研究財源の多いところにはポストドクも集まる。ポストドクにとっては研究経験を積む貴重な機会であり、就職への重要なステップになる（給与が出るが年4・2万ドルと低い）。なお日本人ポストドクも医学部に集中しており、総数51人のうち42人が所属している（10年1月資料）。

医学部の飛躍的発展

スタンフォードの医学教育と病院は、1908年に、サンフランシスコ市にあった医学校を購入して医学科として開設され、13年に医学部に編成された。学科長、学部長を務めたレイ・ウィルバーは、後に第3代学長となる人物だ。

医学部と病院は、59年にスタンフォードのキャンパスに完成した建物に引っ越した。この移転は、医学部だけでなく大学全体の発展に重要な意味をもった。同じキャンパス内に位置することによって、医学、生物学、化学、物理、コンピュータ・サイエンス、工学との連携が容易になったからだ。それはスターリング学長＝ターマン副学長コンビの時で、ちょうど大学周辺にはエレクトロニクスその他の産業が発展し始めていた。スタンフォードは、40年代後半から50年代を通して、物理、化学、医学関連の著名な研究者を迎え、バイオメディカル、バイオメカニカル研究発展の中核が形成されつつあった。

45年には物理学者フェリックス・ブロック（スタンフォードの最初のノーベル賞受賞者）が、ＮＭＲ（核磁気共鳴）を発見。48年に放射線学科が作られ、ヘンリー・カプランが学科長としてリクルートされ、核医学が始まった。エドワード・ギンズトンと共に52年医療用粒子加速器を開発、56年加速器を使っての癌治療が実施された。カプランは傑出した頭脳を集め、ＮＩＨから多額の研究助成金が流入するようになった。ＮＩＨは70年代から医学部の最大の助成機関であり、スタンフォード医学部の上昇を助けた。電気工学、物理学、コンピュータ・サイエンス、ＳＬＡＣ等との共同研究による医療機器の開発、レーザー、素粒子加速器、ＭＲＩ、コンピュータの医療への利用の面でパイオニアとなった。

遺伝子研究での成果も著しい。アーサー・コーンバーグは、ＤＮＡ合成に必要な酵素の研究で59年ノーベル賞を受賞したが、同年スタンフォードの生物化学科長として赴任。この年、ポール・バーグも生物化学の教授として着任している。彼は、ＤＮＡがタンパク質を合成する過程の解明、ＤＮＡの組み換え発見で、80年ノーベル賞を受賞。バクテリアの遺伝子交換を発見して58年医学・生理学のノーベル賞を共受賞した分子生物学者ジョシュア・レダーバーグも、59年に遺伝学科長としてやってきた。

スタンレー・コーヘンは、細胞成長タンパク質の発見で86年ノーベル賞を共受賞したが、スタンフォードには68年に赴任し、DNA組み換えに成功した。73年に、DNA切断に成功したUCSFのハーバート・ボイヤー教授との共同研究で、DNA合成による生体の作成に成功した。DNA合成テクノロジーは生物化学、分子生物学の新しい地平を開き、生物工学、遺伝子工学発展の基礎となった。この特許とライセンス料がスタンフォードとUCSFに巨大な収入をもたらしたことは、大学発テクノロジー移転の成功物語として残っている（第6章参照）。60年の腎臓移植、心臓移植（68）、心臓・肺同時移植（81）等の臓器移植でもパイオニアである。バルーン装着カテーテルの発明、サイバーナイフ・テクノロジーの開発、ヒトゲノム解析、免疫システム研究、癌研究、ニューロサイエンス研究等でも多数の画期的発見をしている。バイオメディカルでは、新しい発見のための激しい競争がグローバルに展開されている。

「サイエンス・工学・医学キャンパス」

80年代以降もまた医学部の著しい拡大の時期であり、インフラ整備のための未曾有の建設ブームが続いた。かつて空き地だったキャンパス北西部は、今や新築ビルが並ぶ「サイエンス・工学・医学キャンパスSEMC」となった。医学部、病院、生物学、化学、物理学、工学部を結びつけ、バイオメディカルの学際研究、基礎研究からトランスレーショナル&臨床研究と患者治療との統合を促進する研究環境を作り出している。省エネ、クリーン・テクを駆使した建物は、共同研究しやすいように、研究室やラボは、縦割り式ではなく、よりオープンで弾力的な配置とし、人の接触・交流の場としてカフェテリアやオープン・スペースをふんだんに取り入れている。

新しい建物には、ほとんどが巨額寄付者の名前が付いており、医学部の発展が、NIHなどの政府補助金以外に、多くの民間寄付によって支えられていることがわかる。寄付者の多くはスタンフォードが育てたシリコン・バレーのＩＴ企業関連者だ。バイオメディカルにはコンピュータ・テクノロジーが必須であり、ＩＴ企業もこの領域に参入しており、両者は隣接あるいは合流領域である。スタンフォードとシリコン・バレーの企業との連携、共栄的関係を反映している。

小児病院は70年代設立だが、パッカード夫妻からの４０００万ドルの寄付によって、ルーシー・パッカード新館が91年に完成した。「フェアチャイルド・サイエンス・センター」は、新しいビルが多い医学部のなかでは古いが、フェアチャイルド・セミコンダクター創立者が作った財団からの寄付を受けて76年に設立された。ここには構造生物学、神経生物学、微生物学・免疫学が入っている。

「ベックマン・分子&遺伝医学研究所」には、「分子・細胞生理学科」「発達生物学科」「生物化学科」「ハワード・ヒュー医学研究所」（遺伝学、免疫学、分子生物学等のバイオメディカル領域の研究所。ヒューは飛行機製造会社の創立者）等が入居。医療計器のベックマン・インストルメントの創立者が作ったベックマン財団からの１２００万ドルの寄付を受けて89年に完成した。

「リチャード・ルカス・イメージング研究所」には、ＭＲＩ、Ｘ線／ＣＴ、分光器、３Ｄ映像、ナノテクノロジーを使った細胞・分子レベルの画像化の先端研究設備が集まっている。放射線学ラボ、分子イメージ・プログラム、電気工学科の磁力共鳴システム研究ラボ等との共同研究や、加齢脳障害の共同研究もしている。50代で癌死したルカスの家族が設立した財団からの寄付を受けて92年に完成し、拡大された。ルカス研究所は学際研究、臨床研究、教育、訓練に加え、ＮＩＨの国立研究リソース施設として指定されていて、その先端施設とリソースへのアクセスは他大学や企業にも開かれている。

「クリニカルサイエンス（臨床科学）研究所」の巨大なビルは2000年に完成、分子薬学科、免疫学、遺伝学、癌治療、解剖、皮膚、骨髄移植等の臨床テスト関連研究室が入っている。建設費の90％は寄付による。臨床医と基礎研究者等いろいろな分野のグループの交流を促進するようにデザインされている。

「ジェームズ・クラーク・センター」は、バイオメディカル・サイエンス＆工学の拠点だ。工学部と医学部の共同管理の「バイオ工学科」、バイオ-Xプログラム、関連のラボが入っている。建物内部は壁による仕切り方式ではなく、スペース調整が容易で、共同研究や人の交流に適した設計になっている。クラークからの1・5億ドルと6000万ドルの匿名寄付で03年に完成。クラークは、スタンフォード電気工学科教授を3年間務めた後シリコン・グラフィックス、ネットスケープ等を起業し、その後もいくつかの企業を共同設立、今もシリコン・バレーで活躍している人物だ。

ジェームズ・クラーク・バイオサイエンス＆エンジニアリング・センター（Photo. Y. Kawashima）

10年秋に2つのビルが完成した。「ロリー・ロキー幹細胞研究ビル」は、幹細胞・再生医学の拠点となる。ロキーは、スタンフォードの1949年卒業生、ビジネス・ニューズ・サービスでの成功者で7500万ドルを寄付。カリフォルニア州再生医療機構（CIRM）からも4360万ドルの助成金が出た。

もう一つが、「学習と知のためのリー・カー・シン・センター」で、最新式の設備を備えた新しい医学教育・訓練の場となる。ヴァーチュアル・リアリティ施設が設置され、インタラクティブに、脳や体内部分を自由に回転させたり、シミュレーション学習することができる。シンは香港のビジネスマンだ。近年は寄付も国際化している。財源を求める競争がグローバル化しているのだ。

「トランスレーショナル研究センター」が12年完成の予定だ。完成すると、トランスレーショナル研究関連がここに集まる。さらに、先端技術を備えた新病院建設（20億ドル）プランが進められていたが、2011年に入って、スタンフォード病院の企業パートナーであるアップル、eベイ、HP、インチュイット、インテル、オラクルから1・5億ドルの寄付の発表があり、着工へと動き出した。4億ドルのファンド・レイジングも始まる。

バイオサイエンスへの学際的アプローチ

バイオ-Xプログラム

人体の構造や機能の全体を統合的に分析し、健康や病気の解明、先端的バイオテクノロジーの開発に貢献するための広域学際研究センターとして98年に設置された。そのアプローチの革新性ゆえ（名前も格好よい）、学内だけでなく他大学にも、21世紀の学際研究センターのモデルとなってきた。クラーク・センターのシンボルでもある。

大きな研究領域として、①生体内の分子、細胞、組織レベルから脳、精神までのイメージングとシミュレーション・テクノロジーの開発。②生体細胞や組織の修復。③健康と病気の遺伝子、環境との交互作用等の解明。④医療機器、ナノ・レベル器具の開発。いろいろな学科からの40人のファカルティがここにオフィスをもつが、これまでに60学科からの500人近い教授、4000人のポストドクや大学院生がプロジェクトに参加してきた。大学院生も参加。カーラ・シャッツ所長は、かつてスタンフォード医学部の最初のテニュア女性教授だったが、バークレー、さらにハーバードへと引き抜かれ、そして07年にバイオ-Xの所長としてリクルートされ戻ってきた。

バイオ-Xは、将来性がある学際的初期研究にシードマネー（平均15万ドル）を提供し、後にNIHなどからより大きな研究資金を獲得できるように後押しする。1200万ドルのシードマネーが1・5億ドルの外部資金の獲得につながったという成果を生んでいる。細胞レベルまで見られるMRI、人工網膜神経連結、癌の早期発見につながる新しいタイプの分子タグ付けなどの成果を上げている。ベンチャーズ・プログラムは、斬新なアイディアに基づく大規模な研究を支援するものだ。ニューロ・ベンチャーズ・プログラムは、これまで不明な部分が多かった脳についての研究、神経や精神疾患が起こした損傷の修復等、新しい治療法の開発研究を支援するインキュベーター・プログラムだ。

バイオデザイン・プログラム

新しいバイオメディカル・テクノロジーの発明・開発・実用化を促進するため、バイオデザインの実際的授業の提供、教授や学生の発明の産業移転、医療現場への応用を後押しする。シリコン・バレーではコンピュータ産業とともに近年医療機器産業の成長が著しいが、地域企業にも研究・教育的リソースを提供している。さらに、海外との提携によるバイオデザイン教育推進（メキシコ、インド、シンガポールと提携）、グローバルなバイオデザイン・ネットワークを形成している。

バイオ工学科

02年に工学部と医学部の共同運営という新しい試みで新設された学科で、バイオメディカル分野のコンピューテーション、イメージング、機器、バイオメディカル・テクノロジー、分子・細胞工学等、医学と工学の重なる領域で、教育と科学的発見、新しい医療テクノロジーと治療の開発をめざす（本章工学部参照）。

トランスレーショナル医学の促進──5つのインスティチュート

基礎研究からの発見を治療へとつなげるため、03年に5つの医学研究所（機構）（Institute of Medicine）が設立された。医学、工学、化学、生物学、物理学いろいろな学科や臨床研究の教授や病院の臨床医たちがアフィリエイトし、基礎研究、発見発明のトランスレーショナル研究、臨床研究、治療へとつなげる学際的な研究組織だ。医療現場からの声は改善や新たな研究のニーズを知る貴重な情報源としてフィードバックされる。

①「スタンフォード癌研究所」は、国立癌研究所が指定する中核的癌研究所の一つであり、癌生物学、癌幹細胞、イメージング等、研究と臨床と教育訓練を行っている。造血幹細胞発見で著名なアーヴィング・ウェイスマン病理学・発達生物学教授、乳癌幹細胞を発見したマイケル・クラーク教授等多数が共同研究に参加している。

②幹細胞・再生医療は世界でしのぎを削る競争が展開されている分野だ。スタンフォードの「幹細胞生物学と再生医学研究所」は、新築の「ロリー・ロキー幹細胞研究ビル」に入り、ウェイスマンを所長として、癌、心臓、神経、移植、免疫、バイオ工学、発達生物学、等の多分野の研究者が集まり、幹細胞研究から再生医療までのアメリカ最大の研究所となる。学内だけでなく、世界の頭脳も引き寄せる。

③「ニューロ・イノベーション&トランスレーショナル・ニューロサイエンス研究所」は、脳・脊髄・神経シ

ステムの研究所で、脳と心との関係、認知や知能に作用する神経・伝達についての研究、脳画像テクノロジー開発、アルツハイマー、鬱、脳腫瘍、パーキンソン病、痛み、睡眠等の研究が行われている。

④「心臓血管研究所」は、心臓血管関連の研究・教育・医療の中核組織だ。心臓の最低侵入治療法、イメージング、等さまざまな画期的研究・治療で多くの実績を上げている。

そして⑤「免疫、移植、感染研究所」である。

スペクトラムは、「臨床&トランスレーショナル教育・研究を促進するためのセンター」である。NIHはこのようなセンター設置を奨励しており、全国に60近くを助成している。12年に「フライデンリック・トランスレーショナル研究センター」ビルが完成すると、関連組織がここに集まってトランスレーショナル医学の研究環境が整う。

スポンサー研究の重要さ

医学部は、その10／11年度運営費も約14億ドルと巨大で、大学アカデミック部門運営費の44％を占めている。スポンサー研究収入は4・5億ドルに達し、収入の34％を提供している。臨床収入も30％と大きい（予算書）。連邦政府からの研究助成金は、企業からの資金の7倍であり、いかに大きな役割を果たしているかわかる。医学への最大の連邦助成機関であるNIHからの助成金総額は11年には3・35億ドルに上る。

またカリフォルニア州再生医療機構（CIRM）からのグラントも助けとなっている。これは、受精卵使用の幹細胞作成を著しく制限したブッシュ政権に対して、04年秋のカリフォルニア州住民投票で承認され、05年に、主として州内の再生医療研究助成を目的に30億ドルの財源で設立されたものだ。スタンフォードは大きな受益者で、研究費に加え、「幹細胞研究ビル」建設も助成された。

企業との関係

医学部・病院は、医療品の開発、治療への使用を通して企業との接触がもともと多い分野だ。さらに研究大学の使命として大学発のテクノロジーの社会移転が強調されるようになり、企業との距離はますます近づいている。近年ライセンシング収入が一番多いのはバイオメディカル領域であるし、スタートアップも多い。利害抵触の回避のための大学ガイドライン（第6章で詳述）に加え、医学部特有の問題対策として、患者の安全の保障、データ改ざん回避、研究や教育や研修に企業の影響が入らないように、06年に一層厳格な医学部ルールが作られた。

いくつかをあげると、企業からの個人的ギフト・金銭受領禁止、病棟での薬、医療機器、備品等売り込み禁止、企業からの研究支援は正規の手続きを踏むこと、企業との関連についての情報開示（研究が企業支援の場合や金銭的利益がからむ場合、発表論文に情報開示）、医薬品や機器の購入者が購入先企業と利益関係にある場合、購入部に情報開示、等だ。

医学部は、医者対象に最新技術アップデートのための継続教育を拡大しているが、企業スポンサーも増え、教育内容にも企業が影響力をもつ傾向が出てきて問題化してきた。そこで、企業の影響を排除するために、ギフトや無料の食事提供、薬品・医療器具企業によるスポンサーは認めない、会場での宣伝活動の禁止、会場はリゾート・ホテルをやめキャンパス内で実施する等のガイドラインを作っている。

企業が開発した薬品や医療機器の人体への安全性、実効性を臨床テスト（治験）する契約が、近年増えている。薬品・バイオテク産業が急速に拡大し、企業間の競争も激化するなかで、企業はR＆Dを中核部門に集中するため、また、費用削減のため、開発から臨床、製品化まで10～15年もかかるプロセスの一部を外注する傾向にあり、特に臨床テストの外部委託が増えている。テストに必要な設備をもたない中小企業も多い。大学医学部は、人材、サポートスタッフ、最新の設備が集まっていることに加え、病院を通した被験者集めが容易であること、等の利点を備え、企業からの臨床テスト依頼が増え、それは医学部の大切な収入源となっている。臨床テストは、科学的、客観的に実施され、利害関係によるバイアスを避けなければならないのだが、問題が生じやすい。教授が開発者であり、かつ臨床テストの最適任者である場合とか、教授が開発した治療薬等のライセンスをもつ会社が臨床テストの依頼者である場合、あるいは臨床テスト最適任者が他企業から研究資金を受けている場合、その他テストの客観性が疑られる場合は、独立の審査委員会が設置され、教授の参加の正当性について審査する等、臨床テストにおける客観的評価を保障するためのルールが作られている。

〈インタビュー〉

医学部には、日本人の客員研究者、ポストドク、リサーチ・アソシエイトは多い。しかし、教授のポストには希少だ。**西野精治**教授は、精神神経&行動科学科の「睡眠・生体リズム研究所」所長を務める。87年にスタンフォードに客員研究員としてやってきて、リサーチ・アソシエイト、准教授を経て、07年から教授である。

日米の大学での研究を比較すると？「日本の大学では、上から言われたことをするのが慣習であり、上に逆らうようなことはできないが、アメリカでは、研究テーマや方法など自由であり、やりたい研究ができることが、オリジナルな研究を生み出している。」

しかし、ファカルティの給与や研究費は、大学から全額が支払われるわけではないので、給与・研究費獲得が大変だと聞くが？「助教授になると一人立ちし、自分のラボ（研究単位）をもてる代わりに、医学部の研究教授の場合は、自分の給与に加え、研究プロジェクトに働く学生・若手研究者の給与、ラボ維持費、実験費等の大半を自分で手に入れなければならない。医学部の場合は、研究費はＮＩＨグラントが大半だ。かつては申請に対する成功率22〜23％と高かったが、今では12〜13％と低いので、競争は熾烈だ。」

日本人客員研究者、ポストドク等は、医学部滞在中、スタンフォードの研究に貢献することが期待されているのか、それとも自分のしたい研究をしていればよいのだろうか？「スタンフォードの研究に貢献することが不可欠であるが、研究のテーマも選択可能である。欧米からの多くの研究者は、留学以前より、自身の研究テーマの選択や研究計画の作成に能動的に関与し、研究室の選択もそれに基づいて行っている。日本の研究者の場合、海外派遣の決定がぎりぎりまでわからないという状況もあり、事前に研究テーマなどの打ち合わせをすることなく到着してしまう場合もある。研究テーマの選択に関しても、研究室ですでに行われているプロジェクトに受動的に参加する場合が多い。自己の能力・専門性をアピールし、新しいプロジェクトを立ち上げるなど、より能動的に貢献することが望ましい。そこでの成功は自己の次のステップにもなる。」

「日本人のポストドクや若手研究者は、滞在先を探す場合、相手の教授は忙しいだろうと考えて遠慮し、コンタクトを控える場合も多いようだが、積極的にコンタクトを取るべきだ。学会の発表の場も有益なコンタクトの場として活用するべきだ。」

アメリカの大学に就職し成功するには？「実用レベルでの英語力アップが必要。特に日本は『主張しない文化』であるのに対し、アメリカは『主張しなければならない文化』だ。日本の学校で『主張すること』を教える必要があり、英語教育にも反映させないといけない。プロモーションやグラント申請の制度・ノウハウを熟知する必要がある。特に日本人研究者はこれらについて有用な情報をもっておらず、また共有することも少ない。」

＊＊＊

赤津晴子臨床准教授は、スタンフォード・メディカル・センター内分泌学科のクリニカル・ファカルティである。ブラウン大学でＭＤ取得、スタンフォード病院で研修後、ピッツバーグ大学医学部助教授を経て、08年秋にスタンフォードに赴任した。臨床ファカルティとして患者診察と医学生、研修医の教育が中心で、研究義務はないので研究費獲得のための苦労からは解放されており、患者ケアに集中できる。アメリカからの帰国子女であり、フルブライト留学の経験もしたので、完全なバイリンガルであり、言葉のハンディがまったくない。

ブラウンとスタンフォードでの医学教育・研修経験についての本も出版している赤津教授に、日本の大学医学教育、臨床への意見を伺った。

「アメリカの医学教育と研修は、全人的に患者を診ることを教える。初期研修で診療一般を学び、それを終えてから専門分野での研修に入るというやり方だ。それに対し、日本では、早くから専門化しすぎていて、人の体全体について診るという訓練が不足していると思う。日本の病院はより最新の医療機器を備えているので、患者は、病名がわかり専門科に行けば、優れた医療を受けられる。しかし、そこにたどり着くまでのケアがよくないのではないか。人の体を全体的に診る訓練が必要だ。」

＊＊＊

医学部にはポストドクやリサーチ・アソシエイト等の若手研究員が多い。ポストドクは5年が上限、リサーチ・アソシエイトは4年の期限があり、その間に研究経験を積むとともに職探しをする。上述したように、日本人ポストドクも医学部に集中している。アメリカでの就職か日本での就職か次のステップを見つけなければならないのだが、世界トップクラスの医学部での研究という貴重な経験をしても、職探しはそれほど容易ではないというのが一般的状況だ。どのような問題があるのだろうか？　ポストドク等の若手研究員が経験する職探しの一般的状況について、加藤明さんに話を伺った。

加藤明さんは、京都大学ウィルス研究所で博士課程修了後、HFSP（パリ）のフェローシップを得て、スタンフォード医学部神経生物学科にポストドクとしてやってきた。その後、リサーチ・アソシエイトとして研究に従事。2011年から東海大学に准教授として赴任し、運動制御メカニズムの研究に携っている。

アメリカの研究大学での職探しのプロセスは？　「アメリカの研究大学では、1つの募集に200人ほどの応募があり、書類選考で残るとインタビューに呼ばれる。プレゼンテーションと教授全員との1対1の面接で構成されており、候補者1人に丸1日ないし2日かけて審査するのも普通。助教授職は、研究と教育任務があるが、6コース担当という高いティーチング・ノルマの大学もある。ティーチングでは英語力が重要になる。」

日本の大学での職探しは？　「最近は著しく難しい。海外でのポストドク経験は、箔がついた時代もあったと聞くが、今はあまりプラスにならない。ポストドクにとって選択肢が減っていると思う。」

しかし、アメリカの一流大学の医学部で先端研究に触れた研究者を雇うことには、メリットがあるのではないか？　「日本の大学での独立職探しは、日本にいて、日本の学会のネットワークの中にいないと難しい。年齢制限、特に35歳の壁もある。ポストが公募されていても、実際にはすでにほぼ決まっていることが多いと聞く。ちなみに、採用プロセスを踏む大学でも、書類選考で残った候補者全員を集めて、1人20分のプレゼンテーションの後インタビュー、全員まとめて1日で終わりというように、アメリカと比較して簡略だ。企業への就職も、年齢が物を言う日本ではチャンスは少ない。海外から帰国する若手研究者の受け入れシステムができていない、受け入れ枠がないというのが現状だと思う。」

スタンフォードの医学部は、トランスレーショナル・メディシン、つまり基礎研究の成果をいかに診療に結びつけるかということで、研究と臨床の共同プロジェクトや交流が強調されているが、スタンフォードで基礎研究に携ったポストドクやリサーチ・アソシエイトは貴重な人材であり、日本の医学の基礎研究の強化に貢献できるのではないか？「日本ではまだ、臨床医にとって基礎研究は無駄という考え方が強い。基礎研究は10年、20年という長い期間が必要であり、学術研究政策の長期ビジョンとプランがなければ、日本の基礎研究は先細りになるだろうと懸念する。結局、日本の大学は、アメリカの大学のシステムを形式的に取り入れているだけで、実態はあまり変わっていないのではないだろうか。」

＊＊＊＊

多数分野横断的学際化、基礎・応用研究・治療を結び付ける「トランスレーショナル医学」の推進、先端的建物・設備等の研究インフラ整備への巨大な投資、教育カリキュラム刷新等、医学部の大胆な諸改革を見てきた。医学部のランキングは数年前まではトップ10のうちでも下の方であったが、11年にはトップ5へと上昇した。医学部は、その人数・組織・予算規模・活動領域の広範さゆえに、大学全体に大きなインパクトをもつが、重要性はそれだけではない。バイオメディカル分野の革新的知の発見と応用は新しい産業を育て、広範な経済的社会的波及効果をもつ。国際的にも最も熾烈な競争が展開されている分野だ。21世紀のトップクラスの研究大学にとって戦略的に著しく重要な分野なのである。

第3章
スタンフォードのファカルティ

地球科学部の教授たち

ファカルティ（教授陣）の質の高さは、研究大学の質の高さの決定的要素だ。ファカルティの質の高さの評価はもちろん容易ではないが、さまざまな大学院ランキングに使用されている基準は、論文発表数、引用度、インパクト指数、ノーベル賞等の世界的に権威ある賞の受賞者数、ナショナル・アカデミー（学術院）のメンバー等である（第8章2参照）。スタンフォードのノーベル賞受賞者は合計数26人であるが（現在数16人）、ノーベル賞その他の著名な賞の受賞者などがなぜ重視されるかというと、彼らの研究実績に加え、「後光効果」も大きいからだ。トップクラスのファカルティの存在は革新的知の創造力を高め、大きな連邦研究助成金を流入させ、さらに多くの優秀な学者や学生を引きつける。

フレデリック・ターマンは、一流の頭脳を他大学から引き抜いて「傑出した才能の尖塔」作りに努めたが、それはスタンフォードのスパイラルな上昇の起動力となった。トップ研究大学間の引き抜き競争は今も激しい。トップレベルの研究者を引き抜く力の強さ、引き抜かれない力は、その大学のその分野のステータス、魅力度や雇用と研究条件の良さを反映している。

1　多様なファカルティ・グループ

スタンフォードのファカルティは、2010年秋で1903人。テニュアの有無、教授会メンバーか否か、職務内容、給与形態等で差がある多様なグループだ。テニュア・ライン（トラック）は70％の1324人で、教授が63％と多く、准教授17％、助教授20％だ。テニュア取得者は78％と高い。ノン・テニュア・ラインの多くは臨床系である。教授会のメンバーは１４６８人（医学部臨床系は含まれない）。

表 3-1　教授数（2010 年秋）

総　数	1,903 ＊	
教授会メンバー	**1,468**	（%）
ビジネス	104	（5%）
地球科学部	50	（3%）
教育大学院	53	（3%）
工学部	237	（12%）
人文＆科学部	525	（28%）
法学大学院	51	（3%）
医学大学院	831	（43%）
その他（SLAC、独立研究所）	52	（3%）

＊フルタイム、パートタイム計
（The Stanford Statistics Book, 2011）

多様なファカルティ

(1)　テニュア・ライン 1,324 人
　テニュア取得者 1,035 人（78%）、未取得者 289 人（22%）
　教授 826 人（63%）、准教授 237 人（17%）、助教授 261 人（20%）

(2)　ノン・テニュア・ライン 131 人
　①研究ライン（研究中心で、教育義務なし）
　②ティーチング・ライン（教育中心で、研究義務なし）
　③パフォーマンス・ライン（音楽芸術系）
　④シニア・フェローやセンター・フェロー（一部の独立研究所所属）。

(3)　メディカル・センター系ノン・テニュア・ライン 435 人
　①メディカル・センター・ライン・ファカルティ（臨床、教育、研究）
　②クリニカル（臨床系）ファカルティ

さらに、以上のファカルティ以外に、アクティング、客員（他大学に所属）、コンサルティング（企業や自営就業者が多い）、アジャンクト、コーテシーなどの表現が付く教授たち（特任教授）がいて、ティーチングを担当する。臨床関連には、地域の医者で無償ボランティアでサービスを提供し教授の肩書きを与えられる場合もある（学科所属の教授が他学部の学科や研究センターなどに兼務で参加する場合は、コーテシーとなる）。

それ以外にも研究・教育活動に携る人々がおり、アカデミック・スタッフというカテゴリーを構成しているが、大きくは教育系（ティーチング）と研究系がある。教育系には、レクチャラー（原則1年単位での雇用、シニアになると5年単位契約になりうる）、研究系には、リサーチ・アソシエイト、客員リサーチ・アソシエイト、その他の名称があるが、一定期間、あるいはプロジェクト完了までの期間の雇用である。

さらに、博士課程学生が担当するティーチング・アシスタント（TA）、リサーチ・アシスタント（RA）等がいる。教育・研究活動を経験する機会であると同時に、給与支給が学費援助の一形態になっている。3学期分のTAが博士課程修了の必須になっているところも多く、TAやインストラクターとしてティーチングを担当する。

2　テニュア

テニュアは、ファカルティのポストへのアポイントメント（採用）に期限がなく、退職するまで在職が保障される。テニュアは、実は戦後導入の比較的新しい制度だ。長い間、教授たちには学問・表現の自由や身分保障はなく、学長や理事会による恣意的解雇も時に生じた。1915年に「アメリカ大学教授協会（AAUP）」が設立され、教授の立場を強化する努力が始まった。画期的動きは、1940年のAAUPレポート「学問の自由とテニュアについての原則」が、「雇用のテスト期間」を設定し、パスすれば継続的雇用となり、特別の事情（無能、著しい財政難）なくして解雇されず、解雇の場合の手続きやレビュー制度を作ることにより、恣意的解雇をなくすよう示したことだ。この原則は次第に広がり、70年代までにはほとんどの大学で導入された。

学科に認められている教授ポスト数は決まっているが、ランク別枠はないので、空席が生じたら、どのランクの採用で補充してもよい。助教授ポストには、通常3〜5年契約で採用され（延長可）、テニュア・クロック（最大7年まで）が止まるまでに、テニュアを取れるように必死の努力をする。このテスト期間は「publish or perish」と言われるように、研究成果をどんどん発表しテニュア取得に成功するか否かがかかる。文系なら論文だけでなく、本1冊くらいは出版しなければならない。仕事と家族の両立支援策として、出産や養子、育児休職のため1年までのテニュア・クロック延長が認められる。

この間に、研究に集中するためサバティカルを取る人も多い。6年勤務して1年間（9カ月）のサバティカル、50％の給与というのが標準であるが、その前に2カ月とか、1学期分、2学期分等の短期のサバティカルを取ることも可能だ（給与支給額も異なる）。

テニュアを取れば身分安泰だ。しかし、解雇はありうる。「相当でかつ明らかな無能、不祥事、職務遂行不可能」という事由に加え、大学の著しい財政危機の場合も解雇やテニュア取り消しが認められている。スタンフォードのような安定した大学では財政難からのテニュア教授解雇はないが、財源の少ない大学では生じうる（近年は特に人文系で危機感が強い）。

テニュア制度は、教育と研究という大学の使命を支える安定したファカルティの存在を保障するものだが、他方で、弾力性の制限になりうる。まず給与は勤務年数とともに上昇するので、シニア教授が多いほど給与総額は高くなり、大学の財政的負担が増える。知・テクノロジーの加速的変化のなかで、大学は新しい教育的・研究的ニーズに応じてリソースの重点を移動する必要があるが、テニュア制度は足かせとなりうる。「デッド・ロッグ（枯れ木）」教授に辞めてもらうための事実上の肩たたきはある。教授が研究費を獲得しそれで学生をサポートし、研究プロジェクトを進行させる分野では、研究費がなければ研究もできず、業績の低さが歴然としていると居心地は悪くなる。年齢差別禁止で退職年齢がなくなったので、原則として延々と在職できるのだが、優遇的退職プランを示しての退職のすすめが行われうる。

アメリカでは近年、テニュア廃止やポストテニュア評価制度の導入を要求する声もある。テニュアにより失職の不安がなくなり生産性が低下するという意見だが、「すれすれ取得の場合は、生産性もずっと低空飛行傾向があるが、有能教授はテニュア後も生産性が高い。全体的には、テニュアは生産性にマイナス影響を与えていない」というテニュア制肯定の研究結果は多い。

全国統計を見ると、年齢制限廃止で、退職年齢は多少上昇したが、大幅上昇ではない。ティーチング負担が大きい大学では退職が早く、研究指導が中心の研究大学の場合は、退職を遅らす傾向がある。要するに、ティーチングは大変だということなのだ。

財政支出の硬直化、ニーズのシフトに対してどう調整するか？　一つは、雇用調整しやすいグループの増加だ。一般労働市場における非正規労働力の拡大は早くから始まったが、その同じ経済原理が大学にも押し寄せ、パートや期限付き雇用が増えている。伝統的に、教授の任務は、「教育、研究、サービス」の三位一体とされ、それを担うのがテニュア・ライン教授であったのだが、次第に、教育だけ担当するパートや臨時雇用が増えてきた。コミュニティ・カレッジでは半分、営利追究大学では少数のコアを除きほとんどがパート・臨時だ。スタンフォード等の財政が堅固な一流の研究大学では、まだ、パートや臨時は少ないが、教授グループの多様化が生じていることは明らかだ。

ところで、エンダウド・チェア、あるいは基金付き教授というのがあるが、これは、寄付者からの寄付によって基金を作り（400万ドルほどが必要で、200万ドルほどの寄付があれば、大学が不足分を上乗せする）、その運用益を給与にあてる制度である。寄付者が特定の教授を指名する場合もあれば、学科長・学部長等が誰にするか決めることもある。いずれにしろ、エンダウド教授になることは名誉とステータスを伴う。寄付者の名前は教授の肩書きに付く。スタンフォードの教授の500人ほどが基金付きだ。基金運用益が一般財源に入り、給与財源になるので、大学にとっては給与負担の軽減になる。といっても、給与額は職務評価によって査定され、運用益の額とは切り離されている。

ノン・テニュア・ラインも、助教授、准教授、教授と昇進しうる。6年以下の期限付き契約で開始し、更新されうるが、期限終了でポストが閉鎖される可能性がある。期限なしの継続雇用になれば、ほぼ自動的に継続されていく。しかし、事情が変更し、例えば、ファンドの消滅、所属学科や学部のニーズの変更や財源カット等が生じれば、雇用終止になりうるので、テニュアのような強力な在職保障ではない。

ティーチング・ラインやパフォーマンス・ラインはティーチングが主任務であり、医学部の臨床関連は患者ケアと一部ティーチングを担当し、給与が出る。研究ラインは、研究費だけでなく給与も基本的に研究グラントがカバーする。つまり、自分でそれだけの財源を獲得しなければならないので大変だ。

しかし、研究費は、テニュアの有無に関係なく、基本的に各人が獲得しなければならない。研究財源が多い分野は、学生や研究者が集まり拡大する。研究費が少なければ、縮小や閉鎖もありうる。大きな外部資金を獲得しにくい分野には、副学長裁量や学部長裁量の研究財源、一部の学内研究所も研究費援助、初期研究を支援するシードマネーを提供している。企業との関係が深い分野では、企業スポンサー契約が研究資金として入る。とはいえ、研究費の大半は連邦政府からのグラントである。近年政府研究助成額は減少傾向にあるので、グラント獲得のための競争は熾烈だ。

3　採用、テニュア審査

ファカルティの採用には、優秀な人材確保のため厳格な審査があるのだが、大学機能のコアを担い、終身雇用のテニュア・ラインは、審査も一層厳格だ。採用・昇進の手続きや決定は、大学としての原則が定められている。ファカルティの多様化が価値化され、その推進のためのガイドラインが作られている。ただし、基本的には学科が主たる決定単位であるので、学科によって、また学部によって、かなりの差がある。

新規採用

学科長か学部長によってサーチ委員会が設置され、専門誌やウェブ、高等教育一般誌等に掲載、適切な候補者がいそうな大学や研究機関等に手紙発送等の宣伝活動をする。採用が事実上決まっているトップレベル研究者の場合などは、副学長によってサーチ手続き省略の例外措置を取れる。採用予定の教授の配偶者で十分な研究実績がある場合も省略できる。優秀な教授カップルの1人だけを呼び寄せるわけにはいかないことに対応する政策だ。

最近､学科のサーチ委員会に学生を正規メンバーとして参加させる学科が増えてきた。かつては､学生たちは自分たちの学生サーチ委員会を設置し、候補者のインタビュー等をして意見を提出していたのだが、正式の参加は大きな変更だ。サーチ委員会メンバーはマル秘情報である応募者の応募書類や評価へのアクセスをもつことになるので、学生参加に反対する声もあったが、大学として、学生の正規参加を奨励するようになった。ただし、学生参加を採用するか否かはスクールの決定に任せている。例えば、地球科学部では学生1名の参加が原則となった。これは、博士課程学生に学科運営においても大きな発言権と責任をもたせるものだ。

評価基準は、カテゴリーによって異なるが、例えば、博士課程修了者のテニュア・ライン助教授への採用の場合は、博士論文や発表論文等、研究のインパクト、革新性と創造性、等について、外部レフェリー3人に評価を求める。なお、スタンフォードでの博士課程修了者は、どんなに優秀であっても、そのまま大学に助教授ポストがオファーされるということはない。有望株であってもいったんは外に出て実績を積ませるのが鉄則だ。その後に呼び戻すという形を取る。自校出身者で固める純血主義は否定されている。

上のポストになるほど、審査も厳格になり、レフェリーの人数を増やし、同じ分野の他の研究者との比較が要求される。1つのポストの公募に対してどのくらいの応募があるか？　その分野のマーケットの規模と職探しの有資格者数によって異なる。50人ほどの比較的少数の場合もあれば、300人に達する場合もある。

具体的プロセスは学部、学科によって異なりうるが、原則は応募者から候補者を絞り、トップ5人ほどを別々に呼んで、それぞれに1~2日かけ、公開トーク2回、教授全員による候補者との1対1のインタビュー、学生グループによるインタビュー、昼食・夕食を共にしながらの人物査定（チームワーク能力、コミュニケーション能力、好感度なども見る）、そして投票などが組み込まれている。それでも第1候補者を絞り切れない時は、再度呼んで第2ラウンドをすることもある。最終的に、トップ候補者数人についてのランキングとその理由説明、選抜もれの上位候補者についてもその理由を添付したレポートを作成し、学部長に提出する。

テニュア審査

学科長か学部長によって「テニュア審査委員会」が設置される。審査対象は、まず第1に研究、そして教育。さらにサービス（大学内の委員会、学会などの専門分野組織へのサービス）もあるが、研究に比べるとマイナーな材料だ。まず、研究の質と生産性について、8～12人ほどのレフェリーに、学術的評価をしてもらう（論文発表の質と量、ピア・レビュー誌か否かの区別、引用度・インパクト、等）。その時、同じ分野の第一線の、つまりスタンフォードでテニュアを取れるレベルの研究者4～6人ほどと比較してもらう。テニュア授与に値するか、真に秀逸な研究をしているか、その分野の他の研究者と比較してベストの1人であるだけでなく、将来は「トップ・ベスト」（トップ5）の1人になるであろうと予測できる人材であることが要求される。その分野のベストの研究者に期待されるような、内容・方法面で新しい地平を開く重要なインパクトを与えるような革新的・先端的・創造的研究をしているか、その分野の研究者としての認知度を見る。さらに、組織内への貢献、チームワーク能力、コミュニケーション能力なども見る。ティーチング、学生指導については、ピア・レビュー、学生（学部、大学院生、卒業生）による評価、各授業についての学生評価記録等をチェックする。

採用、更新、昇進、テニュア審査について、学科長は学部長にレポートを提出し、学部長は審査後に、それを副学長に提出。副学長は承認、否定、差し戻しができる。承認の場合は、教授会助言委員会に提出され、投票にかける。可の場合は副学長から学長に上げられ、学長に最終的な審査と承認を求める。学長が結果を大学理事会に報告することで、長い手続きが完結する。

テニュア取得の成功率は、かつては50％ほどと低く、テニュア否定のショックや怒りから学内苦情提出や訴訟まで生じたのであるが、近年は7〜8割に達している。最初の採用の時に、厳しい審査を経ていること、最初の契約は4年で、更新時にも審査があり、評価が高ければ契約更新し、低ければ他へ転出してもらうというふるいかけもある。また、テニュア前のジュニア・ファカルティに、カウンセリング、メンタリング等を充実させ、テニュア獲得を支援するとともに、他方では、成功の可能性が低い場合は、テニュア申請の前にその旨知らせ、別の職場を探す等の準備をさせるということもある。もしテニュアを否定されたらどうなるか？　スタンフォードの助教授などの経験者なら、別の大学に職を見つけるのもそれほど困難ではないので、決して人生の終わりというわけではない。

多様性の推進

スタンフォードのファカルティは男性が75％で、女性は25％である。女性教授は増えてきたが、まだ理工系では少ない。人種的には白人が79％を占め、アジア系15％、アフリカ系、ヒスパニック系は各3％にすぎない。大学院生の間では、女性が37％、人種は白人34％、留学生32％、アジア系14％、ヒスパニック系5％、アフリカ系3％だから、両者の構成にはまだ大きな差がある。「多様性を推進する努力とアファーマティブ・アクション」が実施されている理由だ。

ファカルティの「多様性」は、雇用機会の平等だけでなく、教育・研究に異なる視点、広さ、深さをもたらし、さらに学生に多様な役割モデルやメンターを提供するものだ。多様性推進のため、サーチ委員会の構成、女性とマイノリティの積極的な候補者探し、候補者プール統計の入手、募集情報流布、インタビューの仕方（年齢、卒業年、婚姻状況、子どもの有無や妊娠状況、育児関連等の質問は不適切）、インセンティブ・ファンドやポスト増設の可能性等、ガイドラインが作成されている。特に女性の少ない理工系分野で増加の努力がされている。マイノリティの増加の方は大幅に遅れている（第7-II章参照）。

仕事と家族の両立政策として、テニュア・クロックの1年延長、学内託児所、子ども養育費補助（上限５０００ドル）、必要時のオンコール・ベビーシッター派遣、休職、負担軽減等が制度化されている。

４　研究とティーチング

スタンフォードの教授は週60時間労働と言われるが、オフィスとプライベートとの境がはっきりしない長時間労働だ。「三位一体」とはいえ、研究と教育こそが教授職を規定する。しかし、そのやり方は文系、理工系で、また学部によって大きく異なる。ティーチング負担は、3学期で3コースというのが多いが、教育大学院では4コースというように、学部の決定事項である。文系教授は毎日出勤型は少なく、学生のためのオフィスアワーを指定するのに対し、理工系は原則毎日出勤が多い。文系教授は、大きな研究費を獲得して研究に学生を参加させることもあるが、多くの場合、自分の研究をする。理工系は、研究資金で学生をサポートし、研究に参加させるという形を取り、優秀な学生は、貴重な研究パートナーになる。

分野にもよるが、多くの教授は年5本くらいの論文を出版する。4～5本の会議用論文（パブリケーションにカウントされない）を含め8～10本の論文を書き、最終的に5本くらいの出版が標準的だ。上級の学生は教授にとって共同研究者であり、論文の共同発表もする。

ところで、研究には当然資金が必要だ。学内資金として、副学長や学部長裁量の研究財源があり、必要なところに配布される。新任助教授には1～2年の研究支援金が授与されることが多い。また研究のためのシードマネーがプールされているプログラムや研究所も増えており、小さな研究資金を提供する。将来性がより見込まれる段階に達したら、大きな連邦政府研究グラントなどを申請する。

しかし、基本的には教授は自分で、あるいはグループで、研究資金を獲得しなければならず、それが大仕事だ。グラントや契約申請事務はかつては比較的ゆるやかであったが、近年は説明責任が強調されるようになり、より複雑化している。申請書作成には2～3週間、あるいは勤務時間の20％近くが研究費申請に取られるとも言われる。さらに、グラントをもらうと、プロジェクトの進捗状況を1カ月ごと、3カ月ごとに報告というように、より頻繁で煩雑化の傾向にある。

グラント申請の仕方、成功率は、連邦政府エイジェンシー（NIH等の組織）によって、またその中でもどのカテゴリーか、サブカテゴリーかによってかなり異なる。重点は政府や議会の政策によってもシフトする。まったくのオープン・フィールドでの激戦が多いのだが、比較的競争参入者が少ない分野もある。原則としてピア・レビューによる決定だが、参入者が非常に限定的である場合は、エイジェンシーの内部レビューの場合もある。

5　給　与

テニュア・ライン・ファカルティは、大学から9カ月分（75％）の給与が出るが、12カ月割りの支払い方式を選択できる。なぜ9カ月分かというと、3学期勤務の契約だからだ。夏（25％）は原則としてオフ・デューティで無給。研究費から研究分の給与を得るとか、夏のティーチングその他の活動で収入を得る。オン・デューティの9カ月は、コンサルティングなどの大学外の仕事は1学期13日（1週間1日）という上限があるが、オフ・デューティ期間には原則としてこのような制限はない。

ところで、教授たちの給与額は、誰が決めるのか？　日本のように、年齢や経験で大体決まっているというのではない。学科長等の意見を参考に、学部長が勤務評価して決め、副学長の承認を得るという場合が多い。個人査定だから同じ学部内でもかなりの個人差がある。また学部間によって相当な差がある。

ある学部では、学部内の学科長とテニュア教授数人をメンバーとして「評価諮問委員会」を設置し、すべての教授の勤務評価をし、その結果を学部長に提出し、学部長はそれを参考にして給与査定する。①研究の科学性、重要性（引用度）、受賞は重要要素だ。研究資金獲得額の多さは評価の直接対象ではない。とはいえ、資金がなければ学生雇用、研究達成はできないので、間接的には評価されることになる。②ティーチングは、学部&大学院でのコース数、指導学生数、学生による授業評価、③サービス（学内、学外）、④「他に代替されにくい価値のある存在」は、ユニークネス、その分野の大物スター、1人だけの女性・マイノリティ、等の要素が配慮される。

スタンフォードは、教授の08／09年度（不況による給与凍結前）の給与水準について、学部別・ランク別・勤務年数10年区分別に、33％と66％値の情報を提供している（つまり、正・准・助教授別に、給与額によって高・中・低の3グループ化し、中間グループの給与幅を示す）。給与が高いのは、医学部臨床系（12カ月分）だが、そのうちでも外科系が断トツ（最高値は60万ドルに達する）。医学部でも基礎サイエンス系は、他学部とあまり差はない。次はビジネス・スクールで、助教授15〜18万ドル、教授25〜28万ドルと高い。法学部もトップの方は25万ドルほどだ。あまり安いとなり手がいなくなるからだ。H&S学部は、人文系、自然科学系、社会科学系に分けてあるが、人文系は、教育学部とともに、助教授7・2～8・2万ドル、教授15～18万ドルと最低。工学、自然科学、地学も意外と低いのだが、補充の収入を得やすい分野であるからだろう。

助教授の平均給与は正教授の平均給与の55％ほどだ。日本のような年功序列ではないが、在職年数によって給与が上昇することは明らかであり、シニア教授が多くなるほど大学の財政負担が多くなることは明らかだ。基金付きポストが増えるほど、その負担が軽減される。06年からの「スタンフォードの挑戦」キャンペーンであらたに76ポストに基金ができた。

大学外の一般労働市場との競争、大学間競争が激しい分野は、教授給与も押し上げられる。特にスタンフォード近隣企業には多くの高収入職があるし、住宅価格がアメリカでも最も高い地域なので、若手研究者の採用が必ずしも容易ではないことが問題になっている。

なお全米の教授の09／10年給与を見ると、研究大学が一番高く、教養大学、コミュニティ・カレッジと低下する。私立は公立より高い。研究大学の平均給与を見ると、ハーバードが一番高くて教授19・3万ドル、准教授11・7万ドル、助教授10・4万ドル。スタンフォードは18・1万ドル、12・4万ドル、10万ドル。近隣のUCバークレー校では14・6万ドル、9・5万ドル、8・5万ドルと低い（AAUP資料）。

〈インタビュー〉

教授は具体的にどんな仕事をするのだろうか？

ローランド・ホーン（Roland Horne）教授は地球科学部エネルギー・リソース学科の教授である。教授とその任務のうち主としてティーチングおよび学生の研究指導について尋ねた。同学科は、もともと石油工学科だったのが、代替エネルギーやエネルギー消費効率化等のニーズに応えるため改称し分野を拡大した。教授8人、学生は学部生15〜20人、修士と博士課程にそれぞれ約45人。

教授は自分の研究費を100%自分で獲得しなければならない。多額のグラントを取れば、より多くの学生をサポートし研究できる。新任1〜2年目の助教授には、学部からスタートアップ・ファンドが支給され、研究費、ラボのセットアップ、夏の給与、RA使用の費用等がカバーされる。3年目からは一人立ちする。

学生1人をサポートする費用は？「1人5万ドルかかる。地球科学部では、修士&博士課程学生は、学外奨学金を得ている者を除き、全員サポートされている。スタンフォードの大学院生フェローシップを得ている学生が数人いる。学部は教授1人につき学生2人をサポートするが、3人目の学生からは教授が自分の研究費でサポートする。」

現在何人の指導学生がいるのか？「13人指導している。この学科では8〜10人が平均的だ。」

学生はどのように研究テーマを決めるのか？また、学生をどのように指導するのか？「自分の研究テーマをもって入学する学生も少数いるが、多くは、研究プロジェクトによってサポートされ、それに関連するテーマを選択する。入学初期の段階で研究テーマのリストを示し、学生は1学期の終わりまでに選択する。といっても、学生は指導教授を自由に選べるわけだし、テーマも学位論文にふさわしい内容の幅広い選択肢がある。学生が研究途中で方向転換することもあるが、研究プロジェクトは広い分野をカバーするので問題は生じない。」

「ラボの仕事を含め、学生なくして研究はできない。教授は学生に研究上のアイディアを示し、研究を指導していく。個別のディスカッションを週1回、さらに、分野により学生を2グループに分けてグループ・ディスカッションを週1回している。オフィスアワーは設定せず、在室中はドアを開放していて、学生はいつでも会いに来れる。」

「学生は、学会でのプレゼンテーション、企業アフィリエイト・グループ対象の研究プレゼンテーション等をする。プレゼンテーションは大切なので、事前に十分準備させ指導する。」

教授と学生はひんぱんに接するので、お互いにファースト・ネームで呼び合うとも聞くが、それは一般的か？「教授も学生も多様だ。いろいろな文化の人々の集まりだ。フォーマルな関係を好み、教授と呼ばれることを好む人もいるし、ファースト・ネームで呼ばれている人もいる。学生の方も、教授と呼ぶ方がカンフォタブルに感じる人もいる。いずれにしろ、ファースト・ネームで呼ぶのはそれなりの人間関係が築かれてからにすべきだ。」

ティーチング負担は？「年3コースを原則とし、指導学生が6人以上になると1コース分としてカウントされ、2コース負担だけでよい。しかし3つ教えている人が多い。2人分担コースは0・5と数える。授業準備は時間がかかる。多くが週3回授業だが、1回1時間の授業の準備に4〜5時間は普通だ。パワーポイントはティーチングに向いていないので、板書が多い。工学系授業ではディスカッションはない。

理工系では、宿題（プロブレム・セット）が重要な要素で、毎週1回出すが、その作成に4〜5時間はかかる。学部生向けコースには問題が含まれた教科書もあるが、大学院授業では教科書は使用せず、問題も授業内容とからませながら自分で作成する。過去に使用した問題のリサイクルはしない。学生にとって、十分チャレンジングだが、過度に難しすぎず、4〜6時間でできるのを目安にするが、10時間ほど費やす学生もいる。そのコースを履修した上級生をTAとして使い、TAはオフィスアワーをもち、宿題を採点する（少なくとも1学期TAする義務あるが、2〜3回する学生が多い）。評価は、中間試験（1時間）20％、宿題30％、学期末試験（3時間）50％。秋に1

コース、春に2コース教えているが、ティーチングは仕事量が多いので、1学期に2コースが限度だ。」

＊　＊　＊　＊　＊

スタンフォードでは、ティーチング負担が3コースほどと低く抑えられていて、その分研究時間が多いということは確かだが、しかし教授が1つのコースのティーチングにかける時間の多さからすると、3つが適切な量だというのも納得がいく。それを超えると、教育の質が犠牲になる。また、大学院生の研究の指導にも多大な時間をかけている。特に理工系教授にとって、それは教育活動でもあると同時に、研究活動でもあり、かつ資金的には研究契約の遂行であり、学生サポートでもある。学部は教育中心であるが、最近の改革で学部生にも研究が奨励されるようになった。大学院では教育と研究は別個というよりも重なり合って相互に補強し合う活動である。

教授の研究面での生産性の高さは、優秀な学生の存在によって支えられ、優秀な学生の研究が有能な教授の革新的アイディアと熱心な指導によって伸ばされていくというように、相互依存的である。優れた教授集団は優秀な学生を引きつけ、研究資金を流入させ、高い研究生産性を保障するという構図が作られている。

第4章
スタンフォードの教育

卒業式（Photo R. N. H）

学生の質の高さは、ファカルティの質の高さと同様に、研究大学にとって必要不可欠の要素だ。学生の質の高さには、知的才能、好奇心、創造力、達成動機・意欲の高さ、勤勉さ、さらに責任やコミットメントや参加、リーダーシップ、エネルギー等の人格的要素も入る。スタンフォードの教育使命は、学生の才能を伸ばし、人間的成長を刺激し、個人的成功とともに人類・文明・社会に貢献する人間を育てることだ。この大きな使命をめざしてどのような教育活動が実践されているのだろうか？

まず、学生数を見ると、10／11年の総数は1万5666人で、うち学部生は44％の6887人、大学院生数は56％の8779人、学生数の面では中規模大学だ（表4―1）。大学院の比重の大きさは研究大学の特徴である。1920年頃から研究大学のステータスが上昇するなかで、スタンフォードも大学院を拡充し、50年には大学院生の割合が38％に拡大、80年代に50％を超えた（ハーバードは総学生数約1・97万人、大学院生66％、イェール1・17万人、55％、MIT1・06万人、59％）。

学生構成は学部と大学院で大きく異なる。学部生は、男女ほぼ半々だ。アメリカ人（永住者含む）が93％（白人35％、アジア系23％、ヒスパニック13％、アフリカ系10％、原住民3％、非特定8％）、留学生は7％と少ない。多様性が重視されている。

一方、大学院では、アメリカ人が68％（白人34％、アジア系14％、ヒスパニック5％、アフリカ系3％、原住民1％、非特定2％）、留学生が32％と国際化している。留学生はアジア出身者が58％と多いため、アジア系アメリカ人を含めて、キャンパスにはアジア系の多さが目につく。女性比率は36％に低下するが、大学院の大きな割合を占めている工学部と留学生の女性比率の低さが主因だ。

1　学部教育

学部教育を提供しているのは、人文&サイエンス学部（H&S）、工学部、地球科学部の3つのスクールだ。教育の質の指標として使用されるものに、「教授1人当たり学生数」があるが、1対6と低い（学部授業担当教員数に対するフルタイム換算の学部生数）。クラスサイズは、2〜9人が35%、10〜19人が36%で、少人数授業が71%に達し、100人以上の大クラスは5%のみ、まさにマスプロ教育の対極だ。教室における教授と学生、学生同士の距離の近さ、学生一人ひとりに目の届く指導、ディスカッションしやすい環境を作っている（Common Data Set, 10/11）。

クォーター（4学期）制は、開校時2学期制だったのを1917年に変更して以来の長い伝統だ（アメリカの大学は2学期制が主流、4学期制は少数派）。かつては3学期だけ授業を取り、夏はインターンシップや海外というパターンが多かったが、近年は、夏学期も教育と研究の機会として重視されている。

1学期は大体12週と短い（授業10週、1週間のデッドウィーク、期末試験で終わる）。学期が始まると、文系は長いリーディング・リストの論文読みと小論文提出、理系は宿題・実験レポート提出、中間試験、期末試験で忙しい。2学期制がマラソンなら、クォーター制は短距離競争だ。少しでもスローダウンすると追いつけないから、学期が始まったら学生は懸命に勉強する。金曜の夜から土曜日は息抜きの時間、ソーシャル・ライフを楽しむ。学期が終わったら、ブレイク（休み）には思い切り羽を伸ばし、次の学期への鋭気を蓄える。

表 4-1　スタンフォードの学生数、教授数の推移

年	学部生数（%）	大学院生数（%）	学生総数	教授数＊
1900	1,055　(90)	114　(10)	1,169	75
1950	4,805　(62)	2,907　(38)	7,712	372
1970	6,221　(54)	5,217　(46)	11,438	1,029
1990	6,555　(49)	6,886　(51)	13,441	1,340
2000	6,548　(46)	7,700　(54)	14,248	1,368
2010	6,887　(44)	8,779　(56)	15,666	1,468

＊教授会メンバーのみ（表 3-1 参照）。
（Stanford Statistics Book、2010/11）

表 4-2　学部別学生数（10/11 年）、学位取得者数（9/10 年）

学　部	学部生数（%）	大学院生数（%）	学士号（%）	修士号＊（%）	博士号（%）
ビジネス	–	928 (11)	–	409 (17)	14　(1)
地球科学	134　(2)	309　(4)	48　(3)	68　(3)	34　(3)
教　育	–	365　(4)	–	219　(9)	29　(3)
工　学	883 (13)	3,452 (39)	371 (22)	1,100 (47)	244 (25)
人文&科学	2,320 (34)	2,162 (25)	1,252 (75)	499 (21)	260 (27)
法　学	–	636　(7)	–	–	213 (22)
医　学	–	927 (11)	–	49　(2)	184 (19)
専攻未決	3,550　(51)	–	–	(継続 15)	–
計（100%）	6,887	8,779	1,671	2,359	978

（＊コ・ターミナル修士号も入れた数字。資料同上）

学部生は2年の終了までに専攻（メジャー）を選ぶ。学士号には、180単位履修と専攻が必要だ。ダブル・メジャー、副専攻（マイナー）追加、個人的にデザインしたメジャーも可能だ。1学期15単位見当で取り（1科目3～5単位が標準）、4年間で修了。しかし、高校で高いレベルの科目を履修した場合は、大学での単位として認める制度があり、上限45単位までは充当できるので、ほぼ1学期分の時間的、金銭的節約ができる。4年以内の卒業率は80%、6年以内に95%が卒業していく。学士号（BA、BS、BAS）取得の75%がH&S学位というように圧倒的に多く、次いで工学部が22%、地学は3%と少ない。

学部教育カリキュラム改革

社会変動が激しい時代には、大学教育も見直され刷新される。スタンフォードでは、まず50年代の大学の急激な拡大期に大きな改革があった。次は60年代後半の社会的激動期に、キャンパスでの人種・性差別反対、反戦、自由要求、大学改革要求運動の展開に応えて、履修選択の拡大、1年生対象のセミナーの開始、エスニック・スタディーズ、ジェンダー・スタディーズ等のカリキュラム化、女子学生数枠（約40％）の撤廃、男女ミックス寮、マイノリティ学生増加策等、さまざまな改革が実施された。

それから25年、カスパー前学長のもとで再び抜本的改革が始まった。社会変化、知・テクノロジー変化の加速は教育の見直しを必要とした。さらに、研究大学として大学院と研究に比重が移り、教授の業績評価もティーチングよりも研究成果重視となり、学部生向けの広域的内容の授業を嫌うとか、学部生指導が不十分になるという弊害が生じた。このような学部教育軽視傾向に対し、高い授業料を払う学部生の間に不満が高まった。95年以降の一連のカリキュラム改革によって、①専攻に入る前の1、2年生のリベラルアーツ（一般教養）教育の重点化、②3、4年生の専門教育の強化、③少人数セミナーの増加、④教授の学生指導の充実、⑤学際化・国際化、⑥学部生の研究機会の拡大、を柱とする現在のシステムが作られた。しかし、近年また再検討委員会が置かれ、教育改善の努力は続いている。知の学習の広さと深さのバランスはいつも学部教育カリキュラムの重要な課題だ。

（1）学位取得に要求されている学習

①リベラルアーツ教育の重視

・人文学への入門コース—1年生の時、毎学期1科目履修
・広域学習（5領域からそれぞれ1科目を履修—人文、数学、自然科学、工学・応用科学、社会科学）
・市民教育（4領域から2科目を履修—倫理的論理、グローバル社会、アメリカ文化、ジェンダー研究）
②英語の文章力・スピーチ能力の習得
思考を明快に表現する文章力（ライティング）、スピーチやプレゼンテーション・スキル、コミュニケーション能力の習得のため、1&2年目に「ライティングとレトリック」が必修。アカデミックな分析、理論展開、裏づけ、論文構成とスタイル、口頭発表、マルチメディア使用のインパクト等について学ぶ。
③外国語必修
④専攻分野—2年目終了までに専攻学科あるいは学際プログラムを選択
（2）1、2年生向けの少人数の入門セミナー
・1年生向け入門セミナー—上限16人の少人数で、教授との緊密なコンタクトという環境で、週2回ほどのクラスをもち、さまざまな学問分野の重要問題を取り上げ、知的好奇心・知的追究を涵養。200以上のセミナーが提供され、2300人以上の学生が参加
・2年生向けプログラム（2年制カレッジと呼ばれる）—新学期が始まる前の数週間、12～14人の少人数、教授、ピア学生との身近なコンタクトという環境で、特定のトピックについてより深く学習
・1、2年生向けカレッジ—同じ学生寮で生活しながら一般教養課程を学習（180人参加）
（3）入学初期からの研究重視
学部生の研究参加の重視は、近年のカリキュラム改革の重要部分だ。教授のプロジェクトに参加したり、自

分で研究テーマを見つけ教授の指導で進める。オナーズ・スタディーズ（Honors Studies）は、学部生が研究課題を決め、レポート提出、学位にその旨記載されるというもので、学部生の25％が参加している。学部生の研究発表の場として、シンポジウム開催。夏の寮での研究プログラムの他、夏の研究活動を支援するため１４００人ほどの学生に学費援助支給。１、２年生の間で非常に成功したため、３、４年生にも拡大し、専門分野の学習強化と研究の機会拡大によって、ベストの学部教育提供と研究大学としての充実のバランスを取る努力がされている。

（4）学際プログラムの拡充

人間生物学、国際研究、人種・民族比較研究、地球システムズ等の学際プログラム専攻学生が増えている。

（5）海外教育プログラムの拡充

海外キャンパス３つが新設されて、11となった（プログラムには寄付者ビングの名が付く）。その他の機会を含め、学部生の44％が留学経験する。留学費用は、スタンフォードでの学費と大体同じである（第5章参照）。

（6）パブリック・サービス教育

学生の公共奉仕を教育の一環として重視し、その推進のために83年に設立され、開校百年祭キャンペーンにおける重点項目となり、ハース家族からの寄付を受けてハース・センターとなった。学生のボランティア活動や地域・社会貢献活動についての情報のとりまとめ、支援と助言、公共奉仕についての授業提供、リーダーシップ養成プログラム等を提供している。

寮教育の重要性―生活と教育の融合

「寮教育」は学部教育の重要な一部である。まず、親から離れ自分の生活に責任をもつ自立・自律の場だ（最近は、アメリカでも、子どもの上をぶんぶんと低空で視察飛行を続けるヘリコプター・ペアレントが増えているとも言われるが）。学生寮はただ単なる寝食の場ではなく、共同生活の経験、交流・社交的スキルを養う場、人種・文化・言語・思考の多様性を学ぶ場、集まりやさまざまな課外活動を組織してリーダーシップを養う場だ。寮を中心とした授業もあるし、アカデミック面での成功をサポートする制度も整っている（寮には教授がフェローとして住み、また各種のアドバイシング、カウンセリング・サービスもある）。寮居住の要求は最初の1年（および最終学期）だけだが、希望者には4年間の寮居住が保障されていて、学部生の91％はキャンパス内の学生寮やフラタニティ（男子用）やソロリティ（女子用）に住んでいる。

寮生活と教育の融合は、近年、大学院教育においても強調されている。院生の54％が寮居住しているが、さまざまな知的文化的活動の場として価値化されるようになった。異なる学部の異なる分野の学生がミックスして生活し、交流を広げ、卒業後のネットワークにもなる。院生寮の大幅な不足を解消するため、09年に600人を収容できるマンガー大学院生寮5棟が完成（第2章ロー・スクール参照）、さまざまな活動および交流の場として、ホールやミーティング・ルーム、カフェテリアなどが設置されている。ビジネス・スクールのシュワブ学生寮に続き、この新築の学生寮も豪華版だ（1人用の風呂付きスチュディオで1400ドルと家賃も高い）。

卒業生が大学への強い愛着、同窓意識をもち続ける理由の一つが、寮生活での素晴らしい経験が貴重な思い出となっていることにあるだろう。同窓会組織のネットワーク維持の努力も大きい。全世界に広がる同窓生ネットワークは、実際に大学にとって有益なリソースとなっている。

充実した学生サポート・サービス、リソース

学生サポート制度は充実している。学部生だけでなく、大学院生も利用できるし、ファカルティのティーチング改善のためのリソースともなっている。

ティーチング&ラーニング・センター

75年TA対象に開設されたが、79年に学生による「授業評価」が義務化され、対象はファカルティにも拡大された。学期の終わりに、学生は履修した科目それぞれについてオンラインで、授業の全体的質の高さ、構成と内容、展開まで詳細な項目の評価があり、教授にとって貴重なフィードバックとなる。

教育改革においてオラル・コミュニケーション能力が重点化され、オラル・コミュニケーションの授業、プレゼンテーションの仕方についてのワークショップ、コンサルタント・サービス、チュータリング・サービスを提供している。TAのためにはティーチング・リソース、スキル向上サポートがある。また、教授のために、授業のなかにスピーチ・トレーニングをいかに取り入れるか、新しいコースの開発、授業でのテクノロジー使用、ティーチングに関する相談、さらにチューターをクラスに派遣、授業観察やビデオ撮りによる分析とアドバイス提供等を行っている。

ライティング・センター

学部生対象の「ライティング&レトリック」の必修科目を提供するほか、ワークショップ、助言、ピア・チュータリングを提供（毎年学部生の応募者から15～20人の新しいチューターを選び、3単位になるチューター・トレーニング・コー

スを履修して、秋学期からチューターとして週4～6時間働く）。大学院生対象のサービスもあり、セミナー論文、会議発表用論文、修士・博士論文、プロポーザルからドラフトまでの書き方を指南する。２００1年の開設で、寄付者ヒューム夫妻の名前が付く（妻は２００８年から大学理事会の最初の女性会長を務める）。

言語センター

学部教育改革の一環で、外国語教育の強化のために拡充され、語学のティーチングとラーニングをサポートする先端設備を備えたディジタル言語ラボがある。

キャリア・デベロプメント・センター

学部生、大学院生、ポストドクを対象に、インターンシップや雇用のデータベース、キャリアフェア、さらには応募のためのカバー・レター、自己紹介のレジュメの書き方、履歴の書き方、インタビューの受け方についてまで、カウンセリングや、卒業生による1対1のメンタリングまで受けられる。20万人近い同窓生ネットワークを通して先輩とつながることも可能であり、さまざまなリソースを提供している。

学習面だけでなく、スポーツ施設も充実している。また、学生の精神的ケアのためのサービスにも多大の注意を払っている。優秀な学生に囲まれ自信喪失に陥る「スタンフォード・シンドローム」や、全部やろうとしてもやりきれない量の宿題と試験を手抜きできないで必死になって取り組み、燃え尽き症候群に陥る学生、さらに、表面上は優雅に振る舞いつつも水面下の水かきでもがく「ダック・シンドローム」という表現もあるように、ストレスで押し潰される学生も出るからだ。

学部教育充実のための寄付集めキャンペーン

大きな改革に必要な大きな財源を確保するため、「学部教育のための10億ドルキャンペーン」が展開され、01〜06年で11億ドルを達成した（第1章参照）。これによって、少人数クラスの増加や学生指導の充実のために教授を増員、学費援助拡大、オナーズ・プログラム増加、研究参加増加、海外教育プログラムの拡充、学際プログラムの新設、大学基本財産の拡大、等が達成された。

学部の入学制度

スタンフォードは、早期応募（締切り11月1日、合否決定12月15日）と通常応募（締切り1月1日、合否決定3月末）を併用している。早期応募の場合は、他校への早期応募はできないが、合格しても入学義務はなく、入学登録は通常応募と同様5月1日とする「非拘束方式」である。応募費は90ドル。2011年秋入学には、3・4万人を超える応募から2439人が合格、合格率は7・1％だ。早期応募は全応募の17％を占めたが、合格率は12・7％、一方、通常応募は全応募の83％で、合格率は5・9％と低い。要するに、早期応募の方が合格率は2倍以上も高い（後述）。

合格率の低さ、入学率（yield, 合格者数に対する入学者数）の高さは、大学の選抜度、人気度、ステータスを示す。スタンフォードの合格率は1950年には77％と高かったが、名声の上昇と大学進学者増による入学競争激化で、60年31％、80年19％、2000年13％、11年は7・1％にまで低下した（表4―3）（ハーバード6・2％、イェール7・4％、MIT9・7％）。一方、入学率は71％だ（ハーバード77％、イェール65％、MIT65％）。

表 4-3　学部への入学応募、合格、入学状況

年	応募者数	合格者数	合格率	入学者	入学率
2000 秋	18,363	2,425	13%	1,599	66%
2011 秋	34,348	2,439	7.1%	1,766	71%

(Stanford Undergraduate Admisson, Fall 2011)

入学選考における考慮要素は、まず第1にアカデミック、第2が人的要素、そして特殊才能だ。アカデミック面での評価項目としては、高校での成績平均点（GPA）とランク、学習内容（履修内容のバランス、難易度等）が最も重視される。加えて、全国標準テスト（SATまたはACT）、エッセー（短文）、教師やカウンセラーの推薦状、アカデミック外の要素として、課外活動、特別な才能、人格的資質、ボランティア活動、仕事経験、家族で最初の大学志願者、居所の場所・地理状況、人種、等がある。コミットメント、知的好奇心、熱心さ、エネルギー、授業でのディスカッションやその他の場での会話に活発に参加し貢献しうるタイプであるか否かを見る。経済的・社会的・文化的に不利な家族状況や生活環境は配慮要因となる。学業だけでなく、多様なバックグランドの学生コミュニティができるように配慮する。加えて、「親が卒業生」「親が大学の教職員」というのも配慮要因になる。

卒業生の子どもの優遇策（他の面で同等ならば有利要因となる）は、１９５８年にすでに採用されている（ハーバード等では１９２０年代から採用、イェール、プリンストンも採用）。卒業生の子どもの合格率は、一般の合格率の2倍ほど高く、入学者の1割を占めている。卒業生の大学に対する貢献（寄付等）が大学にプラスになるというのが正当化理由だが、機会平等の面からは問題が残る。特に卒業生は裕福層が多いので裕福層優遇の面がある。公立大も以前は採用していたが、今は廃止したところが多い。

親がスタンフォードで5年以上勤務している教職員の場合も有利になる。教職員福利の一環だが、子どもの入学先がどこであれ、スタンフォード授業料の半額＋33％を上限とし

表4-4　2011年秋入学者の成績分布

高校成績トップ10%	94%
SAT700-800点*	
リーディング	68%
数学	76%
ライティング	74%

*満点は800点、資料は同上

て4年間支払う、という子どもの大学教育費用サポート制度がある。かつては子どもがスタンフォードに入学した場合は授業料免除、他大学入学の場合は、スタンフォード授業料の半額までを大学が負担という制度だったので、スタンフォード入学が著しく有利だったのだが、今は差がなくなった。

公立校は授業料が安いので応募者数が多く、受験生1人の書類審査にかける時間が少なく、より数量的判定の傾向が強いのに対し、私立の選抜度の高い大学は、成績に加え諸要素を勘案して全体的に判断するので、複雑で大変な作業だ。90年代に入学担当部長だったジーン・フェターは著書で次のように記している。「応募書類は、まず入学担当者2人が読んでそれぞれが、合格（20~25%）、不合格（約50%）、水泳者（沈まないように懸命に泳いでいる未決者、25~30%）を記入し、第3リーダーとして、部長、副部長に回す。これが第1ラウンド。第2ラウンドは水泳者からの選抜であり、第4回目のリーディングが始まり、合格、不合格、ウェイティング・リストに振り分け、部長等の最終審査に回す。」（Fetter, P.75）

では、新入生はどのような学生なのだろうか？　成績優秀者が圧倒的に多いことは明らかだ。しかし、トップのトップグループでなくても合格の可能性はかなりある（表4―4）。研究大学の間でも、合否の判断材料として何を特に重視するかに違いがあり、例えばハーバードの新入生はSATスコアが高い学生が多く、MITでは特にSAT数学のスコアが高い学生が多い。

（補足）「通常応募&決定方式」と「早期応募&決定方式」

入学をめぐる競争は近年激化している。学生にとっては、どこの大学に入学するかは、将来の職業、所得、社会的ステータスに影響する重要問題だ。入学機会と学費援助制度は、社会的平等問題でもある。研究大学も優秀な学生の獲得のため熾烈な競争をしている。選抜度の高さは大学の名声を示す。また、受験は巨大な産業となっている。標準テスト、入試情報提供産業、ランキング、受験生向け学習塾やカウンセリング、コンサルティング、コーチング提供産業、学生援助関連組織、ローン提供業というような学生対象のサービス提供会社に加え、大学入学担当者向けの各種コンサルタント会社、高校生データ提供会社、応募・合格決定・入学決定行動パターンについての統計的モデル作成会社も登場というわけで、受験は多数のビジネスが錯綜する場になっている。

共通応募方式を運営するＮＰＯ「共通応募社」には、有名大学から小さいカレッジまで４００校以上が加入しており、学生は共通願書にオンラインまたはプリントで記入し何校でも応募できる。３～４校応募が多い。大学は応募者に独自の追加書類の提出を要求できる。学生にとっては応募手続きの簡素化であり、大学にとっても応募者数が増え選抜度が上がる効果がある。

数校に合格する学生が最終的にどの大学を選択するかの予測は容易でない。学生の早期確保のため、80年代に、「通常応募」に加え、「早期応募」の併用が登場し、90年代に広がった。「早期応募」には、「拘束性」の有無で差がある。①早期決定方式―早期応募できるのは1校限定で、合格したら入学保証金を支払い入学する義務がある。拘束的であり、入学率を高める。②早期アクション方式―「早期応募」は1校限定だが、入学義務はなく、入学登録も通常応募合格と同じ。③逐次決定方式―願書が届くに従い順次決定していく方式（NACAC, State of College

Admission)。

応募生プールがほぼ同じのエリート大学の多くが「通常」「早期」を併用している。スタンフォードは96年から早期アクション方式を併用している。前述したように、早期応募者の合格率は通常応募の2倍も高いのだが、早期応募者の多くは裕福な家庭の学生が多い。学費援助についての情報入手はそれほど容易でないので、低所得家族の受験生は早期応募しにくく不利だという批判が出され、ハーバード、プリンストンは07年に早期方式をやめた。

授業料は1年3学期分で4万ドル

授業料は著しく高く、かつ上昇し続けている。10／11年度は学部、大学院ともに1学期分1万3350ドル、1年3学期分が4万ドル、4年分の授業料は16万ドルに達する。工学部、GSB、法学部、医学部の授業料はもう少し高い。特にGSBは5000ドルの上乗せで1学期分1万8400ドルに上る。1学期10週（その後デッドウィークと試験）として、週当たりの値段が1335ドル。15単位履修という標準でいくと、1単位の値段は週90ドル。学生も教授も授業に真剣に取り組むのは、教育コストの面から見ても当然だろう。大学院生で必要単位を取り終わり研究だけの段階（TGR）になると1学期2600ドルと安くなる。授業料に加え、寮の部屋代、食費などの生活費も大きな出費だ（表4―5）。

ニーズ・ブラインド合否決定と学費援助

スタンフォードは、低所得層の入学機会を広げるため、合否はニーズ・ブラインドで決定、ニーズベースの学費

表4-5　2011/12年度の授業料、生活費、その他
（3学期分）（単位：ドル）

授業料	40,050
生活費（部屋、食費等）	12,291
本代等学用品	1,500
医療保険、その他出費	3,357
合　計	57,198

＊大学院生の場合、授業料は同じだが、それ以外出費が25,173で合計65,233

援助策を採用している数少ない大学の一つである。つまり、奨学金が必要か否かを見ないで合否決定し、必要に応じて奨学金を提供するという制度だ。ニーズは、［必要学費－親＆学生負担期待額］を指す。04年から奨学金対象が中間層にまで拡大され、親の年収が6万ドル未満なら、親の学費負担は免除される。親の年収が10万ドル未満なら、親の負担額は減額される。20万ドル未満の場合も、複数の子どもが大学在学等の特別事情があれば援助を申請できる。かつて奨学金対象外だった留学生にも、近年は、優秀な学生の入学を支援するため、奨学金提供が増えている。

「親の負担期待額」は、配慮事項（親の収入、資産、他の子どもの授業料、離婚等）を勘案して算定される。学生にも少なくとも5000ドルの負担期待額がある（バイト収入等）。まず、学生の自助努力が強調され、①州・連邦・民間の奨学金獲得、②夏や学期中のバイトやワーク・スタディ（連邦プログラム）、③ローンの利用等によって一定額の調達が要請され、その上で、不足分がニーズであるとみなされ、大学からの奨学金が出る。

スタンフォードの全学部生の半数はニーズベースの奨学金を受けている。3割はローンとかワーク・スタディも利用。10／11年の学部生へのニーズベース奨学金の支給総額は約1・26億ドルだが、その95％は大学の自己財源からの支出である（連邦、州、その他は5％）。その他に特殊才能への特別奨学金やスポーツ奨学金の受領者が1500人ほどおり、学部生の8割が何らかの学費援助を受けている。手厚い奨学金は授業料の高騰を緩和し、入学機会の平等化に努力するとともに優秀な才能を確保するためである。奨学金基金を拡大するための寄付集め活動に力を入れてきた成果だ。

2 大学院教育

大学院は、教育と研究の結合であり、大学院生は学生であると同時に研究を行う。「全世界からベストの学生がスタンフォードに集まるように」と強調されているが、決しておおげさではない。優秀な学生を求める競争はグローバルだ。特にとびきり優秀な学生は金の卵、教授にとって研究のパートナーとなり、新しい知の発見・拡大に貢献する。大学院生7780人のうち39%は工学部に、25%が「人文&科学部」に所属している（表4―2）。海外留学生は32%に達するが、特に工学部では43%と高い。理工系の卒業生の大半がアメリカにとどまり産業を支えるし、帰国者は貴重な海外人脈となる（第5章の表5―2参照）。

大学は、スクールごとにまとまっているとはいえ、基本的に学科を単位とする権限分散的組織であり、ファカルティ人事、カリキュラム、学位取得条件、大学院入学合否等について学科が第一次的に決定する。ファカルティ一人ひとりも大きな裁量をもっていて、それぞれがコース内容、学生指導の仕方など自由に決めている。近年の大学院教育改革は、このような学科単位の分散的組織の強さを維持しつつ、学科を超えた学際アプローチの教育と研究を全学的に推進している。

大学の学科による固有性、また教授による個別性もあるゆえ、スタンフォードの大学院は全学的にこういう制

表 4-6　大学院への入学応募、合格、入学状況（2010/11 年）

大学院	応募者数	合格者数	合格率	入学者	入学率
ビジネス	8,000	503	6%	466	93%
地球科学	570	86	15%	56	65%
教　育	1,236	340	28%	204	60%
工　学	6,842	1,839	27%	977	53%
人文＆科学	7,273	946	13%	460	49%
法　学	5,083	498	10%	262	53%
医　学	8,979	368	4%	183	50%
計	37,983	4,580	12%	2,608	57%

（Stanford Statistics Book、2010/11）

度だと画一的に形容することは不適切だ。したがって、以下では、基本的な部分、共有的な部分に焦点を当てて述べよう。

まず入学についてであるが、学部入学の合否は入学担当局が決定するのに対して、大学院入学の場合は、各学科あるいはスクール（ビジネス、法学、医学）が決定する。志願者の取得学位、大学での成績表、推薦状3通、入学目的の記述、GREスコア（大学院レベルの統一テスト。学部によって追加のテストも要求）、英語の統一テスト（TOEFL）、等が必要。学部ごとの合格率と入学率にはかなりの差がある（**表4—6**）。

学位には、修士号（MA、MS）、博士号、2分野にまたがる学位等いろいろあるが、学部が必要条件を設定する。修士号は通常45単位、エンジニアリング号は90単位、MBA105単位、博士号135単位のコースワークが必要だ。法学部にはJD、JSD、LLM等の学位がある。博士号取得には、通常、まず2年目の終わりまでに、博士候補者資格認定がある（必要単位履修、口答試験）。口答試験は学科によって、その分野の知識についてのテストと論文プロポーザルがある。ティーチングの義務があるところも多い。博士論文のディフェンスは指導教授を加え5人が審査する。

博士課程は5年間の学費サポート

大学院段階の奨学金支給は、第一次的に学科が決定組織であるので、学部ごとにその態様に大きな差があるのだが、博士学生は全員5年間奨学金その他でサポートされる。ただし、外部奨学金の取得を原則あるいは取得努力を要求している学科もある。大きな研究グラントがとりにくい分野では、大学、学部、学科から支給されるフェローシップやTA、RAの仕事でサポートされる。研究グラントがとりやすい分野では、教授が獲得する研究グラントで学生をTA、RAとして雇って援助する場合が多い。責任の程度と仕事内容によって異なるコース・アシスタント、TA、ティーチング・アフィリエイト、メンターTAがあり、教育経験と学費援助の両方の意味がある。給与も、例えば50％勤務（週20時間）のTAの場合は、1学期3カ月分につき、授業料支給に加え、8000ドルほどの給与が出る。修士学生への学費援助はローンなどが中心だが、研究契約プロジェクトへの参加等で支援している学科もある。

2・85億ドルが大学院生援助に支払われている（奨学金、スタイペンドと呼ばれる給付金、授業料給付、RA／TA給与）。その30％近くは、研究グラント＆コントラクトから出ているが、特に医学や工学等ではその割合が高い。GSBや法学大学院等では、大きな奨学金基金をもち、そこからの支給の割合が高い。大学が管理する「大学院生フェローシップ（SGF）」は、寄付等を基金に1997年に設置されたもので3年間の奨学金を支給する。奨学金基金は、連邦政府との研究契約等に依存しない安定した学生援助金だ。100万ドルの寄付があれば、大学からの上乗せ出資で1つのフェローシップが創設できる。この5年で275ほどが新設された。

RA、TAは、博士課程の教育・研究の一部として組み込まれている。TAは学部生向け授業、オフィスアワー、補習やディスカッション・セッション、採点など担当し、学生にとって将来の仕事にも役に立つ経験だが、学科にとっても教育の一部を担ってもらう存在だ。ＲＡが研究グラントでサポートされている場合は、教授の指導を受けながら、研究プロジェクトを進行させる役割をもつ。特に、ラボでの仕事をするのは、主として彼らだ。学科により差があるが、ＲＡ、ＴＡ担当以外にも、カリキュラム点検、次年度の大学院生の合否決定に参加する場合もある。教授の新規採用についても意見を提出する。さらに最近「ファカルティ・サーチ委員会」に学生を参加させている学科もある。大学院生は、年齢も高く精神的にも成熟しており、単なる「学生」というより、学科の教育・研究活動において、さらには学科運営においても、重要な役割と責任を担っている。

大学院教育改革

学部に続き、大学院教育も、05年にほぼ30年ぶりに「大学院教育委員会」報告書が提出され、大きな改革が推進されてきた。独立志向が強い７つのスクールをとりまとめながら全学的改革を推進するために、大学院教育担当の副学長補佐が置かれた。改革に必要な財源を確保するため、「スタンフォードの挑戦」キャンペーンが展開されてきた。改革がどのような方向で具体化されていったのか、主要な点を列記しよう。

(1)　社会問題の複雑化・国際化に対応する多元的アプローチ

・学科についての専門知識の習得に加え、学科を超えた学際的学習の重視

・学科の壁を取り払い、多様な授業の履修を容易にする。学部単位のコース・リストに、全学的リストも掲載

・２つの学位取得の機会拡大

・夏に多様な大学院特別講座提供
・GSBは他学部の大学院生対象に夏4週間のアントレプレナーシップ講座提供

（2）教育・研究の国際化
・カリキュラムの国際化、学生の海外研修の機会拡大
・国際問題と取り組む研究、海外大学や研究組織との連携

（3）革新的研究と授業を支援する体制整備
・教授に、新しいトピックや分野の授業科目の開発、他の教授との共同授業を奨励
・教授の新しい授業や研究の試みを奨励するため、「イノベーション奨励基金」設置
・学生の斬新なプロジェクト奨励のための基金設置
・学際的セミナー・シリーズの奨励

（4）リーダーシップ養成教育の充実
・将来リーダー役割を果たすのに必要な知とスキルを育成する授業やセミナーの拡充
・文章力、スピーチ、コミュニケーション、交渉力の養成
・学内の多様なグループの学生間の交流、ネットワーク作り
・グループ学習の奨励、グループ・ダイナミックスの学習

（5）多様性の推進
・学生、教授の人種・性・国籍・文化的多様化の推進
・カリキュラム、プログラム、ティーチング方法、課外活動の多様化

・複数学科にまたがる授業科目、セミナーの増加
・学生、教授、教室、研究室、寮におけるインタラクションの多様化—多様なネットワークの形成に参加
・留学生の存在は国際的経験に貢献、海外キャンパスその他での多様な経験の増加
・特に、大学院理工系における女性、マイノリティを増やす努力
・勉学と家庭との両立支援—出産時には2カ月までの休学—奨学金、TA、RAなどに伴う義務から6週間の免除

(6) 大学院生フェローシップ基金の拡大
(7) 学生サポート・サービス、リソース（学部教育で触れた）
(8) ポストドクの拡大、サポートの充実

ポストドクトラルの増加

ポストドクは近年著しく増加している。2010年秋でほぼ1900人に達した(2000年には1300人)。今では、学部新入生の数より多い。出身国は、81カ国に上るが、アメリカ601人、中国242人、韓国98人、インド86人、カナダ70人。女性は40%。ポストドクの3分の2は医学部所属だが、その他はH&Sと工学部に集中。ポストドクは、これまでは、博士課程修了後職が見つかるまでのつなぎの期間として利用されることが多かったのだが、最近は、研究経験、同分野の研究者との接触、共同研究の有益な機会としてより積極的に位置づけられるようになった。受け入れる指導教授にとっても共同研究者として重要度を増している。これまでとかく高いスキルの安い労働力として利用されることが多かったポストドクの雇用条件やサポート制度の改善が行われている。

自分で外部のフェローシップを取得してやってくる人もいるが、スタンフォードの特定の研究プロジェクトに応募して採用され、その研究費から給与が支払われるという場合が多い。ポストドクとして受け入れられたら、研究等に従事することによって給与その他が支給される。給与は、研究経験によって上昇するが、1年目の場合は、3学期分として最低4・2万ドルの給与が支給され（10／11年度の数字で）、計7800万ドルの支出となっているが、その財源の7割近くがグラント＆コントラクトだ。

〈インタビュー〉日本人留学生が語るスタンフォードでの経験

これまで教育の制度面を中心に述べてきたが、ここで、スタンフォードの大学院教育を実際に経験した日本人留学生5人、交換留学生2人と博士課程経験者3人に具体的な学生生活を語ってもらおう。

2人の交換留学生

スタンフォードは同志社大学と交換留学プログラムをもっている。2人の同志社大学大学院生が客員研究員という身分で09／10年の1年間をスタンフォードで滞在した。

山田亜紀《あき》さんは、同志社大学アメリカ研究科の修士課程でベトナム系移民の研究をし、フィールドワークのためスタンフォードの社会学科に留学した（11年秋からUCLAの教育学博士課程に留学）。冬学期に聴講した社会学科コース「移民と同化」は、授業は週1回、2時間45分（途中で中休み）、リーディングは本5冊と論文約20本で、これを9回の授業でこなす。毎回論文4本くらい、あるいは本1冊、時にはプラス論文1本。教授から毎回コースワークについての指示がオンラインに掲示され、常時アプデートされていたので、それを見て勉強した。中間試験はなく、ファイナルはダブル・スペースで20頁以内のレポート提出。成績評価はクラス参加（発表とクラス進行、発言）30％とレポート70％という配分だった。

受講生は博士課程学生6人という少人数クラスだった。教授による講義はなく、ディスカッション中心。アサインメントとして、学生は1回か2回、リーディングの要約発表とディスカッション・トピックスの提案を30分ほどで行い、そしてディスカッションをリードすることが要求された。他の学生も全員リーディングを事前にこなし、ディスカッションのトピックや質問、自分の意見を準備してクラスでインプットした。「アメリカ人学生はパワーポイントを使っての発表や議論に慣れていて上手だ。同志社のアメリカ学科はほとんどがアメリカ人教授で論文も英文だったので、私は一応の英語力を身につけていたが、議論などではまだまだだと感じた。また発表のスキルも不足だった。当てられることもあり、十分準備して出席し、次第に発言することにも慣れた。日本でもレジュメ発表はあるが、それが有効に使われないことが多い。だがこのクラスではディスカッションにうまく活用していた。」

学生は、リーディングのためにどのくらい勉強するのか？「アメリカ人学生は1回の授業に5～6時間は費やすと言っていた。」あなた自身は？「彼らに比べるとスキミング能力がついていなかったため、1冊読むのに要点をメモしながら毎日2時間×7日、計14時間ほどかかった。そして週に1、2回クラスの学生と一緒に予備ディスカッションし、それも学ぶ機会となった。少人数クラスだったので、学生、教授と親しくなれた。」

スタンフォードの教育で特にすばらしいと感じたことは？「方法論を授業の最初から徹底的に教える。学生は沢山の宿題をきちんとこなす。データベースの豊富さ。教授と学生の距離の近さ。日本の大学は学生数が多いので教授との距離感に影響する。学部時代はゼミの教授としか直接の接点がない。大学院では教授との接触が多くなるが。図書館が遅くまで開いていて、大半の学生は図書館を夜遅くまで利用。他の学生と一緒に遅くまで勉強するなどのメリットがあった。インターネットで論文へのアクセスがあることも便利だった。多くの学者がスタンフォードに来て講演会、研究会も多く、学生と交流する機会が設けられていること、文系と理系がすぐそばにあり、さまざまな分野の研究会に参加できることもプラスだと思う。」

寮生活は？「非常にいい経験だった。寮のイベント・コーディネーターがさまざまなイベントを企画（ハッピーアワー、食事の提供、映画ナイト等）、いろいろな分野の学生と交流でき、また息抜きともなった。勉強外でも、キャンパスのジムやランニングに一緒に行ったり、パブナイトなどのパーティに行ったりと友情関係も築ける。夜勉強している学生のために遅くまで開いている食堂（Late night という）もある。バイトもほとんど学内バイト。勉強と生活が一体化していた。」

「日本では通学に時間がかかるし、授業出席以外は学校の外にいることが多く、大学が1日の生活の大半をカバーするということはない。サークル活動は重要だが、学生が主体的に各種イベントを企画するのも活動の大事な部分だと思う。日本の学生も、スタンフォードの学生のように、もっと有意義な学生生活を過ごせるような努力や改善が必要だと思う。」

清水崇之《たかゆき》さんは、現在、同志社大学工学研究科の博士後期課程の2年生で、電気電子工学を専攻、専門は無線通信。1年生の時にスタンフォードに留学、電気工学科の「情報システム・ラボ」に所属し、「電波伝搬特性に基づく秘密鍵共有方式」、電波の不規則性のセキュリティへの応用を研究した。

無線関係の2コースを聴講したが、週2回授業があり、毎回テキストか30頁ほどのリーディングがあった。講義が中心で、教授が板書もしくはスライドを使って説明をするという形式だった。有益であった点は、日本では専門的すぎて講義では扱わないような内容も扱っていたため、より専門的な知識が得られたことだ。宿題は、毎週もしくは2週間に1回の頻度で出され、論文の要約というのもあったが、テキストの章末にある問題を解くというのが多かった。1回の宿題の量はかなり多くて、終えるのに丸1日ほどかかったが、宿題をすることで、その講義の理解がかなり進んだ。スタンフォードの学生も大量の宿題やリーディングには苦労していたが、どちらもしっかりとやっていた。

日本の学生は、文系は勉強しないが、理系は割と勉強すると言われるけれど？「日本の大学は基本的に宿題がないので、中間&期末試験前だけ勉強し、普段はあまりしない学生が多い。もちろん、きちんと勉強している人もいる。日本の大学との大きな違いは、スタンフォードでは学生に大量の宿題やリーディング・アサインメントを与えて、とにかく学生に勉強をさせる点だ。日本でも、学生にもっと勉強させる仕組みを作る必要があると思う。」「学生と教授との関係は日本とあまり違わないと思うが、スタンフォードの学生は、オフィスアワーを有効に利用しており、積極的に教授やTAに質問しに行く学生が多い。日本の大学にもオフィスアワーはあるが、学生はほとんど利用していないのが現状だ。」

「研究の方は、基本的には教授と個別にディスカッションをして進めていく。また、2週間に1回程度の頻度でグループ・ミーティングがあり、そこで自身の研究の進捗状況を報告するという形式がとられていた。」

スタンフォードで最先端の研究に触れたり、優秀な教授や学生と交流して、その教育、研究の強さはどこにあると思ったか？「やはり優秀な人材と潤沢な資金だと思う。この2つの要素が革新的な研究成果を生み、その成果がまた優秀な人材と潤沢な資金を呼び込むのだと思う。学生も、頭の回転が恐ろしく速い人、知識が豊富で何でも知っている人など、今まで見たこともないような優秀な学生が大勢いて、大きな知的刺激を受けた。」

博士課程での経験

次に、人文&科学部の博士課程で学んだ3人の日本人留学生に、音楽学科「音楽音響コンピュータ研究センター」、哲学科、歴史学科での経験について、語ってもらった。

「音楽音響コンピュータ研究センター（CCRMA）」通称「カルマ」は、音楽、工学、物理、コンピュータ科学、心理学を含む学際コース提供と研究のセンターだ。音楽とコンピュータ・テクノロジー（音響信号分析と音合成、グラフィックスなどマルチメディアとの連携）、人の音認識・心理等を広く研究する。75年に、音楽学科のジョン・チャウニング教授等によって設立された。彼は、60年代からコンピュータ音楽研究に取り組み、FMアルゴリズムを発見、コンピュータ音楽を開発したパイオニアであり、73年にはそのテクノロジーはヤマハにライセンスされ、スタンフォードに巨大なライセンス収入をもたらした。大学発テクノロジー産業移転の初期の成功物語の一つだ（第6章参照）。今も企業との連携やスタートアップがある。カルマが入るノルと呼ばれる建物は、第3代学長ライマンの学長邸として18年に建設された30室の由緒ある豪壮な建築で、89年の地震で損傷を受けたが05年に修復された。研究に必要な先端の設備、スタジオ、講堂が備わる。

寺澤洋子《ひろこ》さんは、電気通信大学電子工学科で音響学を学び、4年の時1年間フランス国立高等情報通信大学に留学。スタンフォードでは、音楽学科とカルマで、音の分析・解析、コンピュータ音楽、心理音響を学び、09年

12月に博士号取得。現在は筑波大学の生命領域学際研究センター（ＴＡＲＡセンター）の「マルチメディア情報研究アスペクト」で研究員として、心理音響および可視化関連研究に従事している。

「コンピュータ音楽理論＆音響プログラム」を専攻したとのことだが、どのようなプログラムなのか？「音楽学科にある3つのプログラムのうちの1つで、修士課程へは毎年10人ほど採用（競争率2、3倍）されるが、この博士課程へは毎年2人採用（受験者約70人）されるだけだ。博士課程の新入生には、すでに実績のある人が多く、研究したいテーマをもっていて、研究を進められるタイプの学生が選ばれている。音楽学科での膨大な文献研究に基づいた音楽学や音楽理論などの伝統的なカリキュラムと、カルマでのコンピュータ音楽のカリキュラムの両方が必修となる。新しい発想、その追究力が要求され、博士論文では当該分野でインパクトのある研究をすることが期待されている。卒業生は、アカデミックにとどまらず、シリコン・バレーの企業研究所に就職する人や、自ら起業する人も多い。」

「修士学生には奨学金がないが、博士学生には全員に学科の奨学金パッケージが提供されている。1年目は仕事の義務がない奨学金、2～3年目はＴＡ、4～5年目はＲＡで、生活費等２００万円と学費３００万円ほどがカバーされ、さらに年間研究費20万円（10万円は旅費分）が支給された。学生は、ＴＡ、ＲＡとして教育と研究に従事する他、研究のアウトプットを国際会議やジャーナルに発表、博士論文も今ではオンラインで公開。教育と研究の両面で、スタッフに準ずる貢献をしている。日本の博士課程学生とは役割が異なっており、大学に貢献する充実感と達成感があるので、勉強や研究のモティベーションも向上すると思う。」

学際アプローチのメリットは？「音楽学科で音楽作品分析や作曲を学ぶ以外にも、美術からコンピュータ・サイエンスの授業まで幅広く履修し、ビデオアート製作やプログラミングなどさまざまな経験をするのが普通だ。研究でも、指導教授の他に複数のアドバイザーから指導を受けられる。カルマには他大学や海外からの多数の訪問者が短期・長期滞在し、ゲスト・レクチャー、セミナー、授業を提供、彼らからもレベルが高く幅広い知識を得られた。授業や研究のチーム・プロジェクトでは、コンピュータ・サイエンス、電気工学、機械工学、物理、美術学科などから多様なバックグラウンドの優秀な学生が参加。メンバーからいかに多くを吸収するかがプロジェクト成功のカギになる。多様性の高さ、学際性の強さ、協力しやすさを感じた。」

「音楽学科は個性的な学生が多い。学科の教育方針は音楽的特性の伸長、個性を創造力の源として大切に育てる。学生に研究の自由があることが大前提であり、学科もそれを尊重する。教授は学生を人対人的にサポートし、きめ細やかに指導する。スタンフォードは総合大学だし、音楽学科は芸術系なので、日本で受けた単科大の理工系教育とはまったく異なる教育方法だった。」

TAの経験は？「TAは週20時間の仕事だが、学部生クラスのTAは、宿題採点、オフィスアワー週2回各1時間、プロジェクト指導、演習セッションの指導で、実際は30時間くらいかかった。毎週教科書2章分のスピードで進行し、章末にある10～20の問題の2章分約30問、学生30人のクラスだと採点だけでも大変。しかし、TAの経験はプラスだった。高校までずっとクラスのトップで来たような学生たちが、スタンフォードに入学すると、周りは優秀な学生ばかりで自分が平凡な人間に見え、自信喪失することが多い。スタンフォード・シンドロームと呼ばれる現象で、大学院生も経験する。TAとして、自分の個性や得意なことを集中して伸ばすように励まし、サポートした。スタンフォードの学生は、意欲も行動力も高いので、自信を付けさせればどんどん伸びてゆき、教え甲斐があり、楽しかった。学期末の研究プロジェクトの成果を国際会議で発表する学部生や大学院生もいた。TAも学生による評価があるが、高い評価を得て、2回も優秀TA賞をもらった。」

日米を比較して感じることは？　「日本での教育はデータ収集、分析に重きを置き、研究における哲学や夢を語る能力、大きいビジョンを語る大胆さが育ちにくいように感じる。スタンフォードでは常に大きな構想に基づいて研究するように指導され、学生の新しいアイディアは積極的に肯定してサポートする文化がある。研究の材料と研究での直感を大きなビジョン、構想へと結びつける力、そしてそれを説得力のある形でわかりやすく表現する能力を早い段階から意識的に育成しているように感じた。」

星友啓《ともひろ》さんは、東大文学部思想文化学科で哲学専攻、テキサスA&M哲学科で修士号取得後、スタンフォード哲学科博士課程に入学、5年というスピードで08年修了（平均8年）。研究分野は論理学で、ロジックス、エピステモロジー、数学哲学。今は哲学科のアクティング助教授（25％）と、全世界向けオンライン学習プログラム「優秀な若者のための教育プログラム（EPGY）」のインストラクター（75％）を兼務。後者は、07年開始のオン・ディマンド式の録音講義とインタラクティブ・セッションを交えたプログラムで、アメリカ国内外からの需要が増加している。

哲学科博士課程に入学許可されるのは年間5〜10人のみの少数精鋭主義で、入学者には奨学金から研究指導まで充実した支援がある。スタンフォードの教育について感想は？　「教授が教育にかける熱意を肌で感じた。シラバスを丁寧に作り、学生に大量なリーディングをさせる。そして、アドバイシングを大切にする。哲学のプログラムをいかに充実させるか、学生も参加させて熱心に議論している。」

哲学科のカリキュラムは、①哲学コアの必修コースを通して、哲学の全体像を学ぶ。1つのコースは週1〜2回の授業、リーディングは毎回論文4〜5本、時には本1冊。クラスは、講義なしで、ディスカッション中心というのが多い。試験は、中間が短い論文、期末がダブル・スペースで20〜25頁。②その他では哲学科内外のコースの幅広い受講が推奨されている。哲学科を含め、数学科やコンピュータ・サイエンスで教えられている論理学の授業では、リーディングに加え、週ごとに問題セットが宿題として出され解答提出、期末はテストがある。

東大での教育と比べると？「東大の哲学のカリキュラムには、講義と演習があった。哲学の原書を1回に2頁ほど読むという演習もあった。」えっ、たった2頁？「すべてではないが、カントなどの原書の精読が強調されていた。スタンフォードでは、いろいろな論文を読ませて全体像を学ばせようとする。カントなどは英訳が使われている。森の木方式と森全体方式のような差があると思う。」

学生は？「東大生は枠のなかでの情報処理能力は抜群にすばらしいと思う。スタンフォードではクリティカルな思考を重視する教育のなかで、学生は情報創造力やイノベーションの精神を伸ばし、チャレンジすることを学ぶ。現行の枠組みのなかにいたくない、枠を壊したいという思考を培う。」

「教授と学生のコミュニケーションは密で、学生は週に一度アドバイサーと研究について話し合う。それでもまだ不十分という学生の声もある。通常ファースト・ネームで呼び合い、上級生になると研究者として扱われる。教授と共同論文を書いて発表する機会もある。優秀な学生をもつことは教授にとってもプラスだ。」

「現在は論理学入門コースを担当している。学生数50人と比較的大きい講義だが、TA2人の補佐がある（補習、学生指導、採点等）。ティーチング負担の少なさ、研究しやすい環境、特に開かれた人間関係のなかで共同研究の機会は豊富であり、年5本くらいは論文発表できる。」

「学生の発言は活発で、最初の発言は多少とっぴでも、議論を通して精緻化され、最終的にはすばらしいアイディアに到達することが多々ある。学生、研究者を問わず、高いプレゼンテーション、コミュニケーション能力が要求される。いかに内容が充実していても、印象が薄くて聴衆のアテンションを得られないプレゼンテーションでは意味がない。」

「日本人留学生、客員研究者は、英語のハンディがあっても積極的に議論に参加すれば、英語の不完全さは大目に見てもらえることが多い。ハンディを逆に有利に使うのも、コミュニケーション能力の一部だ。」

「アメリカ人は、異なる民族、文化、社会階級などの多元的価値観のなかで生活しているので、自分の考えを伝えるコミュニケーション能力が幼い時から培われているし、教育でもコミュニケーションの授業が必修になっている。日本の教育は、多くの場合、単一的な価値観、同質的な感覚の共有に基づいている。同民族、同じような所得、同じ地域で育った、同じ年代の仲間たちとのコミュニケーション。これでは国際的な舞台で役立つコミュニケーション力が育くまれにくい。関連授業もあまりない。英語力とは、つまるところコミュニケーション能力。日本でもコミュニケーション能力を育む必要がある。小・中教育で多学年合同授業、地域学習などを日頃の授業に継続的に取り入れる等、少しでも異なる価値観やバックグラウンドに触れる機会を多く作るべきだ。それは外国人とのコミュニケーションにもつながる。」

榊原小葉子《さかきばらさよこ》さんは、人文&科学部歴史学科で、聖徳太子信仰をテーマに博士論文執筆中である。大阪外国語大学（現大阪大学）で博士号取得後、日本学術振興会特別研究員（ポストドク）として東京大学史料編纂所に2年間所属。2005年にスタンフォード大学の歴史学科博士課程に再入学した。

歴史学科の博士課程学生数は総数約110人、毎年15〜20人ほど入学するが、アメリカ人が半数以上を占める。留学生のほとんどはヨーロッパからで、アジアからは現在4人のみ。30歳を過ぎた年齢の高い学生が多い。学生の9割は学科からの奨学金を5年間受ける。6年目以降は外部奨学金の入手が必要となる。

最初の3年間はコース履修が中心。1年目は、歴史理論の他に、歴史学教授法が必修。この間に研究テーマを絞り込み、コース履修終了後の口頭試問（博士候補生資格試験）に備えたコースを取っていく。榊原さんは、中国史、仏教学、日本文学の授業も取った。「コースワークの期間中は常に成績をチェックされ、定期的に学科長から評価の手紙を受け取るが、特に自分の専門分野のコースの成績がふるわない場合（通常、B＋以下）は注意を受ける。1年目終了までには資格試験受験者の選抜がほぼ決まり、自分から辞めていく人を含めて、毎年5人くらいが退学している。4学期制はサイクルが短いため、学生はぎりぎりまで追い込まれる。学生を追いつめ追いつめ、そのプレッシャーとストレスに耐えられる者を残し、研究者として育てていく。性格的に研究に適しているか、忍耐力があるか、面白い研究をしているか等、多方面からのチェックが行われる。」

「ある教授は、博士課程の学生を引き受けることは、養子を取るのと同じくらいの責任を伴う、と言う。自身のテーマを決め、研究を進めていく上では、あくまで自主性が重んじられるが、同時にとても細やかな指導を受けられる。」

「コース履修中は、授業準備のため、徹夜をすることも週1回はあった。入学当初には1時間数頁しか読めなかったが、訓練のせいか30頁ほどは読めるようになった。リーディングの量は毎回150頁前後あり、時に4、5冊の本が課されることもあった。」到底読み切れない量の宿題を出すということ？「課題が多すぎる時は、書評を数本読んで論点をつかむこともあった。流し読みをすることもあれば、じっくり読むこともあり、そうした過程を通じて、読み方のテクニックを学ぶ。同時に、まとめ方、書き方も学ぶ。毎週、読んだものを要約したり、問題の所在を抽出する5～6頁のレビュー論文を書かされた。必修の『歴史理論』では、専門外の地域に関する本や論文を読んだ。分量にかかわらず、その週に課されたものすべてを1頁以内の要約文にまとめるという宿題もあった。さらに、コース履修中の3年の間には、30頁程度の研究論文も2本書かなければならなかった。」

「3年の間には、4学期分のティーチング義務がある。このうち3学期分は学部生対象のクラスのTAとしてディスカッションの指導を担当し、試験の採点を行う。残りの1学期分はTAをする代わりに、歴史学の方法論と史料の読み方を教える授業を単独で教えることができるが、事前に歴史学科主催のシラバス作成ワークショップを受けることが必須で、最終課題として作成したシラバスが教授会に承認されて初めて授業をもつことができる。」

著しく厳しい状況をどのようにして乗り切れたのか？「歴史学の専門用語の解釈に日英で微妙なズレがあり、それが〝英語による歴史学〟の理解を困難にしていることに気づいたことが転機となった。それでもなかなか授業中に積極的に発言することができず、自分以外のクラスメートの発言がすべて立派なものに聞こえたが、やがて必ずしもそうではないことに気づき始めたことで、失っていた自信を取り戻していった。時には、自分の英語がクラスで他の学生に通じず、無視されることもあったが、幸いにして根気よく付き合ってくれる教授や友人にもめぐまれ、3年間のコースワークを乗り切ることができた。また、授業中の発言では点数を稼ぐことは難しかったが、事前の準備が可能なプレゼンテーションやペーパー執筆で、マイナス点を挽回できるように頑張った。」

日米の教育の違いは？「日本では、早い時期から深く専門分野に集中したのに対し、スタンフォードでは、日本前近代史という専門地域・時代区分を超えて広範囲に学びながら、自らの研究テーマを絞り込む。ただし、その過程では、テーマやトピックのみを重視するのではなく、あくまでもオーソドックスな歴史学の方法論が重視された上で、新しい理論構築がめざされているため、それがアメリカにおける学問の底力を生み出している。」

歴史学は多量な資料を読みこなす能力が要求される学問である。歴史学科の学生はほとんどアメリカ人で、将来の歴史学研究者養成を主目的とした教育の場だ。緻密なカリキュラム、学生に膨大な手間と時間をかける指導体制、それに応えて必死に勉強する学生の姿が見える。大量に読ませ書かせることを通した読解力、論文作成力の育成、そして研究方法論の習得の徹底、理論の蓄積を学んだ上で自己の独自の分析視点、理論化を価値づける教育。それを通り抜けるなかで、学生はどんな状況にも対応できるという自信、強靭な精神力を養っていく。

「日本での研究自体は質も高く、国際的にも高い評価を得ている。それにもかかわらず、存在感は小さいように感じる」と榊原さんは言う。国際社会における国のステータスは、政治経済だけでなく、実は学問の世界にも微妙に反映される。中国やインド、韓国研究への関心の上昇と対照的に、日本研究への関心は低下し、研究者数は縮小傾向にある。歴史学教育のあり方における日米差も、アウトプットである本や論文の内容と量に影響しているのかもしれない。既存の理論のなかで緻密な分析をするだけでなく、既存の枠組みに果敢に挑戦し、新しい理論構築を試みようとする斬新な研究を価値づける教育、そして学会文化を育むことが求められているのではないだろうか。

* * * * *

インタビューで全員が語っているように、膨大な論文読みは文系教育の基礎だ。広く浅くでもなく、狭く深くでもなく、むしろ広く深くだ。関連分野を広く読みながら、専門分野を深く学んでいく。授業は、学生があらかじめ論文を読みこなしたことを前提に、プレゼンテーションやディスカッションという形で展開する。いろいろな状況でのスピーチ、コミュニケーション力を学び、小論文や長い論文を書く。そのための指導とサポートが充実している。読書、オラル表現、文章化の訓練を通して、思考力、分析力、構成力を高め、理論と方法論を学ぶ。「クリティカル」という表現がしばしば使用されるが、それは、既存の理論や規範をそのまま受け入れることではなく、むしろそれらに挑戦することを意味する。そこからこそ創造、革新が生み出されるのだ。

第5章 大学のグローバル化

学生の多様性、国際性（Photo Stanford University）

スタンフォードではグローバル化が一層進んでいる。グローバル化は、学生と教授構成の国際化、教育カリキュラムの国際化、海外キャンパスの充実、研究トピックと参加者の国際化、海外大学との研究および教育面での提携の拡大など諸面をもつ。「国際問題イニシアティブ」の中核組織フリーマン・スポグリ国際問題研究所をはじめとして、ウッズ環境問題研究所、ＳＬＡＣ、バイオ関連などに加え、各学部でもいろいろな形の国際共同研究を進めていることはこれまで随所で触れてきた。そこで、この章では、特に学生・研究者の国際移動に焦点を置いて見てみよう。

近年大学は留学生や研究者という知的・文化的・経済的リソースを求めて国際競争を展開しているが、学生の方も世界のトップ大学への留学機会を求めて激しい競争をしている。全世界の留学生は２００８年３００万人に達したが、実にその21％がアメリカへの留学である。アメリカの大学は最大の国際人材養成機関になっている。中国、インドからの留学生は破竹の勢いで増え、人口が４８００万人と小さい韓国も留学生市場で抜群に大きい存在だ。

では、日本人留学生は？というと、漸減、いや激減に近い。スタンフォードだけでなく、アメリカの大学全体の留学市場で後退している。１９９５年頃には最大の留学生数を誇っていたのだが、その後は人数もシェアも沈下を続けている。このまま減少が続けば、日本の国際舞台における政治的・経済的・文化的位置に長期的インパクトをもつ深刻な問題となるだろう。

1　スタンフォードにおける留学生、日本人留学生、国際研究者

大学院生の32％、学部生の7％が留学生

スタンフォードの２０１０年秋の留学生は３６０１人だ。全学生の22％が留学生である（表5―1）。そのうち、「スタンフォードの学位取得をめざし登録している留学生」は３３２３人であり、学部に４９３人（15％）、修士課程１１８４人（36％）、博士課程１６４６人（50％）という分布だ。大学院留学の多さ、特に博士課程が半分を占めている（永住権者は、アメリカ人学生と同じに扱われており、留学生には入っていない。短期留学とか交換留学生は、「登録学生」でない）。

留学生割合は、過去25年間で、学部では5％弱から7％へと微増したのみだが、大学院の方は20％から32％へと大きく上昇した。大学院教育が専門教育であるのに対し、学部は伝統的にアメリカ人学生のための教養・人格形成教育を重視してきたこと、また、アメリカ人高校生の間で一流大学への入学競争が激化しているなかで希少な枠をどの程度外国人に開くかという問題への配慮もある。他方では、学生の多様性、国際性がもたらす教育メリット、優秀な海外学生の流入は国内学生への刺激にもなり教育の質を高めるという諸々の要素のバランスの反映だろう。

分野別に見ると、留学生が特に多いのが、工学、ビジネス、地球科学で、特に工学の大学院では、学生の43％

表 5-1　留学生数（2010年秋）

学　生	留学生数	全学生数	留学生割合
学位登録学生（＊）	3,323	16,520	21.8%
学部学生	493	6,887	7.1%
大学院学生	2,830	8,779	32.2%
学位登録学生以外	278	854	32.6%
計	3,601	16,520	21.8%

（＊）スタンフォードでの学位取得を目的に登録している学生
（Stanford International Center 資料）

表 5-2　スクール別「学位登録留学生」数（2010年秋）

スクール	学士課程	修士課程	博士課程	留学生計	留学生割合	大学院の留学生割合
ビジネス	0	286	49	335	36.0%	36.0%
地球科学	6	23	101	130	29.3%	38.5%
教　育	0	19	19	38	10.4%	7.8%
工　学	95	729	740	1,564	36.0%	42.6%
人文＆サイエンス	139	123	558	820	18.2%	31.5%
法　学	0	0	83	83	13.0%	13.0%
医　学	0	4	96	100	10.7%	10.8%
専攻未選択（学部）	257	0	0	257	7.1%	–
計	493	1,184	1,646	3,323	21.2%	32.2%

（I-Center 資料）

が留学生である（表5―2）。留学生が一番多いのが電気工学で500人を超えているが、そのほとんどが大学院生だ。マネジメント理工学、機械工学、コンピュータにも200人以上の留学生がいる。かつて留学生割合が低かった医学、法学も10％に上り、国際化が進行している（表5―1、5―2）。

ところで、留学生は、なぜ重要なのか？　まず第1に、教育、研究面での多様性、国際性のメリットである。優秀な留学生増加は、優秀な学生プールの拡大となる。教室でも、研究でも、異なる経験、才能、アイディアが持ち込まれ、教育・研究の質を高める。アメリカ人学生にとっても、異なる文化に触れ、異なる考え方交換の機会となり、国際性を涵養する。第2に、教育と研究を通した国際社会への貢献は大学の使命となった。第3に、海外人材を引きつける力は、今日では、大学の国際的名声の高さを反映する。第4に、留学生の多くは卒業後ホスト国の重要な労働力となり、国際的競争力強化に貢献する。特に優秀な理工系人材の供給源だ。第5に、帰国した場合には出身国の重要な人材として活躍し、ホスト大学・国との外交的、経済的、文化的関係に貢献する人脈となる。留学生は、かつては出身国からの頭脳流出の面もあったが、経済グローバル化のなかで、還流的、往復的移動をして両国あるいは多国経済に貢献する人材となっているのである。

シリコン・バレー、サンフランシスコ湾岸地域の発展を支えているのは多様な人材の豊富さであり、留学生の卒業後の定着が大きく貢献している。特に理工系人材はアジア人留学生が重要な供給源となっている。スタンフォード、UC、カリフォルニア州立大、コミュニティ・カレッジにいたるまで多数の留学生を受け入れ、他人種、多文化、多言語の共存地域を作っている。

日本人留学生は?

スタンフォードの留学生の出身国を見ると、過去10年間アジアが

表5-3　出身国別大学院留学生数（2010年秋）

	国	大学院	学部	学位外	計
1	中　国	575	44	31	650
2	インド	358	31	51	440
3	韓　国	288	73	7	368
4	カナダ	197	29	13	239
5	シンガポール	108	32	15	155
6	台　湾	102	6	4	112
7	イラン	74	2	2	78
8	ドイツ	74	8	29	111
9	フランス	72	4	7	83
10	**日　本**	**64**	**4**	**5**	**73**

（I-Center 資料）

激増し、今や留学生の58％を占めている。特に中国、インド、韓国からの留学生の増加はめざましい。大学院留学生を見ると、トップの中国は575人（96年に台湾を抜いて以来首位を維持）、2位インド358人、3位韓国288人、5位シンガポール、6位台湾。日本人は84年には136人（韓国、台湾に次ぐ3位）、94年には153人（台湾、中国に次ぐ3位）だったが、それをピークにその後は下降し続け、09年はついに最少の53人（11位）にまで下落したが、10年には64人（10位）と、少し回復した。中国からの大学院留学生は日本の9倍、韓国は4・5倍だ。この2国は学部留学生も多く、特に韓国は73人もいる。日本人は、わずか4人のみだ（表5―3、5―4）。

大学院学生の所属先は、出身国により大きな差がある。ヨーロッパ留学生は多くの分野に分散しているが、中国、インド、韓国はともに最大数は電気工学で、その他工学関連に集中している。日本人は、工学20人、人文&サイエンスに19人、ビジネス16人（スローン含む）といろいろな分野にわたっている。

では、ハーバードではどうか？　日本人留学生は、1995年前後は、190人近い人数で、カナダに続き2位であったが、その後は減少して2000年には158人となり（中国270、韓国213）、減少はさらに続き、10年には100人にまで減った。トップにはカナダと中国が541人で並

表5-4　日本人大学院留学生の推移

年	人　数	国ランク
1984	136	4
1994	153	3
2000	94	6
2005	75	8
2009	53	11
2010（*）	64	10

*工学20人、人文&サイエンスに19人、ビジネス16人（うちスローン・プログラム5人）、地学4人、教育0、法学4人、医学1人で、計64人。その他に、学部生4人、学位取得以外5人おり、合計73人（I-Center資料）

び、韓国304、イギリス242、インド231、ドイツ199、シンガポール133、そして日本が8位で、台湾、トルコが肉薄している。日本人留学生の減少に対し、中国、インド、韓国人留学生の拡大、他のアジア中進国の上昇という傾向は、ハーバードでも同じだ。

国際客員研究者&ポストドクトラル

グローバルな移動は学生に限らず、研究者の間でもめざましい。海外研究者の滞在先は研究大学に集中している。スタンフォードに08／09年度中に滞在した「国際客員研究者&ポストドク」は、短期・長期を含め、計1893人、過去10年間で4割増だ（留学生と異なり、国際研究者&ポストドクは滞在時期も期間もばらばらであるため、留学生統計のようにきっちりしていない）。トップは中国で323人、日本は2位で212人、以下ドイツ、韓国と続く。00／01年には日本が最多で269人、続いてドイツ244人、韓国126人、中国は122人にすぎなかった。その後の中国の驚異的拡大と、日本の縮小が対比的だ。「客員研究者&ポストドク」は、バイオ・メディカル関連に358人と著しく集中しているが、続いて電気・電子・通信工学、物理関連に多い。ハーバードでは、中国が751人、ドイツ326人、日本314人、韓国267人で、中国の突出がさらに際立っている（表5—5）。

表 5-5　出身国別海外客員研究者＆ポストドク（2008/09 年）

計	1893
中　国	323
日　本	212
ドイツ	189
韓　国	175
フランス	79

（I-Center）

注：ハーバードでは、中国（751）、ドイツ（326）、日本（314）、韓国（267）、インド（199）、計 3906 人（Harvard International Office）

ポストドクは近年急増している。10年1月時点では１７５４人、その3分の2は拡大を続ける医学部にいる。ポストドクの66％、１１５３人が海外からの流入だ。多い順に、中国２４２人、韓国98人、インド86人、カナダ70人。日本人は51人で、医学部に42人、それ以外に9人（ポストドクはかつて学生として扱われていたが、最近は、より研究者的身分となっている（表5—6））。

海外留学プログラムと国際共同研究の推進

グローバル化に対応して、スタンフォードは学部生の海外留学プログラムを拡充してきた。

海外キャンパスとして、ベルリン、フローレンス、京都、マドリッド、モスクワ、オクスフォード、パリ、サンチャゴに加え、北京（北京大学内）、ブリスベーン（豪）、ケープタウン（南ア）が新設され、合計11となった。各々のキャンパスに25～50人くらいの学部生が1学期あるいはそれ以上滞在し、授業を取って単位取得できるし、インターンシップもある。学部生の44％ほどが海外留学を経験する。

一方、海外の大学との国際共同研究も積極的に進めているが、最大の目玉は、北京大学内に開設された「スタンフォード北京センター」だ。北京大学、清華大学との共同研究、スタンフォードの研究者や学生による中国研究の拠点とな

表5-6　ポストドク（1980～2010年）

年	外国人	アメリカ人	総　数	国際比率（%）
1980	166	323	489	34.0%
1990	278	335	613	45.3%
2000	720	561	1,281	56.2%
2009	886	775	1,661	53.3%
2010	1,153	601	1,754	65.7%

2010年：日本人51人、うち医学部42人、それ以外9人
2005年：日本人65人
（I-Center、10年はCampus Report 2010.4.7およびポストドク・オフィス）

る（学長インタビュー参照）。

2　アメリカの大学全体における留学生

日本人留学生の減少、中国・インド・韓国の上昇

アメリカの大学全体における留学生状況を見てみよう。09年度の留学生は69万人で、全大学生の3・6％を占めた。1954年から20倍増だ。01年9月の国際テロ事件によってビザ審査が厳しくなり3年間停滞したが、回復してきた。研究・博士号授与大学が留学生全体の6割、大学院留学生の8割を受け入れている。留学生1000人以上の大学は150校あり、近年ずっとトップはサザンカリフォルニア大だ（8000人）。

出身国別の留学生数を**表5―7**によって見ると、中国が12・8万人（前年比30％増）、ついに9年間トップだったインドを追い越した。韓国を加えトップ3国はここ数年2桁台で増加している。日本は2・48万人、2年連続15％減で6位に落ちた。日本人は、**表5―8**が示すように、1980年には1・3万人、4位にあり、その後増加が続き、94〜97年は1位にあった、しかし、97年に4・7万人のピークに達した後は漸減し、首位を明け渡し、インド、中国、韓国に大きく越された（IIE, 2010）。

アメリカ全体で他のアジア国留学生が増加しているのと対照的に、日本人留学生数は減少し続けている。減少は、スタンフォードやハーバードのような一流大学に限られないのである。大学教育のグローバル化の進行のな

表 5-7 アメリカ全大学における海外留学生の出身国トップ 10（2009/10 年）

ランクと国	人 数	留学生シェア（%）
計	690,923	100.0
1 中 国	127,628	18.5
2 インド	104,897	15.2
3 韓 国	72,153	10.4
4 カナダ	28,145	4.1
5 台 湾	26,685	3.9
6 日 本	**24,842**	**3.6**

以下、サウジアラビア、メキシコ、ベトナム、トルコ
（Institute of International Education, Open Doors, 2010）

表 5-8 アメリカ全大学の日本人留学生、アメリカ人大学生の日本留学

年	日本人留学生	シェア（%）	アメリカ人の日本留学
1980	13,500	4.3	–
1990	36,611	9.0	–
1995	45,531	10.0	2,010
2000	46,497	8.4	2,618
2005	38,712	6.9	4,411
2009	24,842	3.6	5,784 *

97/98 年度がピークで 47,073 人　* 08/09 年度の数字
（IIE, Open Doors, 2010）

表 5-9 アメリカ全大学での博士号取得留学生数（2009 年）

計	49,562	
中 国	4,100	
インド	2,263	
韓 国	1,525	
台 湾	733	
トルコ	525	
カナダ	515	
日 本	**257**	**（2000：302； 2005：263）**

以下タイ 241、メキシコ 216、ドイツ 207
（NSF, Survey of Earned Doctorates, 2009）

かで、日本はまさに逆行している。

理工系留学生の重要性

留学生が大学院の理工系に集中していることは、スタンフォードのところで見たが、それはアメリカの大学全体の現象だ。理工系労働力不足が強く懸念されているが、ここ20年ほど、アメリカ人学生（永住権者も含む）の理工系専攻は減少傾向にあり（特に白人男性が減少、白人女性の増加が補っている）、留学生がますます重要な比重を占めるようになっている。

博士号取得者は4・96万人、アメリカ人は過去30年間あまり増えず、増加は留学生による（以下NSF資料）。留学生割合は11％から30％にまで上昇した。理工系分野に限れば、博士号取得者の留学生割合は、09年には工学が55％、特にコンピュータ、電気電子工学、土木関連、産業工学、機械工学、材料工学が55～69％に達している。物理・数学系42％、生命科学27％だ。出身国は、中国（香港を含め）4100人、インド2260人、韓国1530人、台湾730人、トルコ、カナダに続き、日本は7位で257人（表5—9）。卒業時の進路が決まっている外国人は77％がアメリカ残留予定だ。中国、インドは90％、韓国は67％がアメリカ就職予定であり、帰国組と滞在組がほぼ半々なのが、日本人、台湾、シンガポールだ。理工系留学生がアメリカのテクノロジー革新にとっていかに

表 5-10　世界の国際研究者のトップ出身国（2008/09 年）

国	人　数	%	前年度比
世界計	113,494	100.0	6.9
1　中　国	26,645	23.5	12.1
2　インド	10,814	9.5	8.6
3　韓　国	9,975	8.8	0.9
4　日　本	**5,635**	**5.0**	**-1.0**
5　ドイツ	5,300	4.7	0.6

＊以下、カナダ、フランス、イタリー、イギリス、スペイン
(IIE)

重要であるかわかろう。

アメリカの大学全体で、「海外研究者&ポストドク」数は近年著しく上昇し、２００８年で総数11・３万人であった。そのうち中国出身が２・７万人（シェア24％）を占めており、インド１・１万人、韓国１万人、日本の５６００人（５％）を大きく引き離している。過去５年間、中国からの研究者は漸増、日本人は漸減しているのである（表５―10）。

日本人の留学先は？

スタンフォードやハーバードの日本人留学生は、ほとんどが大学院留学で、学部はごく少数だ。しかし、アメリカ全体では、日本人留学生は「学部」（コミュニティ・カレッジ含む）に53％、「大学院」22％、「その他（学位に結びつかない英語学習、実務訓練等）」26％である。インドや中国の「大学院」過半数と対照的である。

コミュニティ・カレッジも、近年、積極的に留学生をリクルートし９・４万人を受け入れた。シリコン・バレーにあるデアンザ・カレッジの留学生数は２６００人（学生の10％）に上る。日本人は、06年には１・25万人、コミュニティ・カレッジ留学生の15％を占める最大グループだった。しかし、08年には８０００人に減少、韓国、ベトナムに超された。また、英語プログラムには日本人が多いのだが、これも減少している。語学留学は、上記の「その他」に入る「学位にならないもの」と、学位をめざす留学の一環として取る英語集中コースとの両方が含まれるが、01年にはトップで１・65万人に達したが、その後は漸減、08年には７６００人（平均10週）で、韓国１・３万人（13週）に大きく抜かれた。

要するに、アメリカにおける留学生数増加の動きのなかで、日本人留学生は、①減少し続けている、②学部留学の割合が高く、大学院留学の割合は低い、③博士号取得者は300人を割り、250人前後を上下している、④学部留学は、特にコミュニティ・カレッジへの留学が多いのだが、それも減少傾向にある、④短期語学留学すら減少しているのである。

アメリカ人学生の海外留学、日米バランス・シート

アメリカの大学も、近年、異文化理解、外国語習得を国際化時代に必須なものとして位置づけ、海外留学を奨励している。アメリカ人学生の海外留学は、08年で総数26万人に増えた。しかし、アメリカ人学生全数1890万人の1・4％にすぎないし、流入留学生62万人の半分以下だ。留学は学部生がほとんどで、大学院生は少ない。留学先での学習を正規の単位として認めるプログラムが増え、また、1年の長期留学は減少し、中期（半年とか1～2学期）、短期（夏期、10週以下）が増えている。短期留学の機会の増加が、海外留学を容易にし拡大に貢献している。

アメリカへの海外留学生はアジアからが圧倒的に多いが、アメリカ人の留学先はヨーロッパが圧倒的に多く（55％）、アジアへは増加しているとはいえ11％にすぎない。中国留学の人気が上昇して03年に日本を追い越し、08年には5位1・4万人となった。日本留学は11位5800人。留学先は、長期的には、かつての西欧への極端な集中から、アジア、中南米への関心が高まり、さらに東欧やアフリカ、中近東などに多様化している。

ところで、日米のバランス・シートはどうか？　日本人のアメリカ留学は減少傾向、一方アメリカ人の日本留学は増加傾向というかたちで、両者の不均衡は4・3対1にまで縮小した。10年前には20対1であったので、ギャップの大きな縮小ではあるが、日本人留学生の縮小による部分が大きいのでは手放しで喜べない（表5―8）。

全世界の留学生事情

全世界の３００万人の留学生の行き先はアメリカが67万人（21％）と圧倒的に多い。続いてイギリス、フランス、ドイツ、オーストラリア、中国、カナダ、そして日本が8位で12・6万人（シェア４％。うち11万人はアジア留学生）。中国が近年ホスト国として人気上昇。オーストラリア、ニュージーランド等は積極的な留学生誘致策でアジア人学生の獲得に成功している（UNESCO, 2009）。留学生の増加は、個々の大学の努力だけでなく、今では多くの国の国家政策に組み込まれている。

一方、留学生の送り出しは、アジアが最大であるが、特に中国は42万人、世界の全留学生の14％を供給している。以下、インド15万人、韓国10万人、ドイツ、日本と続く。中国やインドは、自国内の高等教育の不足等が海外留学を促進し、留学生の主たる供給源となってきた。かつては発展途上国にとって頭脳流出であると見られてきたが、近年における経済発展が国内の労働力需要と高等教育の拡充を推進し、流出頭脳の逆流、自国と海外を還流する人材が増え、それが自国経済のさらなる急発展に貢献している。

＊　＊　＊　＊　＊

経済や文化のグローバル化とは、人の移動のグローバル化である。国際的な視野をもち、国際言語とビジネス慣行、多文化を理解する人材の養成がますます重要となった。全世界の留学生数が著しく拡大するなかで、日本人学生の海外留学は、最大の留学先であるアメリカで見る限り、拡大よりも縮小傾向にある。留学先がアメリカから中国にシフトしたのだという指摘もあるが、留学先の多様化は望ましいにせよ、総数が増えずにでは、プラスはマイナスで相殺される。ハーバードのドルー・ファウスト学長が10年春の日本訪問中に同大学での日本人留学生の減少に触れて以降、日本でもやっと問題として認識されるようになった。しかし、日本人学生の海外留学減少は10年以上前から始まっている。

留学生減少にはいろいろな要因がからんでいる。①まず第一に、長い受験生活の負の面。小学校高学年から大学入学を最大目標とした受験中心の生活をするので、大学入学後にさらなる挑戦をしようとするメンタリティーはなかなか育まれない。②スタンフォードでは海外キャンパスその他の留学制度が充実しており、学部生の44％が海外留学を経験するが、日本の大学は留学制度が整っていない。③就職活動と留学との抵触、就職における年齢の拘束の大きさが、留学を困難にしている。④大学院留学後の就職問題として、ＭＢＡや法曹資格などを取得すれば内外の就職口も多いが、博士あるいはポストドク留学しても、日本でのアカデミック分野での就職は必ずしも容易ではない。公募とは名目だけで本来の公募として機能していない場合も多いし、日本の学会とのコネを維持しておかないと就職先が見つからなくなるリスクは高い。企業はどうかというと、そもそもＰｈ・Ｄの採用に熱心ではない。⑤企業派遣留学の減少も大きな原因だ。かつて企業は理工系修士やビジネス・スクールに２年間の留学派遣していたが、経済停滞で停止や縮小した。⑥留学費用の問題（スタンフォードでは、博士学生は学費援助されるが、修士は通常は援助がない。学部留学生には奨学金支給が適用されないのが原則だが、最近一部のトップ大学で奨学金を提供するようになった）。そして、⑦留学情報不足の問題もある。

留学生受け入れ、送り出し両方の拡大のため、国の政策、大学の努力とともに、学生の留学チャンスの拡大と後押し、帰国後の就職条件の改善が必要だ。企業も社員の留学に力を入れないと国際人材は先細りになるばかりだろう。

〈インタビュー〉世界の舞台でチャレンジ

アメリカの大学の国際化のトピックが、日本人の後退の話が中心になってしまったが、アメリカの日本人大学院留学生の間に、日本からの留学を奨励、支援しようという動きも広がっている。

宮崎勇典《みやざきゆうすけ》さんは、東大薬学部薬学科を09年3月末に卒業し、同年9月からスタンフォード医学部「ケミカル＆システムズ・バイオロジー（ＣＳＢ）」の博士課程学生だ。「ＵＴ-ＯＳＡＣ」「米国大学院学生会」の立ち上げメンバーの一人である。

留学の動機は？　「小さい頃を海外で過ごし、その当時の友人たちがハーバード等に進学したこともあり、自分の頭の片隅には海外の大学という選択肢があった。学部生の時も休みの度に海外に遊びに行き、先輩や友人を訪ねて話を聞いたり研究室も見学させてもらった。そのなかで、大学院は、学部と同じ大学で博士課程まで10年を過ごすより、海外の新しい環境に行った方が刺激が多いだろうと考えた。」

留学への具体的ステップは？　「学部4年の春頃から応募準備を始め、ＴＯＥＦＬ、ＧＲＥを受験した。ＧＲＥは、数学と英語があるが、英語が難しいため応募を断念する人が多いが、成績があまり良くなくても合格する可能性は十分あるので、あきらめるべきでない。志望動機書のエッセイは非常に大切であり、推敲を重ねた。興味ある教授を論文・ＨＰで見つけてメールし、学生を受け入れる予定があるか、どんな研究ができるか等を問い合わせた。ラボを見学し、教授に面会もした。そのなかで、すばらしい天気とともに自由な雰囲気に惹かれ、自分に一番合っていると感じたのがスタンフォードだった。応募締め切りの12月下旬までに出願し、1月から結果の通知が届き始め、5校に合格した。」

面接は？　「生物系の学科に応募したスタンフォードとUCバークレーに関しては、3月に現地での面接があった（旅費は両校が折半で負担）。CSBでは、例年約200人の応募があり、書類審査で20人に絞り、面接をして、最終10人を合格させるという感じだ。バークレーも同様の倍率だ。両校とも、6人程度の教授との1対1の30分面接だった。専門知識についての質問をする教授もいたが、人柄、態度、研究関心等を中心にチェックする教授もいた。大学によっては、電話面接や、スカイプでのプレゼテーションを要求する大学もあると聞く。」

留学費用は？　「大学への願書作成と平行して、日本の海外留学奨学金を探して申請した。CSBが属する医学部バイオサイエンス・プログラムは、応募者に大学外の奨学金獲得の努力を求めている。アメリカ人と永住権者はNIHやNSF等の奨学金に応募するが、外国人はほとんどが自国の奨学金をもらってくる。合格率を高めるためにも、自国の奨学金を獲得することは大切だ。3年目からは基本的にRA等でサポートされる。」

スタンフォードでの最初の2年間の経験は？　「CSBには修士課程はなく、全員が博士課程に所属。博士号取得に平均5・5年かかる。最初の2年間は必修の授業があり、各学期2科目ほど履修。毎週レポートやディスカッション用の課題が出され、学生は参加が強く求められた。期末の課題の多くは研究計画の作成だったが、お互いに研究計画を批評し合った。研究者として不可欠な研究立案能力の育成を重視している。研究室の配属先決定については、入学1年目は3カ月ごとに違う研究室3つに仮所属するというローテーション制度があり、3つの中から一番自分が付きたい教授、雰囲気の合うラボを選び、相手側もOKしてくれれば配属が正式に決まる。」

「多様な人材が集まり、多額の研究資金が人材に投資されている。昼食時の実験報告会や午後5時からのハッピーアワーをはじめ研究室を超えた交流が盛んだ。世界各地からの研究者による講演がひんぱんにあり、非常に刺激的な毎日だ。」

近年、日本人学生の内向き志向が指摘されるが、同世代としてどう考えるか？「東大に来ていたバングラデッシュ人留学生は、日本人学生は自分の人生に対し責任がないと言っていた。実際に多くの学生は、何となく、敷かれたレールの上を進む。一度きりの自分の人生については自分で考え、自分で選択していくべきだ。海外大学院への留学に興味をもったら、情報を集めるとか、まず一歩進んでみるべきだ。」「一方で、自分の学部生活を振り返って多少の反省も含めて思うのだが、日本の大学にもすばらしい教授や研究者がいるし、いろいろな面白いことをする機会もたくさんある。大学にあるリソースを積極的に、最大限に、有意義に活用し、充実した学部生活を過ごすべきだ。」

日本の大学で留学説明会をした時の反応は？「母校の東大で10年夏から卒業生室の支援でUT−OSACという団体を立ち上げて留学説明会を開催している。約４００人の参加者が会場を埋める。なかには、学生本人が出てこないで、親が出席というケースも少々あったが……。東大に限らず、日本のさまざまな大学の学生に海外大学院という選択肢を考えて欲しいと思い、先輩・友人と立ち上げたのが「米国大学院学生会」だ。留学に関心があっても、具体的で正確な情報をもっていない場合も多いので、情報提供のほか、メンター・プログラムも始め、希望者と1対1で会って質問に答えたり助言したりしている。説明会の出席者やメンター制度利用者の初年度から留学者も出ており、少しでも役に立てて嬉しく思っている。」

＊　＊　＊　＊　＊

次に、スタンフォードの博士課程を11年春修了した２人の日本人留学生のチャレンジに満ちた生き方を紹介することによって、この章のまとめとしたい。一人は高校からの留学で、今は企業スタートアップの道を選び、もう一人は学部からの留学で、研究者としての道を歩む。高い目的志向、独立精神、強い意志、努力によって道を切り開いていった留学経験のすばらしさに共鳴し、後に続く若者たちへの刺激となれば幸いだ。第2、4章にも日本人留学生の経験が掲載されているので併せて参照されたい。

井手卓《いでたく》さんは、ニューハンプシャーの高校卒業後、2000年にスタンフォードの学部に入学。工学部化学工学科でBS（学士号）、地球科学部石油工学科でMS（修士号）、エネルギー・リソース学科博士課程に進学。研究テーマは、地下で燃焼している石炭層の二酸化炭素注入による消火。11年に修了し、夏に、エネルギー関連の企業をスタートアップした。

15歳で親から独立してアメリカの高校留学を選択した理由は？「父親がハーバードに客員として1年半滞在したので、7〜8歳の時ボストンの小学校に通った。帰国して小学校に編入、5学年目に神戸の国際学校の小学校4年生として入学。生徒は外国人ばかりで、授業は全部英語。塾にも通い日本の教科も学んだ。高校は、父のすすめで、ニューハンプシャー州のエクセター高校に入学（その後、姉はハーバード、妹もUCLAに留学、子ども3人全員アメリカ留学）。全寮制共学校で2人部屋をシェアした。途中でギブアップしたいと思ったこともあったが、ともかくがんばった。特別な経験としては、南ロシアでの半年留学。ロシア語はエクセターで始め、大学でも続けた。この高校に留学プログラムがあり、多くの生徒がヨーロッパ留学を選択したが、自分はロシアに行った。」

日本語を維持するのが大変だったのでは？「母が日本語の本をたくさん送ってくれたので、ずっと週2冊は読んできた。今もそのくらい読んでいる。」

スタンフォードの学部生としての経験は？「入学時から、化学工学を専攻しようと考えた。この学科は、BSを取るのに専攻分野で135単位履修が要求され（180単位のうち）、1年目から関連科目に重点を置いて取り始め、2年から石油工学（現エネルギー・リソース工学）のリン・オアー教授のラボに所属して指導を受けた。学部教育で特によいと感じたことは、まず教授との接触の多さ。いつでもメールやオフィスに行ってわからないところを質問したり、相談にのってもらえた。教授は学生の面倒をよく見る。グループ・プロジェクトが多いのもよかった。グループでの協同作業の仕方、人間関係も学ぶし、チームメンバーからもいろいろ学ぶ。プロジェクトのメンバー全員が同じ成績になるので、全員ががんばることになる。フレキシブルなカリキュラムもよい。専攻の要求以外は、自由に授業を取れたので、ロシア語も継続できた。」

学部では大学対抗スポーツ競技の選手だったとのことだが、勉強との両立は大変だったのでは？「ボストンで7歳の時にアイスホッケーを始め、以来ずっと自分の人生の大切な一部となっている。スタンフォードは2部リーグだが、チームとして、練習週2回、試合週2回、その他自主トレがあり、勉強との両立は非常に大変だった。勉強以外は何をして何をカットするか自分で判断して活動を選択した。今はチームのコーチをしているが、地域のユース・チームのコーチもボランティアでしている。」

スタンフォードでの学部と大学院での大きな違いは？「オアー教授の薦めもあり、エネルギー・リソース工学で修士、博士課程へと進学した。授業だけ取って勉強していた段階はそれほど大変ではなかったが、研究は大変だった。まず、最初は何を研究するかわからなかった。修士の頃は、教授から1年目に研究トピックを提案された。授業には学期ごとに終わりがあるが、研究には区切りがなく、いつも頭に研究のことがある。研究では創造性が重要だ。」

日本では国際的人材の必要性が強調されているが、将来、日本で仕事をする可能性は？「スタンフォードのPh・Dをもっても、日本での就職は容易ではないということを体験した。いくつかの大手企業にコンタクトしたが、社内でどういう風に使えるかわからないとか、Ph・Dでも下働きから始めてもらうとか言われた。それならスタートアップでチャレンジしようという気持ちになり、今スタンフォードの仲間数人とエネルギー関連の会社を起ち上げた。この近辺にはいろいろな人材がいる。ユース・チームのコーチをしてきたので、選手の親にベンチャー投資家などがいて助言ももらっている。人とのつながりの大切さを感じる。」

日米の教育を比べて感じることは？「日本の教育は、幼い時からがんじがらめにする。想像力、創造力を育てない。もっと伸びのある教育が必要だと思う。小さい時から受験などで上からの圧力を受けているので、人間関係の経験が少なく、人とのつながりが薄いのではないだろうか。若い時に何か自分の興味があるもの、情熱を注げるものを探すべきだと思う。一生懸命やれば、何かを達成できる。自分にとっては、それはアイスホッケーだった。日本の教育はなかなかそのような自由を許さない。日本人の学部生は優秀かもしれないが、多くは親と一緒に住んでいるので、アメリカ人学生と比べると、精神的に独立が遅いという感じがする。」

「スタンフォードの学部には日本人留学生はほとんどいないが、学部留学にチャレンジする日本人がもっと増えたらいいと思う。実は、エクセター高校に入学志願したとき、日本にいた同校卒業生による面接があり、君は中程度だと言われた。何が根拠かわからなかったが、それに反発してがんばろうと発奮し、スタンフォードまで来られた。この件がなかったら、普通の道を歩んでいたかもしれない。日本の学生は、できない、無理だと簡単にあきらめてしまわないで、苦しくても我慢する、頑張るという姿勢をもつことが大切だと思う。努力すれば何でもできる。自信と親や友達などのサポートがあれば何でも達成できると信じることだ。」

八井《やい》田翔《だしょう》さんは、慶應義塾高校卒業後、02年にカリフォルニア大学サンタバーバラ校（ＵＣＳＢ）に留学、創造学部（College of Creative Studies）数学科を05年に卒業して、スタンフォード物理学科博士課程に入学。現在は「超ひも理論」を用いたブラックホールやガラス転移の研究に取り組んでいる。11年秋から、日本学術振興会海外特別研究員として、マサチューセッツ工科大学（ＭＩＴ）理論物理学研究所に赴任。

学部留学の動機は？「地元公立中学3年の時に見たハリウッド映画にＭＩＴのことが出てきて、『世界一の理工系大学』と親に説明され、アメリカの大学に興味をもった。その後入学した慶應高校は『独立自尊』をモットーとし、付属校なので日本の大学受験にも毒されておらず、自由に学べる環境だった。高校1年頃から、一度きりの人生、大勢の中の一人でいたくない、自分の得意なこと（数学）を極めたいという気持ちが強くなった。そんな時ＭＩＴのことを思い出し、米国留学を考え始めた。また、日本の大学はあまり勉強しないというイメージがあったし、アメリカの教育の柔軟さにも惹かれた。なるべく早いうちから世界トップの研究者が集う環境で自分を磨こう、と学部留学を決意、1年生の終わりに先生と相談。できるだけ自分で米国大学志願に必要な情報をインターネットで集め、ＳＡＴやＴＯＥＦＬの準備をした。」

学部留学に対するご両親の反応は？「両親は子どもの頃から放任主義、『自分のことは自分で考えさせる』という教育方針を取っていた。留学に対してもまったく反対しなかった。親が要求した唯一の条件が、留学前に1カ月間アメリカでまともに生活することだったので、部活引退後、ＵＣバークレーのエクステンションで1カ月語学コースを受けた。」

ＵＣＳＢでの生活は？「ＵＣＳＢはビーチに面したリゾート的な雰囲気の場所。散歩して簡単に息抜きができ、勉強に集中しやすかった。学生寮は2人部屋でアメリカ人学生とシェアし、英語にもすぐ慣れた。理論物理の有名な研究所があったのもよかった。最初は人文＆サイエンス学部に入学したが、すぐ数学科長に創造学部というプログラムを勧められ移った。学費は親が負担。州外学費だったので高かったし、親から経済的にも早く自立したかったので、最終的に2年8カ月で学部を修了した。」

「創造学部」とは珍しい名称だが、教育の特徴は？「ここは『学部生のための大学院』と呼ばれ、学生の特殊な才能を発見し伸ばすことを使命としている。学生はアート、文学、数学、物理などから関心分野を選び、自分の望むスピードで重点的に学習できる。必修の一般教養も最低限に抑えられている。少人数授業によるスピード学習や、どんなクラスも期末試験の直前まで成績表に跡を残すことなくドロップできる制度もあり、早いうちから難しい大学院のクラスにもチャレンジしやすい。インディペンデント・スタディ（個人学習）では、教授が1対1で指導してくれた。次第に自分の関心は数学から物理へと移ったが、履修単位に上限もなく、カリキュラムも自分で自由にデザインできたので、興味の赴くまま好きな物理のクラスを取れた。研究も奨励しており、3年目には物理学科の教授と共同研究し、論文も発表した。ＵＣＳＢの創造学部はアメリカのなかでも特に柔軟な教育システムを提供しており、自分も大いにその恩恵を受けた。」

スタンフォードでの大学院経験は？「物理のＰｈ・Ｄプログラムに入った。高額の奨学金をオファーしてくれた。自分が専攻した素粒子論の分野は競争が激しく、途中で専攻を変更した人も多い。1年目の終わりに指導教授を決め、最初は彼がいくつか研究トピックをくれ、二人三脚的に研究し、手厚い指導を受けた。同期の優秀な学生が研究成果を出していくなか、自分は出遅れ、戸惑った時期もあった。しかし3年目に発表した論文は、引用件数も多く、高い評価を受けた。また4年目には、指導教授とは別の教授と一緒に研究プロジェクトを立ち上げ、論文として発表、大きな自信となった。大学院在学中、自分は一流の研究者になれるだろうか、と幾度となく悩んだが、ある教授は『スタンダードが高い人ほど悩むものだ』と言っていた。オリジナルな結果を求められ、産みの辛さを味わうのは正常だ。」

スタンフォードのよかった点は？「スタンフォードはトップクラスの教授が多く、自分も尊敬する師の下で学べた。ある世界的に有名な教授とは、毎日のように2人で一緒に昼食を食べたりしながら物理の話をしており、無意識のうちにも多くを学ぶ。研究姿勢、価値観、常にオリジナルな研究結果を創り出していく大切さ。一流の人は、大きな視点、ビッグピクチャーをもっており、彼らとの交流から体得するところは多い。他大学の優秀な研究者と共同研究をする機会にもめぐまれやすい。世界的に有名な教授たちとの共同研究、共同発表を通して、自分が研究者として知られるようになるメリットも大きい。」

将来プランは？「ポストドクとして、MIT理論物理学研究所で研究する。少なくとも理論物理では、助教授ポストを探すまでの道のりは競争が激しく、挫折してアカデミアを去っていく人も多い。しかし研究が大好きだし、あとは自分を信じて精進するのみ。自立した一研究者として、納得のいく研究をしていきたい。」

留学を通して自分のなかにどんな変化を感じたか？「自分の意志でアメリカに来た、自分の人生を導いてきたという自負をより強く感じる。それも両親、特に母が、独立を尊重して育ててくれたおかげだ。とても感謝している。また、柔軟な教育システムや、世界トップの研究者と気軽に交流できる理想的な環境にめぐまれ、自分の研究者としての成長も感じている。最高の選択をした。」

日本人留学生は減少している。日本の若い人たちに何か一言あればどうぞ。「可能性に満ちた若い人たちにこそ、日本は世界の中心ではないことを認識し、海の外に果てしなく広がる膨大な選択肢にも目を向けて欲しい。

学部留学もどんどんするべきだ。周りの人を基準にせず、自分で考え抜き、特別な道を歩むことも恐れるべきでない。世界各地から優秀な人が集まるアメリカの大学において活躍する日本人が増えれば、すばらしいし、誇りとなる。そういう人たちがさらに、日本からアメリカへ研究者を招き入れる拠点を提供したり、日本に帰って次世代の指導をしたり、海外の研究者との交流を促せば、良い循環が生まれる。」

第6章
スタンフォードと産業の連携

エネルギー・環境研究ハブ Y2E2 からジェンスン・ファン工学センターへと続く
（Photo Y. Kawashima）

大学と産業との関係は、近年一層近づいている。革新的知・テクノロジーの創出と産業への移転を通した経済・社会貢献が、研究大学のますます重要な役割となっている。スタンフォードは大学・産業連携のパイオニアとして知られ、スタンフォード＝シリコン・バレーの比類なき成功は、アメリカの他地域での学産連携のモデルとなり、さらには海外にまで波及している。

以下でまず第1に、スタンフォードと企業との協力関係がいかに形成されたが、第2に、どのような連携の多様なパイプが作られているか、第3に、大学発テクノロジーの直接的な産業への移転の状況、第4に、連携をめぐる規範とガイドラインについて取り上げる。章末に、連邦政府の大学助成策・産業育成策が大学にどのようなインパクトを与えているかを見る。

1　大学とスタンフォード・リサーチ・パーク、シリコン・バレー、バイオテク産業の成長

エレクトロニクス産業の誕生と成長

スタンフォードは設立当初から「実用的で有益な教育」を提供してカリフォルニアの発展に貢献することを使命とした。20世紀初頭、サンフランシスコ湾岸には海軍の基地と研究施設があり、無線や兵器関連テクノロジーの先進地だったが、民間産業の発展は遅れていた。ジョーダン初代学長等は大学の周辺に産業が発展することを

奨励し、卒業生が1909年に無線電信会社を設立するのを支援した。やがて、増幅三極管、真空管の発明、テレビ、短波ラジオ発信機、金属探知機、ヘリコプター製造（サンカルロスのヒラー航空博物館の設立者）等の企業が設立され、軍需拡大がこれら新生のビジネスの成長を助けた。33年には南岸が海軍飛行基地モッフェット・フィールドとなり、大恐慌時に建設された8エーカーの巨大なハンガー（飛行機格納庫）は、今でもはるか遠方からも見える。58年にNASA（ナサ、航空宇宙開発局）が設立され、そのエイムス研究所は宇宙開発、航空科学、情報科学、バイオテク、ナノテク等多方面にわたる先端テクノロジー開発の重要な拠点となった。周辺にロッキード・ミサイル&スペース、フォード・アエロノーティックス（現ローラル）等の宇宙開発企業が集まってきた。

スタンフォードは1925年にビジネス・スクールを開設、そしてMITを卒業したフレデリック・ターマンが工学部助教授として赴任し、MITを学産提携のモデルとして、理論と応用の結合、大学近隣での産業育成、企業との協力関係、R&D発展に力を注いだ。自ら多数の発明のパテントを取り、無線技師会の会長としてカリフォルニアでのテクノロジー発展に努力した。

ターマンは、教え子や卒業生たちに起業を奨励し援助した。2つの伝説的な成功物語がある。ヴァリアン兄弟は37年、大学の実験室の使用許可と実験器具購入費として100ドルを与えられ、発明から特許料が入ったらその半分を大学に返すという約束で研究し、クライストロン・マイクロ波管を発明した。これは、航空レーダー探知・誘導システム、高エネルギー加速器、核物理学の発展、医療機器開発、マイクロ・エレクトロニクス産業の発展に貢献した。戦時中はレーダーを軍に売ってビジネスを拡大し、48年ヴァリアン社を設立。莫大な特許料の半分がスタンフォードに支払われた。一方、ヒューレットとパッカードは、39年にターマンに呼ばれて東部からパロアルトに戻り、600ドルの支援を受けて借家のガレージで音声振幅器の製造を始めた。最初の客ディズニーの音響担当チーフは8個を購入して映画「ファンタジア」に使用した。2人は47年にHP社を設立。同社はエレクトロニクスの世界有数の企業に成長し、技術的革新力だけでなく、その企業文化や仕事環境の良さも含めシリコン・バレーのモデル企業、成功のシンボルとなった。HPが開発したテクノロジーやエンジニアたちはさらに周辺に多くの企業を誕生させた。2人はそれぞれ財団を設立し、ターマン工学部センターをはじめ、小児病院、S&Eクァッド、ヒューレット・ティーチング・センター、パッカード電気工学ビルの建設資金提供等、大学の発展に多大な貢献をし、スタンフォードが生んだ優等生的存在となった。

スタンフォード・リサーチ・パークの建設と発展

ターマンは「スタンフォード・リサーチ・パーク」の生みの親であり、シリコン・バレーの父と言われる。大学の飛躍的成長とリサーチ・パークの成功がシリコン・バレーを発展させたからだ。第二次大戦後工学部長として戻ってきたターマンは、大学が財源拡大策として土地の賃貸に踏み切った時、南端の200エーカーをインダストリアル・パークとして開発しようと考えた。ただし、工業団地というより、大学キャンパスに類似した研究パークを構想し、公園のような美しい環境とするために建物の高さ規制、建設率、緑地スペース等の基準を設定、ハイテク関連のR&D中心の企業を誘致して、大学と企業の研究面での協力関係作りに努力した（リースは99年間。100年になると所有権委譲という州法があるため）。ヴァリアン社のパーク参入を皮切りに（1951）、コダック、GE、ベックマン、IBM、HP、ロッキード研究所、ゼロックス・パロアルト・リサーチ・センター（PARC）等が参入した。

シリコン・バレーについては多くの記述があるので、ここでは詳細は省略するが、ATTベル研究所でトランジスターを共同開発したウィリアム・ショックレー（56年にノーベル賞受賞、後にスタンフォードの教授）がターマンに誘われて56年にショックレー・セミコンダクター・ラボを設立したことに始まる。彼は優秀な若手研究者を集めてシリコン半導体の開発をねらったが、彼の仕事流儀に不満な研究者が次々に離職した。特に「8人の裏切り者」（ショックレーは彼らをこう呼んだ）は、57年、ロバート・ノイス、ゴードン・ムアを中心にしてフェアチャイルド・セミコンダクター社を設立し、シリコン・チップの半導体を開発した。この会社から多数の企業がスピンオフした。ノイスとムアも68年にインテルを設立。シリコン・バレーのエレクトロ企業の多くが、もとをたどればショックレー研究所、フェアチャイルド社からのスピンオフであると言われている。ゼロックスＰＡＲＣも、レーザープリンター、イサネット、グラフィック・ユーザー・インタフェース（ＧＵＩ）、プログラミング言語等多くの革新的テクノロジーを生み出し、ソフトウェア、グラフィックス、インターネットの時代の到来に貢献した。ＰＡＲＣを訪れたスティーブ・ジョブス等は、１９７６年にＧＵＩの技術を使ってアップル社を起業し、ＰＣの幕開けとなるマッキントッシュを製造した。

70年代に「スタンフォード・リサーチ・パーク」と呼び名を変え、今では７００エーカーに拡大、約１５０社、2・3万人の労働者が働き、ＩＴ、宇宙、薬品、医療機器、生命科学、クリーンテク、法律事務所、コンサルティング会社等が軒を並べている。大学とパークの企業が最初から協力的関係を築いたことが、相互の繁栄をもたらし、それがシリコン・バレー企業にも拡大した。ターマンは、企業がパーク参入するメリットとして、教授のコンサルティング・サービス利用、企業と学生との接触を強調したが、その一環として後述の「オナーズ・コオペラティブ・プログラム」「産業アフィリエイト・プログラム」を開始した。

スタンフォードでの研究、発明、教授や学生の起業

「スタンフォード・リサーチ・インスティチュート」は、産業育成と連携を目的として1946年に設立され、政府、産業との契約を通して多数の新しいテクノロジーを開発したが、72年に大学と切り離され、SRIという名称の研究所となり、マウス等の多くの発明とスピンオフを出した。

シリコン・バレーにおけるエレクトロニクス産業の発展にとって、重要なアイディア、テクノロジーの震源地となり、コンピュータのハードとソフト革命を牽引したのは、ジョージ・フォーサイトが65年に設立したコンピュータ・サイエンス科に集まった素晴らしい頭脳であった。人工頭脳、ロボット、遺伝子研究、生命科学・治療、グラフィックス、デスクトップ印刷、インターネット、音声認識や合成等、これらの技術は企業にライセンスされ応用開発されたが、同科や電気工学等の教授や学生からも多くのスタートアップが出て、いくつかは巨大企業に成長した。80年代にはサン・マイクロシステムズ、シスコ、シリコン・グラフィックス、さらにネットスケープでインターネットの時代の到来となり、ヤフー（94）、グーグル（98）が誕生した。

バイオテク、バイオメディカル産業の発展

ＩＴ産業が70〜80年代のシリコン・バレー発展を牽引したのに対し、70年代に登場し90年代に急成長したのがバイオテク産業だ。連邦政府の科学政策はその発展を後押しした。連邦政策については後に詳細を述べるが、第1に、冷戦が雪解けに向かった60年代以降、連邦政府は政策重点を軍備から国民の健康増進に移し、多額の研究助成金がバイオメディカル分野に投入されたことがある。第2に、それらの研究はＤＮＡ、遺伝子コードの発見、

ヒトゲノム解読、幹細胞研究、病気関連の蛋白質や酵素と経路研究等多数の画期的発見・発明を生み出し、細胞生物学、免疫学、癌研究、医学等に広範なインパクトを及ぼし、バイオ革命を推進した。

第3は、80年のバイ＝ドール・パテント法（提案者2人の上院議員の名前にちなむ）のインパクトである。連邦政府助成研究から生じた発明はそれまで政府に帰属していたのを、バイ＝ドール法は、大学に発明の知的所有権、パテント申請権、企業へのライセンス授与権を認め、ライセンス先は小企業、アメリカ企業優先で、非排他的ライセンスが望ましいとし、ライセンス収入は、大学と発明者で分配するとした。同法は、大学での研究からの新しい発見の産業移転を促進する強力なてこ入れとなった。

80年にはもう一つ重要な司法的後押しがあった。連邦最高裁の判例がパテント対象を拡大し、遺伝子操作した微生物、生体組織、バイオ・新薬開発に有用なソフトウェアやデータ構成関連等までパテント化の道を開いたのである。

このような状況のなかで、格好の成功事例が登場した。73年のスタンフォード教授スタンレー・コーヘンとＵＣＳＦ教授ハーバート・ボイヤーによってＤＮＡクローニング・テクノロジーの発明が発表された時、１９７０年に設置されたスタンフォードのテクノロジー・ライセンシング・オフィス（ＯＴＬ）は、パテントに消極的だった彼らを説得してパテントを取得した。そして企業にライセンシングを宣伝したところ、80年12月15日の締め切りまでに多数の申請が殺到し、最終的に４６７社に非排他的ライセンスを与えた。その1社ジェネンテックは、ボイヤーがベンチャー・キャピタリストと76年に共同で設立したバイオテク企業であった。同社は82年にインシュリン合成に成功、その他、心臓発作治療薬、肝炎ワクチン、インターフェロン等でもヒットを飛ばし、バイオテクの成長企業となった。

この発明は巨大なライセンス収入を大学と発明者にもたらしたが、研究大学と研究者にテクノロジー移転への関心を喚起した。70年代半ばまではまだ、発明のパテント化、ライセンシング、まして発明者による起業は、当時の科学研究規範からの逸脱と見られていたのだが、このような研究規範、研究者の態度に革命的変化をもたらした。バイ=ドール法の後押しもあり、ライセンシングは大学の研究成果の社会還元であるというポジティブな見方が広がり、また、ライセンス収入は研究財源を補充するものとなった。かつては公開アクセスであった基礎研究の分野にも利潤追求の考えが持ち込まれた。一連の展開が大学にパテント旋風を巻き起こし、大学取得のパテント数は増加した。パテントとライセンシングは、それまで理工分野の発明が中心であったが、バイオメディカル分野が比重を増した。

シリコン・バレーはエレクトロ関連産業を中心にスタンフォード・リサーチ・パークから近隣地域へと発展拡大したが、80年代からは、多数のバイオテク企業が参入し、今やアメリカ最大のバイオ産業集積地域となった。サンフランシスコ市ミッション・ベイ地域はバイオメディカル・リサーチ・パークとして発展しつつある。UCSFが2000年頃から新しいキャンパス、研究センターを設置し、市は税優遇策などでバイオ企業誘致に力を入れ、世界大手製薬会社ファイザーのバイオテク部門、その他のバイオ関連企業も参入。UCSFは、教授のスタートアップを支えるインキュベーター・スペースを貸し出している。スタートアップや小企業が入居する「ガレージ」と呼ばれる一角もある。ガレージ（車庫）は、かつてエレクトロニクス数社が誕生した場であったことから、スタートアップのシンボルなのだ。カリフォルニア州再生医療研究機構からの2005年からの10年間にわたる研究助成金も、幹細胞、再生医療研究を活気づけている。

スタンフォード、UCSF等の研究大学の周辺は、大学発の先端テクノロジーの活用、人材の豊富さ、臨床テスト委託等の面で地の利がある。ベンチャー・キャピタルが近隣にあることも便利だ。80年代初めは、ベンチャー・キャピタルは、ＩＴに続く新しい産業への投資機会を求めていた時期でもあり、バイオテク産業の成長を支えた。買収、合併も多い。成功した、あるいは将来性の高いスタートアップ、中小企業はしばしば買収の対象になる。開発のある段階で売却を想定したスタートアップも多い。買収や合併は大企業の間でも生じる。ジェネンテックが、09年にスイスの大手製薬会社ロシュに買収され、買収・合併に慣れたシリコン・バレーにもショックが走った。

バイオテクは、治療薬、医療器具、医療関連製品、癌等の早期発見テクノロジー、研究に必要な器具や物資、生体組織、ＩＴ産業との連携によるソフト＆ハードの開発、バイオデータ（収集、整理、分析、管理、保存）、開発薬・医療器具等のテスト（治験）その他の医療分野だけでなく、さらには、農業、海洋、環境、クリーン・エネルギー関連にまで応用があるので広範な産業と関連する分野となっている。

シリコン・バレーの特長

シリコン・バレーはもともとはシリコン・チップ関連企業が集中したサンタクララ・バレーを意味したが、今ではバイオ、医療、クリーンテク産業等も集積する広域地域を指し、革新的テクノロジーを生み出す頭脳、生産性の高い多様な労働力ミックス、資本、周辺関連産業の発展、高学歴で高所得の消費市場という先端産業を育てる好条件がそろっている。

まず人材の豊富さ。周辺にはスタンフォードをはじめ、ＵＣ等の一流の研究大学がある。特に若い理工系労働力が多く、大企業がある一方で、3分の1は50人以下の中小企業やスタートアップであり、雇用も大会社への長期的雇用よりもひんぱんに転職しレベルアップするパターンが多い。労働力の47％は海外生まれ、特に理工系では60％にも上り、その出身はインドが実に28％を占め、中国13％、ベトナム10％、台湾、フィリピン、韓国、ホンコン、日本（3％）と続く。これらの国からの理工系留学生の卒業後の定着や流入する高技能労働者の多くが出身国との関係を維持し、ビジネスのグローバル化に貢献している。住民の半数が家庭では外国語で話し（その半分はアジア系言語で、中国語は15％、日本語は2％）、まさに異なる人種、言語、文化の混合地であり、国際性、多様性、自由、開放性、進取性を醸成している。

パテント取得数は革新的テクノロジー創出指標となるが、シリコン・バレーのシェアは州全体の50％、全米の12％に達している。70年代のエレクトロ産業発展とともに、ベンチャー・キャピタル（VC）も集まってきた。特にサンドヒル通りはVC社の集中で有名だ。シリコン・バレーへのVC投資額は州全体の53％、全米の27％に達する。法律事務所、コンサルティング会社、会計事務所等のビジネス・インフラサービス事業も集まっている。海外企業も多く、日本企業は最大グループでその数160社と存在感があるとはいえ、近年は、他のアジア諸国が追い上げてきた（『シリコン・バレー・インデックス』7～11各年版）。

2　大学・産業連携のいろいろな形態

スタンフォードと産業の間には多様な連携のパイプがある。産業との協力的関係は、近年一層、大学の常時の研究・教育活動の中に組み込まれている。そして、連携にはいろいろな相互メリットがある。

ところで、日本では、学産連携というと、大学発テクノロジーの直接的な産業移転という狭い意味で使用されることが多い。しかし、スタンフォードでの連携は、次で見るようにより広範で多様だ。ライセンシングやスタートアップは、学産連携の一構成要素にすぎないのである。

①教授のコンサルティング・サービス等

企業は教授の専門知識を利用できるし、教授にとっても現場的経験に触れ、産業の動向やニーズを知る機会になる。大学からの給与は9カ月分だけなので収入補充にもなる。ただし、1学期13日に限定。教授が会社の顧問や役員会メンバーになることも可能で、大学と企業を結ぶ人的パイプの一環だ。

②教授、学生と企業との交流の増加

研究論文発表、学会、セミナーやワークショップには企業人も多く参加し、重要な交流の場である。また企業研究者との共同研究も増えている。

近年はカリキュラムにアントレプレナーシップ関連の授業が増え、企業人が特任教授あるいはゲストとして実用的スキルを教えたり、ビジネス成功者が大学にスピーカーとして招かれることも多く、キャンパス自体がひんぱんな交流の場となっている。GSBはさらに、このような授業を、起業に関心のある他学部学生にも広げ、起業のノウハウやビジネス・リーダーたちとのコンタクトの機会を増やしている（第2章のビジネス・スクールや工学部参照）。企業人たちが貴重な教育的リソースとして活用され、学生の革新的アイディアをプロダクト開発へとつなげる機会の拡大がカリキュラムの中に取り込まれている。企業人たちにとっても、学生のアイディアに触れる有益なチャンスなのだ。

③企業スポンサーの研究

研究者はかつて企業による研究助成を科学性・中立性を侵害しかねないものとして疑いの目で見ていたが、近年では企業との関係は大学の研究にも有益であるという考えが広がり、また研究財源としても重視するようになった。企業スポンサーの研究結果は、かつては企業が知的所有権を取得することが一般的だったが、今では大学帰属が原則である。スポンサー研究は、今でも連邦政府スポンサーが圧倒的に多いとはいえ近年減少傾向にあり、企業スポンサーは増加している。企業は製品化につながる開発・応用研究に重点を置くが、テクノロジー革新の加速で、コストのかかる基礎・中間的研究の外部委託を増やしている。08／09年S＆E研究費の財源は、連邦政府が74％を占めているが、企業は９％にあたる20億ドルを提供している（ＮＳＦ、２０１０）。間接費負担は連邦政府と同率（11年は58％）だ。なお、研究契約は教授個人やグループが獲得するにせよ、連邦政府スポンサー研究担当オフィス（ＯＳＲ）、企業スポンサー契約担当オフィス（ＩＣＯ）を通す。

④企業アフィリエイト・プログラム

ターマンが企業との関係を維持するために始めたものだが、今では、60近いアフィリエイト・プログラムがあり、３５０以上の国内外の企業が１つあるいは複数に参加している。企業にとっての利益は、教授や学生とのコンタクト、ワークショップへの参加、論文への早期アクセス等を通して大学での先端研究を知り、また、学生にインターンシップ、夏の仕事提供したり、リクルートする機会となる。メンバー企業が払う年会費は学科や研究センターの貴重な財源となる。間接費は８％。特に工学部、地球科学部では大きな収入源だ（学部予算の５％、10％の財源。第1章2参照）。年会費はプログラムにより異なり、またベネフィットの程度、企業規模によって段階を付けているところもある。例えば、セミナーや論文へのアクセス中心なら1万ドル、研究をスポンサーして社員を客員研究員として参加させ、オフィス・スペースも与えられて主研究者とも接触できる場合は7・5万ドルという具合だ。

⑤学際的研究センターと企業との研究パートナーシップ

研究パートナーシップは、通常のアフィリエイト・プログラムよりも一層緊密な連携関係と言えよう。そのモデルが「集積化システムズ研究所（ＣＩＳ）」であり、特に大学＝企業間のテクノロジーの「相互移転」を強調しているが、パートナー企業の研究者の滞在、学生へのメンター役割、共同研究等を通した常時の交流を通して、学生、教授、企業の相互利益が図られている（第2章工学部参照）。

⑥研究参加契約

スポンサー研究は教授が中心になって行われるのに対し、研究参加契約は企業が中心になって行う研究で、教授、学生にとって興味深いものである場合は、大学の使命に反しない範囲で、大学の人材、施設の利用を認めるというものである。研究から生じた知的所有権は、企業研究者だけによって開発された場合は企業所有、共同研究の場合は共同所有となる。企業は、使用に伴うコスト、使用料、間接費を支払う。例えば、ＣＩＳ、ベックマン分子＆遺伝医学センター、素材研究センター等では、ラボ能力の15％までを企業パートナーに使用させている。ナノファブリケーション施設は現在25％が企業の利用。大学の人材、設備施設等の優れた研究能力を他大学、政府ラボ、研究機関、企業等の他機関の利用に供すること、あるいは逆に企業がより最新の設備を所有している場合には、大学にアクセスを与えることにより、施設の効率的使用、相互利益を図るというパートナーシップは増えている。

⑦テクノロジー臨床評価契約

企業からの依頼を受けて、企業が開発した医薬品や医療機器の人体への安全性、実効性のテストをする契約であり、近年その需要が増大している（後述）。

⑧企業対象の教育プログラムの提供

テクノロジー革新の加速で、企業は継続教育のニーズが高い。工学部は、企業向け教育、遠距離教育のパイオニアだ。ターマンが54年に開始した「オナーズ・コオペラティブ・プログラム」は、参加企業の社員がフルタイムで働きながらパート就学で修士号を取得できる制度だ。今では工学、応用物理、バイオ情報等13学科が提供、175の企業、300人以上が参加している。会社が通常の授業料の2倍を払うので、大学にもよい収入になる。

「スタンフォード・プロフェッショナル・デベロプメント・センター」が95年に設置され、企業向けに先端知識・テクノロジーの短期集中コース等を多数提供している。同センターの教育パートナーシップ・プログラムには日本のハイテク企業数社も加入している。企業人が大学に来るという形から、大学が職場に教育活動を広げるという形へと拡大してきたが、さらに08年には、「すべての場所でスタンフォード工学」というエクステンション教育を開始、スタンフォードのコンピュータ・サイエンスと電気工学の人気の10コースを授業ビデオ、リーディング・リストからテストまですべての内容を無料で全世界どこでもインターネット・アクセスできるように公開している。

ＧＳＢが提供している経営幹部や中間幹部対象のプログラムからの収入はＧＳＢの財源の15％にも達する。医学部では、臨床医対象に、著しい医療進歩にアップデートする継続教育プログラムを拡大している。

⑨寄　付

寄付が大学の財源として著しく重要であるが、企業からの寄付は寄付全体の６％を占めている（第1章5参照）。

3　大学発テクノロジーのパテント化とライセンシング

ＯＴＬ、ライセンス収入

大学での研究から生まれた革新的テクノロジーのライセンシングは、学産連携の最も直接的な形態である。テクノロジー・ライセンシング・オフィス（ＯＴＬ）の任務は、①大学での発明、パテント、著作権、商標等の知的所有権の保護、②大学発テクノロジーの企業移転、商品化支援を通した経済貢献、③発明者と大学に収入をもたらし教育・研究をサポートすることだ。

アメリカでも１９６０年代までは、大学での発明のライセンシングを通したテクノロジー移転は非常に少なかった。スタンフォードにＯＴＬが設置された70年当時、テクノロジー移転のオフィスをもつ大学は、ウィスコンシン、ＭＩＴ等数校のみだったが、バイ＝ドール法成立後の80、90年代に急増した。スタンフォードのＯＴＬはテクノロジー移転の推進役となり、今や30人を超える大所帯だ。

09／10年度は、不況の影響を受けているが、ＯＴＬが受けた学内の新しい発明報告は約４５０、パテント申請件数２２０、パテント取得数１２８、ライセンシング件数は90、ライセンス収入は６５５０万ドルであった。収入を生んでいる発明件数は550で、そのうち100万ドル以上の巨額収入のものが2件、収入10万ドル以上のものは32。この40年間にあげた収入総額は13億ドルだ（OTL各年報告書）。

ごく少数の大ヒットが収入の大半を生み出している。ホームランが、上述したDNAクローニング・テクノロジーの発明で、467企業にライセンシングされ、98年末のパテント消滅までに、合計2億5500万ドルの収入をスタンフォードとUCSFそれぞれにもたらした。電子音楽革命を起こしたFMサウンド・シンセサイザーも2300万ドルの収入を生んだ大ヒットだ。ジョン・チャウニング（第4章、160頁参照）による発明で、75年にヤマハが独占的ライセンスを取得し、両者の開発協力の果実が83年のヤマハDXシリーズの商品化となった。海草からの抽出物を使った蛍光マーカーの発明（81年）は、40以上の会社にライセンシングされ、癌検診や血液スクリーニング等に応用され、02年の時効消滅までに3200万ドルの収入を生んだ。84年の抗体蛋白の発明は、98年にやっとパテントを所得、ジョンソン&ジョンソンにライセンシングされて各種の薬品が開発された。これはDNAクローニングのライセンス時効消滅後の収入激減を補充し、近年最大限の収入源となり、09年には3700万ドルをあげた。光通信の土台となるテクノロジー、ファイバーオプティック・アンプリファイアーの発明、その他いくつかの大ヒットが生まれた。

発明があったら発明者はOTLに報告する。OTLは、パテント取得の価値があると判断した場合、発見の公表の日から1年以内にパテントを申請する。パテント取得には3〜5年もの時間と相当な費用がかかるので、発明の重要性、開発の段階、ライセンス取得の可能性のある企業数、商業化の成功予測、市場規模、少なくとも年10万ドルのライセンス収入見込みの有無等を勘案して決める。申請するのは半分ほどだ。パテント所有期間は申請から20年間である。

発明が応用可能性、有益性が十分あると判断される場合は、積極的にライセンシング先を探す。ウェブにも掲載。企業スポンサー研究の場合は、まずスポンサー企業に打診し、また関心をもちそうな企業に接触する。しばしば発明者が適切な候補企業を提案する。ライセンスは、多数企業の使用による知の広範な移転効果が高く、しかも大学により多くの収入をもたらしうる非排他的ライセンスが望ましい。しかし状況によって1社独占や2社限定ライセンスもある。ライセンス料は、発明の価値、商品開発に費やすコスト、市場のサイズ等を勘案して、ケースごとに決定される。

ライセンスからのグロス収入は、まず約15%をオフィス費およびその他のプログラム（初期研究助成等）にあて、残りが発明者、所属学科、所属学部に3分の1ずつ分配される。学科、学部にとってはひもなしの収入となるので非常に重要だ。

スタートアップ

研究開発、技術革新は、伝統的に大企業が担ってきたが、近年は、1つの新しいアイディアの開発を目的にしたスタートアップ（起業）が重要な一翼となっている。大学発テクノロジーの商品化をめざしてスタートアップが大学近隣に設立され、資金をベンチャー・キャピタリスト、エンジェル投資家あるいは友人や家族から募り、発明のライセンスを獲得し、大学院卒業生を雇用し、商品開発研究する。ある段階で大企業がそれを買収して商品化するというやり方が多い。卒業後の就職先に大企業を避け、小企業、スタートアップを希望する学生が増えている。スタンフォード発テクノロジーからのスタートアップ企業数は年10社ほどだ。

ＯＴＬは、資金は少ないが成功が見込まれるスタートアップへのライセンス料として、金銭の代わりに、設立時

表6-1　ライセンス収入、スタートアップ、パテント、研究費総額
(2009/10年、1,000ドル)

順位	大　学	ライセンス収入	スタートアップ数	ライセンシング件数	パテント取得数	研究費総額
1	ノースウェスタン	161,592	3	31	128	400,012
2	コロンビア	154,258	13	51	57	604,660
3	ニューヨーク大	113,110	5	38	29	308,834
4	UC全体	103,105	47	237	244	4,686,598
5	ウェークフォレスト	95,636	3	8	8	162,084
9	MIT	66,450	18	91	154	1,375,073
10	**スタンフォード**	**65,054**	**9**	**77**	**128**	**833,266**
27	ハーバード	12,308	8	65	46	704,074

注：6位ミネソタ大全体、7位ワシントン大全体、8位マサチューセッツ大学
(AUTM, U.S. Licensing Activity Survey, FY 2009)

発行株式の2〜5％を取得することが多い。後に追加の株式取得もありうる。10％を超える株式所有は認めない。利害衝突を避けるため、株価の動向を見て売却というやり方ではなく、売却可能になったら直ちに売却する。新しいスタートアップの株を取得する一方で数社の株を売却するという形で100社ほどの株を所有しており、09／10年度の株売却収入は約130万ドル。株の売却は時に大きな収入になる。最大のものが04／05年、スタンフォードの大学院生だったブリンとページが98年に起業したグーグル株の売却で、3・36億ドルという巨額な収入が転がり込んだ。ハイスピード・ディジタル・スイッチ・テクニックを発明した教授が98年に起業した時、大学はライセンス料として5万株取得、この企業が2年後大企業に買収された時に株を売却し970万ドルを得た。

大学からのスピンオフ企業は通常大学とは切り離された組織とし、利害の衝突、訴訟のリスクを少なくしてきた。しかし、近年は、大学がライセンスを与えたスタートアップをより積極的に援助し、必要なサポートを提供するようになってきた。発明者に企業設立をすすめ、ビジネス戦略やベンチャー資本獲得に

ついて助言することもある。発明者である教授、学生による起業もある。

アメリカの大学全体では？

アメリカの大学全体の状況を見ると、09／10年度にはライセンス収入は総額18億ドルを達成したが、1億ドルを超えた大学は4校、5000万ドル以上は12校、1000万ドル以上の収入をあげた大学が30校だ。100～500万ドルの大学が42。要するに、巨額の収入を得るのは、ホームラン発明をもつ少数の大学だけで、少額収入やマイナス収入の大学もかなり多い。

時にはホームラン発明への権利の売却等の特別取引から巨大な一時収入を達成することがある。例えば、07／08年にトップだったニューヨーク大は、主たる収入源である関節消炎剤の権利の一部売却収入6・5億ドルが入ったため、他の収入も加え総額にして8億ドルに達した。08／09年トップのノースウェスタンも鎮痛剤について同様の取引をして8・2億ドルを得た。09／10年度はこのような特別取引がなかったが、それでもノースウェスタンは1・6億ドルを達成した。

ライセンス収入は大学ランキングのランクとは多少ずれているし、研究費総額とも比例していない。スタンフォードでは、研究費に対するランセンス収入の比率は9％であるが、ノースウェスタンやニューヨーク大は、少ない研究費で大きなライセンス収入を得ている。逆に研究費が抜群に大きいジョンズ・ホプキンズのライセンス収入は小さい。ハーバードも少ない。大ヒットは偶然生まれることもあるし、大学によってどの程度積極的に「知の資本化」に努力するか温度差もある。大きいライセンス収入が集中しているのは生命科学や工学分野であり、研究能力の高い医学部や工学部をもつ大学は、ライセンス収入も多くなる。

スタートアップは約550社。UCは10校合計ではスタートアップもパテント取得数も圧倒的に多いが、複数キャンパスを除くと、MIT、カルテック（カリフォルニア工科大学）、スタンフォードが特に多い。

近年では大学自体がスタートアップさせる例も増えているし、教授や企業とのジョイントでスタートアップを設立し、会社が買収された時に大学所有株を売却し収入を得ることもある。ビジネス・インキュベータをもつ大学も増えている。利害衝突の解決の仕方についてのノウハウの蓄積ができてきたこともあるし、大学文化も研究の商業化に対し積極的な姿勢へと転換してきた結果だろう。

4　産業との協力的関係、利害抵触の回避政策、ガイドライン

科学研究規範・文化の変化―知と金・パワー・名声の結合

大学における科学研究の伝統的規範は、①共有主義（研究結果の公開、秘密反対、知を公共の利益に供する）、②非利益主義（研究は純粋な知的追求であり、利益目的ではない）、③普遍主義（真理の主張は普遍的基準によって評価される）、④懐疑主義（真理の主張には懐疑を向け厳格な検証をする）であった（ロバート・マートン、1942）。

近年状況は大きく変わり、今日の研究者は、研究の金銭的価値を意識し、利益を得ることを逸脱ではなくむしろ成功と考える。しかし、知の資本化は秘密主義を生み出し、共有主義、非利益主義の原則が崩れてきた。起業して成功する研究者は新しいタイプの科学者のロールモデルとして尊敬の対象にすらなった。起業家的な科学者

と大学は、学術研究の「非利益原則」を離れ、新しい科学研究規範を形成してきた。しかし、このような「知の資本化」「大学の企業化」「研究者の起業家化」に対しては、強い批判もある（例えば、ハーバードの元学長デリック・ボック）。

問題点として、まず第1に、研究のあり方への影響である。研究発表の差し控えや秘密主義が広がり、研究の自由・発表の自由・研究成果の公開原則が侵蝕されかねない。研究のトピックや方向に企業の影響が入りうる。基礎研究より、利益と結びつく応用研究重視に傾斜しかねない。第2に、教授の職責へのマイナス影響として、大学へのコミットメントの低下、教授の個人的利害と大学の利害の抵触、研究者の業績評価に研究資金獲得額の大きさが影響を及ぼす可能性がある。第3に、教育への影響として、学部教育の軽視、大学院での研究重視に傾き、幅広い教育より狭い分野に焦点を置き、結果がすぐ出るタイプの研究に傾斜しかねない。第4に、学生に及ぼす影響として、教授の研究の手足として学生利用、学生の研究を企業の関心領域に誘導する危険や、学生の青田刈り、就職先選択に影響を与えうる。大学は、これらの問題の発生を避けるためのルールを作ってきた。

スタンフォードでの大学・産業連携のガイドライン

研究の自由や客観性を保障し、大学、教授、学生、企業の利害抵触を避け、相互利益になる連携関係を築くため次のようなガイドラインが作られている。

(1)研究結果の公開原則、秘密禁止。しかし、90日までの発表延期を認める。この間に大学はパテントを申請するか否か、スポンサー企業はライセンスを得るか否か判断する。

(2)教授としての責任。大学へのコミットメントと企業的活動を調整するためのルールとして、コンサルティングは1学期13日（週1日）以内、企業の経営的責任や研究開発責任ポストへの就任は不可、自らスタートアップした企業の管理責任ポストへの就任は不可、等（休職して行うことは可）。大学のリソース（施設、学生や職員、器具、情報）を、個人的利益のために、大学外活動に使用することや、大学外の組織に提供しない。

(3)教授と学生の利害抵触を回避するため、研究参加の学生に研究資金の出所を明らかにする。教授が企業利益がからむ活動に指導学生やポストドクを利用することは禁止。企業からの支援に対する対価提供の義務はない。

(4)研究成果の知的所有権の帰属。①知的所有権は、研究資金の出所がどこであれ、大学が所有する。企業がスポンサーの場合、その企業が希望するならライセンスを取りやすいように配慮する。②教授が勤務時間外に大学のリソースを使わずに生んだ発明の場合は、教授が取得する。学生の発明についても同じ扱いだ。しかしながら、具体的状況においてはその境界が常に明快とは言えないから、大学と発明者との間に利害衝突は生じうる。③本、学術論文、音楽や芸術的作品、教育的メディアについては、作者の個人的表現であるとみなし、著作権は作者に帰属する。ソフトウェアは、パテント化できるものは大学に、個人の学術的芸術的表現のディジタル化されたものの場合は作者に属する。ただし、仕事が大学のプロジェクトの結果である場合は、大学が所有する。

(5)研究の自由と客観性の保障、利益関係の情報開示と審査。教授（配偶者、子ども等の家族を含む）が、研究スポンサーやライセンシングしようとする企業と「金銭的利益関係」にある場合（コンサルティングしたり、企業のパートナーであったり、一定以上の株式を所有している等）、利害抵触がありうるものとして、教授は学部長に報告し、審査、承認を得る必要がある。

バイオメディカル分野におけるルール

医学部・病院は、医療品の開発、治療への使用を通して企業との接触がもともと多い分野だが、近年大学での研究成果の社会還元が強調され、企業との距離は一層近づいた。大学ガイドラインに加え、さらに厳しい詳細な医学部ルールが作られている。例えば、処方薬使用への対価の受領禁止とか、薬や医療機器等の売り込みに企業の販売員が病棟をうろうろすることの禁止、企業との関連についての情報開示（例えば、発表論文に明記）といった具合だ。

医者のために最新技術アップデートのための継続教育はますます重要になり、医学部も教育サービスを拡大しているが、企業が薬品、医療器具の売り込みに利用したり、教育内容にも企業が影響力をもつ傾向が出てきた。そこで、企業の影響を排除するために、薬品・医療器具企業からの経済支援は認めない、会場での宣伝活動は禁止、会場はリゾート・ホテルではなくキャンパス内で実施する等ルール化している。

医学部のスポンサー研究にバイオメディカル企業からの契約が増えているが、特に、開発中の新薬や治療器具の有効性、安全性を検証する臨床テスト契約が増え、医学部に収入をもたらしている。バイオメディカル産業は、最も研究を土台とする産業であり、R＆Dが大きい。特に新薬開発には、将来性のあるアイディアや発見から製品化まで10〜15年、平均8億ドルかかると言われる。薬品・バイオテク企業間の競争も激化するなかで、企業はR＆Dを中核部門に集中するため、また、時間短縮、費用削減のため、いろいろな段階を外注することが増え、大学との連携を強めている。臨床テストに必要な設備をもたない中小企業も多い。一方、大学医学部は、人材、サポートスタッフ、関連学科、最新設備の存在、病院を通した被験者集めが容易であること等の利点を備えている。創薬や治療機器の有効性のテストは、科学的、客観的に実施され、利害関係によるバイアスが入り込むことは避けなければならない。しかし、問題が生じやすい。教授が創薬や機器の開発者である場合、その教授がしばしばその分野の第一人者であり、したがってテストにおいても最適任者であることが多い。教授が自分が開発した創薬等の有効性の臨床テストにかかわっている場合、教授が開発した創薬等のライセンスをもつ会社が臨床テストをスポンサーしている場合、その他テストの客観性が疑られる場合は、独立の審査委員会が設置され、教授の参加の正当性について審査される。

＊＊＊＊＊

大学・産業連携について、大学も、企業も、政府も、社会一般も、全体的にポジティブに見る考え方が定着している。知中心の社会に移行し、大学の研究能力と産業との連携が、現在の技術革命を支えているという強い共通認識がある。理論と応用は相互貢献するから、研究者、学生にとって産業界との交流は研究にプラスであると受け止められているし、大学財源の拡大にもなっている。連携が否定され、後戻りするということはないだろう。むしろ、知の公開性の侵蝕、利害衝突を回避するために必要なガイドラインを弾力的に作成していくというアプローチが取られている。

しかし、伝統的価値がまったく消滅し、新しい価値がとって替わったというわけでは決してない。研究の科学性、中立性、客観性は研究の根底的価値であることは今でも変わっていない。「知の共有原則」は「知的所有権」という相対立する価値と、衝突しつつも並存している。「知の資本化」とは距離がある人文・社会科学分野では、伝統的研究規範の支持が強く、過度な商業化にブレーキをかけている。しかし、大学の企業的活動の限界をどこに置くか、例えば大学自らがスタートアップするか、あるいはジョイント・ベンチャーに参加するか、教授がスタートアップする企業に投資するか等、大学によって積極度に差があり、流動的領域である。

（補足）連邦政府による大学研究助成と産業育成策

（1）連邦政府による大学援助と産業育成

初期の連邦政府は、農業中心経済において富の源泉であった土地を州に譲与するというやり方で大学設置を援助したが、大学政策は州の責任としていた。それを大きく変えたのが１８６２年のモリル法だ。同法は、南北戦争の最中に、連邦政府の権限強化を嫌って反対していた南部議員が南部同盟を作って連邦議会から離脱している間に成立したものだが、産業が発展しつつあった当時のアメリカが必要とした農工業関連の実用的教育、教師養成教育および軍事訓練コースの提供を条件として、州に土地を譲与して州の大学設立を援助した。農工業育成策と連結させた大学助成策は、政府、大学、産業の最初の連携策だった。ただし、私立大学への助成はほとんどなかった。

第二次大戦と科学者動員

戦前まで、政府は公金による科学助成は正当だと考えていなかったし、大学も科学者も政府の介入を恐れた。企業が応用研究するのに対し、大学は基礎研究という考え方で、研究資金は主に財団や寄付金に依存していた。このような状況を一変させたのが、第二次大戦中における科学者の動員だった。物理学・化学・工学の研究者は兵器開発に従事したほか、医学、外国の言語、文化、風土、病気等にいたる広範な専門知識が戦争に総動員され、アメリカの勝利に貢献した。

特にヴァニヴァー・ブッシュは、戦中、戦後の連邦科学政策の形成に重要な役割を果たした。彼はＭＩＴの副学長を務めた後、カーネギー研究所の所長だったが、戦争が勃発すると、ルーズベルト大統領に、政府、軍、産業、科学者が合同で軍事関連研究を推進することを提案し、「科学研究開発局」（ＯＳＲＤ、１９４１）が設置されると、自らその長になった。そして、ハーバードのコナント学長やＭＩＴのコンプトン学長、ベル電話研究所長等当時の最も有力な科学者たちとグループを結成し、全国の著名な科学者を集めて戦争関連の研究を行った。その最も著名な研究がマンハッタン・プロジェクトだ（本部が当初マンハッタンにあった）。一流の物理学者が動員され、いくつかの大学と研究所で極秘に原水爆開発が始まった（バークレー、シカゴ大、ロスアラモス等）。このプロジェクトからは、原水爆に加え、レーダー、音波探知機等の多くの兵器関連、さらにペニシリンやＤＤＴ等の薬品、コンピュータ、その他多数の副産物を産んだ。

「科学研究開発局」は、まさに政府と研究大学、科学者、産業の結合であった。戦後、政府は大学の研究能力を積極的に助成し活用する方向へと転換していく。

MITでブッシュの学生だったフレデリック・ターマンは、政府・大学・産業の連携ビジョンについてのブッシュ哲学と、戦時動員で働いたハーバード無線研究所での経験から大きな影響を受け、それが後にスタンフォード・リサーチ・パーク、シリコン・バレー発展を生み出す原点となった（本章1参照）。

連邦政府の大学R&D助成の拡大

連邦政府は、第二次大戦中の優秀な科学者の動員が新しいテクノロジーを開発した経験から、戦後、大学の研究能力を医療、防衛、経済発展に活用するため科学研究の積極的助成へと向かった。

①複数の助成機関による競争的助成方式

戦後、ブッシュは、科学推進を所管する中央集中的機関の設置を提案したが、中央統括方式がよいか、分散方式がよいかの激しい論争を経て、結局、多数の連邦機関からの助成という分散的方式となった。研究者は研究資金を求めて競争し、助成決定は、政府担当者ではなく、科学者のピア・レビューによって研究のメリットを基準にして行うことになった。50年に国立科学財団（NSF）が設置された。連邦研究所の一部は、連邦の直接管理から運営委託という形で、大学や大学と企業の合同組織に移された（ローレンス・リヴァモア、ロスアラモス等）。59年にはスタンフォードにSLACの建設が決定した。

冷戦中57年のソ連スプートニク・ショックでアメリカは国を挙げての理工学振興に向かった。58年にはNASAが設置され、また国家防衛教育法によって、政府は基礎研究助成の責任を担うことになり、大学のR&D助成を拡大した。多額の防衛関連研究が大学の理工分野に委託され、その研究成果が50年代後半から80年代の経済発展、技術革新を牽引するエレクトロニクス産業の発展の土台となった。

国立衛生研究所（ＮＩＨ、保健省の組織）は最大の研究助成組織になった。ＮＩＨは戦中は軍事関連研究、戦後は公衆健康サービス法で医学関連研究助成を拡大した。46年ビル＝バートン法が病院の建設と充実を補助したため、大学は競って病院と医学研究所を建設した。ＮＩＨからは莫大な連邦助成金が分配され、大学医学部と病院の黄金時代が到来した。

冷戦の緩和で、政府は政策重点を防衛から国民の健康推進へと移した。65年に高齢者および低所得者への医療保険制度（メディケア、メディケイド）が発足し、病院に巨額な医療費補助金が流入し、大学では医学部と病院の連携の強化、研究と臨床の結合、臨床教授の雇用を増やした。医療研究への巨額の助成も始まった。癌と心臓・循環系研究、ゲノム解読、バイオメディカル研究が国家的課題として取り上げられた。大学のバイオメディカル分野は、潤沢な研究費を得て、多数の画期的発見・発明を生み出し、バイオ革命を進行させ、バイオテクノロジー産業の発展に貢献し、大学と企業との新しい連携関係を生んだ。

②研究助成金の「集中的分配」と「再分配」の調整

「一流の科学者、技術者10人をもってしても、１人の一流の科学者、技術者の仕事はできない。」これがブッシュやコナントの哲学であり、ターマンの「傑出した才能の尖塔」のビジョンの原型だ。

連邦Ｒ＆Ｄ助成対象は、少数のエリート研究大学のバイオ、医療、物理、工学分野の研究者に集中した。特に、「後光効果」の大きいノーベル賞受賞者のような偉大なる研究者のもとに研究資金が集中し、少数の研究大学と研究者のステータスを一段と高めた。大学は、研究費獲得をめざして、博士課程の拡大、高名な教授の獲得、研究充実のため教授の授業負担の減少、ＴＡ担当授業の拡大、図書館、ラボ、サバティカル等の研究環境充実に努めた。社会学者ロバート・マートン（１９６８）は、金持ちがますます金持ちになることを「マシュー効果」（聖書マタイ伝に起源）と呼んだが、研究大学をトップとする高等教育の階層化現象が進行し、他グループがエリート集団に新参入する門は狭くなった。

ケネディ、ジョンソン政権の63年頃から、少数の研究大学への助成の集中が問題となった。「少数の大学への集中は卓越した研究能力の反映の結果であり、高い生産性を生んでいる。研究能力の低い大学への資金投入は無駄」なのか、それとも「金持ち大学はますます金持ちに、貧乏大学は貧乏から抜け出せない不平等維持の分配方式」なのか議論されたが、「研究成果の産出」の一方で、「研究能力の育成と強化のための助成」という再分配も重視され、成長過程にある大学の助成、研究センター新設、地理的分布も配慮されるようになった。

60年代は、経済成長期であったため、研究メリット基礎の競争的分配と、補正的再分配が両立した。政府のR＆D助成は膨張して、大学科学研究の黄金時代となった。しかし、70年代に壁にぶつかった。政府財源は縮小、大学へのR＆D助成も頭打ちとなった。このような状況のなかで、大学の研究成果を経済再建に活用しようとする政策が採用された。

（2）大学発テクノロジーの移転推進策―政府・大学・産業の連携

70年代には、ベトナム戦争のつけ、オイル危機、ドル価値低落、インフレ等で経済停滞し、さらに日本の進出など国際競争が激化するなかで、連邦政府は、経済力発展に必要なテクノロジー開発に、大学のリソースを積極的に活用しようとした。

大学に、連邦助成金を使用した研究成果を積極的に企業に活用させることを奨励し、「大学からのテクノロジー移転政策」を推進した。その最も重要な法律が上述した80年のバイ＝ドール・パテント法であった。連邦政府助成の研究から生じた発明に対する権利は、それまで公共財として政府に帰属していたのだが、多くは利用されることもなく眠っていた。バイ＝ドール法は、①大学、小企業、非営利団体に知的所有権、パテント申請、企業へのライセンス授与権を認めた。②ライセンシング先は小企業、アメリカ企業優先、非排他的ライセンスが望ましい。③ライセンス収入は大学と発明者で分配するが、分配の仕方は大学が決定するとした。

連邦助成金が大学の研究を振興し、その成果が産業を活性化するという画期的なパテント政策は、政府・大学・産業連携の新しい時代を開いた。さらに80年の連邦最高裁と高裁の判例が、遺伝子操作した微生物、生体組織、バイオ・新薬開発に有用なソフトウェアやデータ構成関連等までパテントの対象を拡大した。知・テクノロジー中心の経済に移行して、企業も、技術革新の加速化に対応するため、大学との連携を重視し研究助成を拡大した。大学の方も、研究財源を確保する必要と、産業との関係は大学の研究にも知的刺激になるという認識から、積極的に新しい関係作りに努めた。州も州内経済の発展のために大学との連携を強めた。

大学が経済発展の一翼を担うという考え方は、政府、産業関連者のみならず、大学管理者や研究者にも広がった。発明からの利益を大学と研究者が共に享受するという分配原則によって、大学も、研究者も、「研究の市場的価値」「知の資本化」の方向に向かった。特に知・テクノロジーの主たる創出地である研究大学で大きな変化が生まれた。教授の発明を大学がパテント取得し、企業にライセンシングしライセンス収入を得るだけでなく、教授のスタートアップ、さらに近年では、大学と教授がかかわる形でスタートアップしてそこにライセンスを与え、開発がうまくいけば、大きな企業に発明のライセンスを売るというケースもある。大学と産業の距離はバイオメディカル分野で一層接近している。

（3）アメリカの大学のR&D、連邦政府助成の動向

ここで、大学におけるR&D費を『サイエンス&エンジニアリング指標』（NSF, 2010）によって見よう（同資料は社会科学を含むが、人文系は含まれていない。しかし人文系R&DはR&D全体の4％にすぎない）。

大学の09年R&D総支出は550億ドル、基礎研究75％、応用開発25％という割合だ。550億ドルの出所は、連邦政府助成が約60％と圧倒的に多く、政府財源がR&Dを大幅に支えている。しかし長期的には、連邦政府の助成政策は、政権によって、またその時の政治経済状況によって、全体額も配分の仕方もかなり違う。連邦財源の比重は55年の54％から60年代に上昇し75％に達したが、70年代以降下降し、近年は60％前後で上下している。連邦助成が減少傾向にあるなか、大学は80年代以降研究用自己財源を拡大する努力をして、今では20％をカバーしている。州・市財源は漸減、逆に産業財源は70年の3％から80年代以降漸増し7％を超えたが、2000年からの景気沈滞による落ち込み後少し回復してきた（図6—1）。

大学R&Dに対する連邦助成は多数機関からの分散的助成であるとはいえ、実際には著しく集中している（図6—2）。NIHの割合は70年の38％から05年前後に68％にまで上昇したが、08年には55％にまで下降、しかし今も最大の助成機関だ。次いでNSF。防衛省やNASAのシェアは減少している。助成分野は、生命科学で60％、工学・物理・環境・コンピュータ34％、この2分野で93％に達する（スタンフォードにおける連邦研究助成については第1章5参照）。

R&D支出の大きい大学を見るとジョンズ・ホプキンズが断然トップ（1億ドルの連邦資金が入る応用物理研究所の存在が大きい）。スタンフォードは12位（表6—2）。R&D支出はトップ20校だけで大学R&D全体の30％、トッ

図 6-1　アメリカの大学の R & D 支出と財源
(2009 年、S & E 分野、100 万ドル)

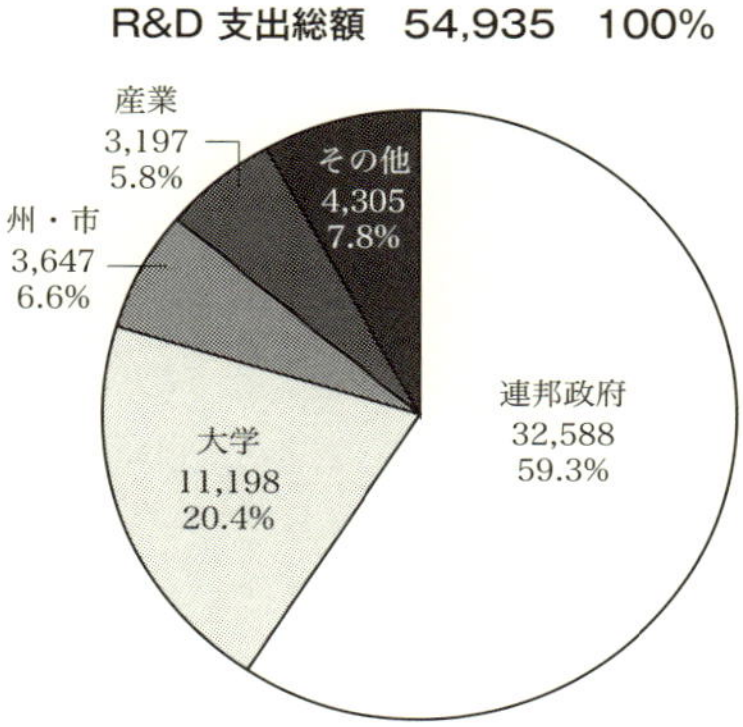

注：基礎研究 40,955 (75%)、応用・開発研究 13,980 (25%)
(Survey of R & D Expenditures at Universities and Colleges: FY 2009；NSF, Science and Engineering Indicators, 2010)

図 6-2　大学における連邦政府助成 R & D 支出
(2009 年、S & E 分野、100 万ドル)

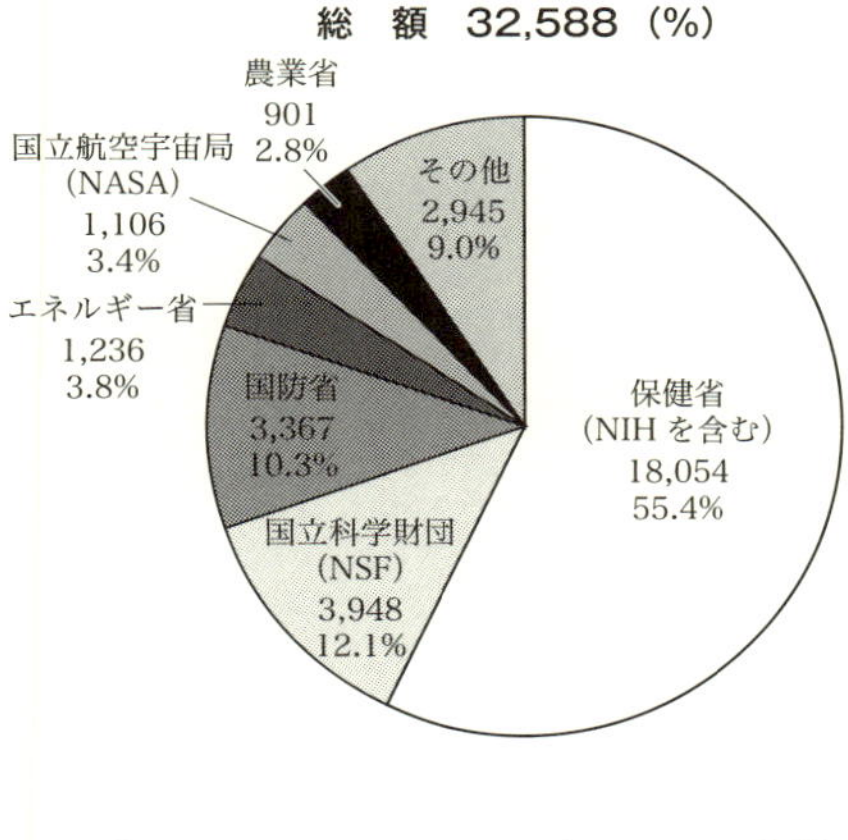

注：すべてが報告されているわけではないので、合計は 100 にならない。
(資料、同上)

表 6-2　R & D 支出のトップ大学、財源（2008 年、S & E 分野、100 万ドル）

ランク	大　学	R & D 総額	連邦助成	州・市	産　業	大　学	その他
	R & D 総額	51,909 (100)	31,231 (60.2)	3,418 (6.6)	2,870 (5.5)	10,435 (20.1)	3,954 (7.6)
12	**スタンフォード**	**688 (100)**	**509 (74.0)**	**14 (2.0)**	**60 (8.7)**	**53 (7.7)**	**52 (7.6)**
1	ジョンズ・ホプキンズ	1,681	1,425	7	39	87	123
2	UC サンフランシスコ	885	473	28	46	158	180
3	ウィスコンシン大マディソン	882	474	37	21	270	79
4	ミシガン大全体	876	593	5	41	193	45
5	UC ロスアンジェルス	871	472	23	47	186	144

（Survey of R & D Expenditures at Universities and Colleges: FY 2009；NSF, Science and Engineering Indicators, 2010）

プ50校で56%を占めている。順番は、上位では多少の上下はあるが、かなり安定している。

連邦政府から受けるR&D助成金が多い大学は、ジョンズ・ホプキンズがトップ、スタンフォードは4位。ジョンズ・ホプキンズでは連邦資金が大学R&D費の85%を占める。スタンフォードやMITでは約75%だ。連邦助成もトップ研究大学に集中しており、トップ20校で31%、トップ50校で58%を占めている。しかし、修士や学士課程大学等まで裾野は拡大した。一方、産業財源が最も多いのはデュークで、R&D財源の23%にも達する。

R&Dは理工系や生命科学ではコストがかかるが、人文系では低いので、大きな医学、理工学系をもつ大学はR&Dも多くなり、人文系の比重が大きい大学ではR&D額も低くなるので、額がR&D活動を正確に反映しているわけではない。イエール、ノースウェスタン、ハーバードのR&D支出はそれぞれ31~33位にある。

連邦スポンサー研究契約は、直接費に加え間接費（大学の施設使用、事務管理などに要する費用）が支払われる。間接費は58年に設定され、65年に「交渉項目」となり、何%にするかをめぐって大学と政府との激しい交渉が展開されることになった。82年に58%から69%に引き上げられたが、大学は、できるだけ多くを研究関連費として含めるようになり、90年代に入って、スタンフォードその他の数大学で間接費のふくらましが発覚し、間接費は一挙に50%に引き下げられた。その後徐々に上昇し、スタンフォードの間接費は近年58〜60%である。

＊　＊　＊　＊　＊

研究大学は研究財源を確保して研究成果をあげることが大学のステータスに決定的に重要であるが、R&Dを外部財源、特に連邦政府助成金に大きく依存している。一方連邦政府は、研究助成金に対し次第に公金使用に伴う説明責任、社会的ニーズへの応答性や経済への貢献、効率やコスト抑制を要求するようになった。大学は、研究の責任、明確な方向、日程をスポンサーに提示するよう要請され、契約プロジェクトの書類作成や管理事務が著しく増大し、担当組織の拡大、ビュロクラシーの拡大、中央管理化が進行した。研究の生産性や有用性も配慮要素になっている。

研究はかつては教授が獲得してきた研究資金による教授のプロジェクトであったのだが、次第に総合的な研究センターのプロジェクトが増えてきた。潤沢な研究費のある著名な研究大学の、特に先端的分野には、世界各国からの優秀な研究者が多数集まる。テニュア・ポストは限られているので、いろいろなカテゴリーの研究者も増え、研究者の複線化も生んでいる。ポストドクも著しく増えている。将来性のある初期研究にシードマネーを提供して支援し、ある段階で大きな政府助成金を申請するという形も増えた（第2章メディカルスクールと病院、バイオ-X参照）

社会的にも経済的にも、そしてグローバルにもますます重要な制度となっている大学に対し、連邦政府は、助成政策や各種の社会的規制を通して、そのあり方や役割、研究方向にかなり大きな力を及ぼしている。近年の連邦政府の財政悪化のなかで、研究大学は、研究助成額削減を懸念しているが、さらに、ピア・レビューによるメリトクラシーに基づく助成配分から使途指定助成の増加、大学発テクノロジーの産業移転に関連する規制等、政府による広範な大学規制が強化されることも危惧している。スタンフォードのような時代の先端を行く大学にとって政府の規制は足かせになりかねないからだ。大学の自由独立と政府政策との接点は、協調の場でも、攻防戦の場でもある。

第7−1章 スタンフォード大学120年の歴史

スタンフォード一家（Photo: Courtesy Stanford Archive）

どの大学も独自の歴史と文化をもつ。歴史は過去のものではなく、現在にまで脈々と生きている。創立者スタンフォード夫妻の人生はドラマで満ちているが、彼らが情熱を捧げた大学の設立とその後のめざましい成長と飛躍それ自体もまた飽きることのないドラマである。経済・社会への貢献を重視する文化、アントレプレナーシップ、リーダーシップを強調する文化、キャンパスに充満する「成功の大学文化」のルーツが歴史に根差しつつ、大切に伸ばされてきたことを見ることができよう。

1　創立者スタンフォード夫妻

ゴールド・ラッシュのカリフォルニアへ

リーランド・スタンフォードは1824年、ニューヨーク州ハドソン川上流オルバニー近郊の小さな町で、6人兄弟の4男として生まれた。この周辺は25年にエリー運河が開通しハドソン川から五大湖への航行の要衝として賑っていた。両親は農業のかたわら宿経営とニューヨーク中央鉄道建設事業への木材供給を行っていた。彼は法律家になるため共学のカゼノビア・セミナーで学んだ後、オルバニーの法律事務所で研修生として働いていたが、近隣に住んでいた裕福な商人ラスロップ家の娘ジェインと50年に結婚。ジェインこそ、夫を助けて大学設立に身魂を捧げ、彼の死後におそった財政難を不退転の決意と卓抜した手腕で切り抜け、大学を閉鎖の危機から救って軌道に乗せた女性だ。

この頃は野心的若者の多くが新天地を求めて五大湖周辺、さらに西方へと移住した時代だった。カリフォルニアは、国境をめぐるメキシコとの戦争での勝利で1848年に（2月2日の条約で）アメリカに割譲された。実はその数日前に、ジョン・サッターの農園で金が発見されていた。金発見のニュースが広がり、49年にカリフォルニアの金をめざしてゴールドラッシュが始まった（フォーティナイナーズという言葉が生まれた）。リーランドの5兄弟もカリフォルニアに移住して、鉱山の近くに生活物資販売の店を経営していた。リーランドは新生ウィスコンシン州ミシガン湖畔で法律事務所を開設したが火災で消失すると、54年カリフォルニアの兄弟に合流して開店、ジェインも合流して二人はサクラメントのマンション（現存）に住み、店舗や鉱山経営で成功して実業界に確固たる地位を築いた。

南北戦争時のカリフォルニア州知事、合衆国上院議員

カリフォルニアは1850年には31番目の州として連邦に加入。当時のアメリカは、奴隷制廃止派、奴隷州の全米拡大支持派、南部限定派が激しく対立。移民の地カリフォルニアは、奴隷制擁護の南部民主党勢力が強かった。スタンフォードは、共和党の創設と拡大に努め、共和党の大統領候補リンカーンを支持して選挙運動に奔走した。リンカーンは1861年に第16代大統領となるが、まもなく南北戦争（61〜65）が勃発。カリフォルニアでは、連邦派と、連邦から脱退して南部同盟参加を主張する分離派が対立していた。スタンフォードは、共和党候補として知事に立候補し、連邦への忠誠とリンカーンの中央政府支持を叫んで当選し、1期2年（62〜63）を務め、カリフォルニアは奴隷制のない州として連邦内にとどまった。息子の死後の1885年、スタンフォードは上院議員に選出され（州議会が選出）、91年2期目に再選された。

大陸横断鉄道建設の成功

スタンフォードを語る時、南北戦争時の共和党知事という以上に重要なことは、初のアメリカ横断鉄道建設の成功だ。ミシシッピ川の東側では、河川と五大湖と運河の水路、鉄道が延びた。しかし、西側には大平原、砂漠、山脈の未開拓地が横たわり、東西の交通は、馬車による陸路か、海路で南米南端ケープ・ホーンを回るか、パナマかニカラグァで陸路横断し再び海路で西海岸に行くという、３週間以上もかかるものだった（パナマ運河開通は１９１４年）。

大陸横断鉄道建設の推進力となったのは、東部での鉄道建設の経験をもち、西部に呼ばれてサクラメント―フォルサム間の鉄道施行を担当した技師シオドール・ジュダである。大陸横断鉄道建設の夢にとりつかれたジュダは、シエラネバダ山中を探索し路線を選定、工事プランを立て投資者を探したが、危険の大きい大事業への投資家はなかなか見つからなかった。彼は、知事就任後間もないスタンフォードとコリス・ハンチントン、マーク・ホプキンズ、チャールズ・クロッカー（ビッグ4と呼ばれていた）を説得し、１８６１年にスタンフォードを会長にセントラル・パシフィック鉄道会社が設立され、63年にサクラメントで着工し東部へと建設を進めた。一方、62年設立のユニオン・パシフィック社がネブラスカ州オマハから西部へと建設し、両者を合流させることになった（鉄道建設に情熱を注いだジュダは、同年末ニューヨークへの道中パナマで熱病に罹り37歳の若さで死亡してしまった）。

連邦政府からの路線1マイルにつきその周辺20平方マイルの土地の無償供与その他の補助金やローン、州や郡からの助成もあり、東西の鉄道会社は両線の接合まで少しでも長い距離を獲得しようとして、また急速に発展しつつあったユタ州ソルトレーク市のビジネスを目当てにこの地に先に到達しようとして、激しく競い突貫工事が行われた。世紀の難工事もついに1869年5月10日に両線がソルトレーク市北西の地プロモントリーで接続、歴史的大事業は完成した。これによって、大陸横断は7日間に短縮された（落成式で使われた金と銀のスパイクはカンター・アートセンターに展示）。

連邦政府の寛大な資金援助もあって鉄道建設は南、北、東へと延び、鉄道網は1885年にはサザン・パシフィック会社として統合された。「ビッグ4」には巨万の富が転がり込んだ。サンフランシスコからサンノゼまでの鉄道は63年に開通し、メンロパーク周辺は気候の良さと自然の美しさで、サンフランシスコの裕福な人々の別荘地となり、鉄道が人、資材、農産物輸送を容易にして、半島地域を発展させていく。

パロアルト農場、馬とワイン作りへの情熱

スタンフォードはいろいろなことに興味を抱いた人物だった。数回のヨーロッパ旅行でワイン醸造に関心を抱き、カリフォルニアの産業として発展させようと考え、広大な土地を購入して、フランスからワイン職人も雇い、果樹栽培とワイン作りを始めたが期待したようなワインはできず、果樹や穀物栽培、牧畜を行った。農場で生まれ育ったスタンフォードは馬をこよなく愛した。1868年に生まれた一人息子リーランド・ジュニア（二世）の教育にもよいと考え、サンフランシスコ半島南に8800エーカーの土地を買い、パロアルト農場と名づけた。

パロアルトとは「高い木」という意味だ。100年前の1769年、ポルトラ率いる最初のスペイン探検隊が、ここを流れる小川の土手にそそり立つ樹齢千年という1本の巨大なレッドウッド（幹の赤い杉）のわきでキャンプしたと言われている。当時この高い木ははるか遠方からも見えたため、ほどよい道標だった（今も鉄道の線路わきに立つ）。

スタンフォードの競争馬訓練の科学的理論、優秀な種馬とかけあわせた馬、チャールズ・マーヴィンという高名な騎手・調教師の組み合わせは、次々に世界新記録を打ち立て、パロアルト農場の名を世界に広めた。

スタンフォードの馬に関連してのもう一つ有名なことは、疾走中の馬の動きをとらえた写真だ。スタンフォードは、走行中の馬はある瞬間には4本足がみな地面を離れると考え、それを証明するために、写真家エドワード・マイブリッジを招いて、競争馬オクシデントの走行中の写真撮影を依頼した。マイブリッジは1878年に、トラックに沿って24のカメラを12インチ間隔で置き、走っていく馬の足がカメラに取りつけた糸を切りシャッターが自動的に作動するようにしかけ、馬の動きの連続写真撮影に成功した。この技術は後の映画撮影に多大な技術的貢献をすることになった。彼は、その後も人や動物の動きを連続撮影し、それを連続的にスクリーンに映写するテクニックを開発し、最初の動画の作成者となった。

農場の栄光は、優秀な種馬の死、調教師の離職、スタンフォード自身の死によって過去のものとなった。1903年牧場は永遠に閉鎖された。ゴルフ場のそばに今も立つヴィクトリア風の赤い瀟洒な馬小屋レッド・バーンは、ありし日のパロアルト農場の栄華を語る。スタンフォード・バーンと呼ばれる建物は1886年頃建てられた赤レンガのワイン醸造所で、後には牛舎、人口受精牛の小屋として使われていたものだ。

このパロアルト農場こそがスタンフォード大学のキャンパスとなり、「高い木」は校章になる。校章は、いくつかの異なるデザインがあるが、どれも中央の杉の木を囲んで山と樹木が描かれ、その周りに、「自由の風が吹く」という意味のドイツ語が書かれ、さらにその外側に大学名および1891年開校が記されている。

2　スタンフォード大学の誕生

一人息子リーランド・ジュニアの死

スタンフォード家は、1883年5月、2回目のヨーロッパ旅行にニューヨークから出航した。結婚後18年にして恵まれたリーランド・ジュニアは15歳、美術品や古代遺跡に強い興味を育んでいた。ロンドン、パリ、ウィーン、コンスタンティノープルと回り、アテネに着いたところで少年は発熱し、気候の良いフローレンスに向かったが、そこで腸チフスと診断され、84年3月13日、16歳の誕生日を前にして帰らぬ人となった。息子を失った夫妻は、ちょうどカレッジに行く年齢だった息子を偲んで、カリフォルニアの子どもたちが学べるカレッジを作ろうと決心した。時にリーランド60歳、ジェインは55歳であった。

アメリカに戻ったスタンフォードは早速行動を開始した。ハーバードのエリオット、MITのウォーカー、ジョンズ・ホプキンズのギルマン、コーネルのホワイトといった当時の高名な大学の学長を訪問し、大学設立、運営について助言を求めた。エリオットはその時の会見を日記に記している。スタンフォード夫人は学長に、高い水準の大学を設立運営するには、土地、建物以外にどのくらいの資金が必要かと尋ねた。エリオットは授業料無料なら少なくとも500万ドルの資産が必要だろうと答えた。沈黙が続いた。リーランドは沈黙を破って妻に言った。「ジェイン、大丈夫だね。私たちにできるね。」夫人は微笑してうなずいた。

スタンフォード大学の設立、キャンパス建設

スタンフォード夫妻は、大学の設立を決心した時、場所をパロアルト農場に決めた。ここは、最愛の息子が少年時代の多くを過ごした思い出の地だ。1885年11月11日、スタンフォードは大学への寄贈財産の内容、大学の目的、組織、責任等を記す大学設置規定を作成し、3日後に24人のメンバーから成る大学理事会が構成された。かくして息子の名前を採ったリーランド・スタンフォード・ジュニア・ユニヴァーシティが誕生した。

大学への寄贈財産は、パロアルト農場と他の農場の土地だけで500万ドルほど、その他の資産を加えて総額にして2000万ドル以上と評価された。時の『ニューヨークタイムズ』紙は、「1884年のハーバードの資産が480万ドル、イエールはそれほど裕福でない。ホプキンズは344万ドル、コロンビアは587万ドル、コーネルは227万ドルと言われている。2000万ドルの資産の大学は比類ない」と評した。

スタンフォードは、土地こそ富を生むという考えをもち、大学の土地売却を永久に禁止する規定を入れた。リーランドの死後の財政難を切り抜けるため夫人は他の農場を売却し、パロアルトの8800エーカーが大学の土地として残った。

キャンパス建設に、ニューヨーク市セントラル・パークをデザインした造景造園師フレデリック・オルムステッドと、建築設計士チャールズ・クーリッジを雇った。クーリッジは28歳、著名なヘンリー・リチャードソンの弟子で、優れた建築士としての名声を確立しつつあった。彼は内庭を取り囲む四辺形の石造の建物クァドラングルと半円形のアーチを連続させた回廊を提案した。18世紀にスペイン人宣教師たちがカリフォルニアの海岸沿いに建てたミッション（僧院）のロマネスク様式で、サンノゼから切り出された淡黄色の石材サンドストーンが用い

られ、赤いタイルの屋根が置かれることになった。

1887年4月に設計案が固まると、スタンフォードは「建設は来週から始めよう」と言った。自分の生きている間に大学を完成させるため少しでも早く着工したいという63歳のスタンフォードの気持ちを察して、クーリッジは最終案の作成まで6カ月かかると返事することはできなかった。彼は急いでシャベルとブラスバンドを用意し、息子の19歳の誕生日にあたる5月14日に起工式が行われ、スタンフォードの手によって礎石が置かれた（教会わき60番の回廊）。1891年の春までにクァッド内側、男子寮エンシナ・ホール、女子寮ロブル・ホールが完成した。

1891年秋開校、初代学長ジョーダン

1891年秋の開校が決まった。しかし、スタンフォード夫妻はまだ学長と教授探しに走り回っていた。MIT学長ウォーカー、コーネルの学長を退職したばかりのホワイトに就任を要請したが、2人ともカリフォルニアへの移動を欲せず、スタンフォードを落胆させた。ホワイトは、コーネルの第1期生で自分の教え子、インディアナ大学長を6年務めていたデイビッド・スター・ジョーダンを薦めた。スタンフォードはその足でインディアナ大学に向かい、ジョーダンに会った。ジョーダンは当時40歳の魚類学者で、スタンフォードの人柄に引かれ、教育についての考え方が基本において一致していたことに満足し、西部に新しく開かれる大学をゼロから出発し一級の大学に成長させるという偉大な事業に挑戦しようと心を動かされた。ジョーダンは学長職を受諾するとすぐ教授確保に全力を注ぎ、結局、コーネル、ジョンズ・ホプキンズ、インディアナの若い教授を中心として15人を得た。

1891年10月1日、ゲストを運ぶサザン・パシフィック鉄道の特別列車が準備され、学生、家族、知人、ゲスト等数百人がクァッド中庭に集まり、澄みわたる青空の下で開校式を祝った。リーランド67歳、ジェイン62歳。ニューヨークの新聞は、「大理石の教室で空っぽの席に向かって授業するのだろう」と皮肉な記事を掲げたが、予想をはるかに超える555人が入学した。ジョーダンは緊急に教授の増員に奔走し30人に増やし、2年目には50人を確保した。第1期生のなかにはハーバート・フーヴァーがいた。留学生は12人、そのうち5人が日本人であった。

新生の大学は、共学、非宗教、大学院併設、授業料なしですべての階層の子どもに開かれているという当時としては斬新な大学だった。さらに、カリフォルニアで成功したビジネスマンであり政治家でもあったスタンフォードは西部の産業発展を願い、リベラルアーツ中心の伝統の強い東部の名門大学と、産業発展のなかで誕生したMIT等の実用的教育重視の大学の両者を兼ねた一級の大学を構想した。この特徴がその後のスタンフォードの発展に独特の方向性を与えることになったのである。

女子学生は20％で寮居住が要求された。女子の割合が急速に上昇し40％に達すると、ジェインは、息子のために建てた大学が女子に占領されることを危惧し、500人の上限枠を付けた。この女子枠は、恐慌で男子学生が減少した1933年に廃止されたが、40％を目安とする政策が採られた。女子制限の完全撤廃は男女平等が推進された1972年だ。

学生たちは、開校初年度からさまざまな課外活動を開始した。学生団体ASSU設立、学生新聞発行（1926年に『スタンフォード・デイリー』と改称）、学生雑誌『セコイア』を創刊。フラターニティを組織してそれぞれの寮を建設、ソロリティも設立。ディベート・クラブ等多数の学生クラブ、スポーツ活動も活発であった。2年目には人気のスポーツ、フットボールの最初の対バークレー戦（ビッグ・ゲームと呼ばれる）が戦われ、予想に反して勝利した。チームの色としてカーディナル（深紅色）、インディアン・マスコットも採用された（1970年代に人種的ステレオタイプ化だとして使用停止され、「杉の木」に代わった）。1期生たちは早速同窓会を作り、大学を支える重要な組織へと発展していく。

スタンフォードは、学生や教職員が住める大学町を作るため、メンロパークとメイフィールド（現カリフォルニア通り辺り）の間の土地740エーカーを購入し、キャンパス正門につながるパロアルトの町を作った。開校時には100人以下だった人口は翌年には700人を超えた。地域にはいくつかの酒場が繁盛していて、学生たちに人気の場所だった。夫妻は学生の飲酒を懸念してキャンパスでの飲酒を禁止し、さらにパロアルト内の土地家屋の売買には、アルコールの製造と飲酒の禁止を条件として付けた。1909年カリフォルニア州法は、スタンフォードとカリフォルニア大学の周辺1・5マイルでのアルコールの製造と飲酒を禁止した（アメリカでの禁酒運動は長い歴史をもち、19世紀後半に数州で禁酒法が成立したが、1920〜33年まではアメリカ憲法修正法として禁酒法が施行された）。

リーランド・スタンフォードの死による財政危機

順調なすべり出しは急転、1893年6月21日のリーランド・スタンフォードの死が大学を深刻な危機に陥れた。彼の莫大な財産は遺言検認裁判所の管理下に置かれ、一切の処分が不可能となった。さらに翌年には連邦政府が横断鉄道建設時に貸したローンの返済を要求して訴訟を起こした。ローンはまだ返済期限前だったが、焦げつきを懸念したのだ。夫の亡き後の重大な責任を一身に背負い、大学を救うための夫人の苦闘が続いたが、スタンフォードは勝訴し、遺贈の執行も終わり、夫人は１１００万ドルを大学に渡した。教授、学生そろって「困難な6年」の終わりを祝った。

建設に次ぐ建設

財政危機が落着するや、夫人は大学の建物の建設に力を注ぎ、第2の建設ラッシュとなった。内部クァッドの中央に、夫を記念する教会が１９９９年落成した。ロマネスク風の教会の内部および外部正面は、イタリアのヴェニスの職人による主として旧約聖書に基づくモザイク画がはめ込まれ、チャペルの大理石の使徒像はフローレンスで作成された。外側クァッドも追加された。クァッドは内装は変わったが、外装は百年前と同じ風情を保つ。開校以来ずっと学長オフィスは内側クァッドにあり、広大なキャンパスの中枢だ。教会前の広い内庭は重要な式典の場として使用される。

教会前の回廊の敷石には、92の数字を最初にして右側へと順に数字が刻まれたブロンズの板がはめ込まれている。卒業生が卒業年度を記したブロンズ板を敷石にはめ込む伝統は、１８９６年卒業生が始め、今に引き継がれている。機会をミスして残念に思った95年卒業生はこっそり95を隣にはめ込んだが、その後第1期からの92、93、94板も加えられた。１９００年からは、ブロンズ板の下に卒業者名簿と卒業生が選ぶ記念物を入れたタイムカプセルを置くようになった。

建設ラッシュは続き、化学科の建物、図書館、体育館が完成。アテネ・ミュージアムをモデルにしたミュージアムは私立では当時アメリカ最大だった（１９９９年ジェラルド・カンターから寄贈されたロダンの彫刻コレクションその他も加えて、カンター・アート・センターとなった）。

夫の死から10年間、大学の重大決定はジェインの手に握られていたが、1903年、75歳で大学理事会に決定権を委譲し、自らは理事長になったが、1905年2月1日ハワイで急逝。スタンフォード一家の墓モーソリアムは、やしの木が並ぶ中央道に近い樹木園の樫の木に囲まれて静寂の中に佇んでいる。リーランド・スタンフォードの誕生日3月9日は「大学創立者の日」として、ここで祝われる。

地震による破壊からの復興

1906年4月18日、大地震がサンフランシスコを直撃し、多くの建物を破壊するとともに、火災が市の大半を焼き払い、ノブヒルにあったスタンフォード家の豪壮なマンションも焼失した。この地震は建築後間もない大学の大部分の建物を無残にも瓦礫にした。耐震建築だけが全壊をまぬがれた。人々は瓦礫の山を呆然と眺めながら、夫人が大学の無情な破壊を目撃しなくてすんだのはせめてもの幸せだったと語った（教会の尖塔の中にあった時計は損壊を免れ、教育学部横の塔で15分おきに美しいチャイムで時を告げている）。

開校以来大学を率いてきた初代学長ジョーダンは1913年学長から退職して名誉学長となり、22年間（1891～1913）のジョーダン時代は幕を閉じた。第2代学長は、ジョーダンのコーネルの同窓生でインディアナ大学から一緒にスタンフォードに赴任し、以来片腕として苦楽を共にした63歳の地学者ジョン・カスパー・ブラナーが2年間つなぎを務めた。

3　スタンフォード大学の発展

第3代学長ウィルバー

レイ・ライマン・ウィルバーが第3代学長に就任したのは開校から25年目の1916年、それから27年にわたる在職中に、スタンフォードの現在の原型が形成され、学部、大学院、プロフェッショナル・スクールの3部構造をもつ総合研究大学へと成長した。ウィルバーは40歳、スタンフォードの医学部卒業生で医学部長から抜擢された。ハーバート・フーヴァーは大学理事としてウィルバーの改革を支えた。

設立当時世界で最も裕福だった大学は、創立者の死と遺産問題さらに大地震という不運に加えて資金運営収入も低く、大学財政は逼迫した。優秀な教授を集めるために必要な給与の改善、組織改革、キャンパス建設に必要な財源確保のため、「授業料は無料、寄付は求めない」というスタンフォード夫妻の考え方から離れ、1920年から1学期40ドルの授業料を徴収するとともに、初めての大規模な寄付集め活動を展開した。財団からの寄付は重要な財源となったが、マッチング・ファンド方式は、大学のファンド・レイジング活動を組織化し、同窓会が重要な役割を果たすようになった。フーヴァーは、同窓会組織を動員して多額の寄付を集めた。34年には、デベロプメント・オフィス（ファンド・レイジング担当）が置かれた。ここに、大学の発展を支える財源拡大のための組織が作られ、強化されていく。同窓会は、寄付活動以外にも、講演やさまざまなイベントの提供を始めた。

学期も1920年に2学期制から4学期制へと変更された。大学施設を夏も遊休させず11カ月間効率的に使用できるし、学生は夏学期に単位を取ることも可能となり、プログラムに柔軟さを与える利点が強調された。ウィルバーは、「学生は最小限の勉強、最大限の遊びではなく、学業こそ本業」として高い達成を要求した。入学時の専攻選択制をやめ、最初の2年はリベラルアーツ中心、後半2年が専門化という制度に変更。オナー・コードが学生の要求によって制度化された。

スタンフォードは当初から大学院併設だったが、20年にはまだ大学院生の割合は12％にすぎなかった。大学院の拡充、研究重視の努力が払われ、30年には33％へと上昇した。教授数も150人から271人に増加し、総合的な研究大学へと成長していく。

20年頃からそれまで多数分散していた学科をスクール（学部）として編成、現在の組織の原型ができた。法学は1893年に学科として開設、1908年に法学部となり、24年には法科大学院となった。医学は1908年にサンフランシスコの医学校を購入して医学科として開設、13年には医学部となった。教育学関連の学科は開校当初からあったが、1898年にエルウッド・カバリーが就任して充実させ、1917年に教育学部となった。バイオロジー&看護、社会科学、自然科学&人文はそれぞれスクールとなり(22)、48年に人文&サイエンス学部として統合された。1925年には、工学関連も工学部としてまとまり、ビジネス・スクールが新設された。地学と鉱山学は一緒になって地球科学部となった(47)。

1900年に14のエリート大学をメンバーとしてアメリカ大学協会AAUが設立されたとき、スタンフォードはUCバークレーとともに参加しており、すでに一応のステータスを得ていたが、大学院と研究活動の充実により研究大学として上昇していく。1925年のアイオワ大学長ヒューズによる大学院ランキングの先駆的研究において、スタンフォードはすでに14位だった（第8章参照）。

キャンパス建設も活発であった。学生寮も増えた。1921年に巨大なフットボール・スタジアムが建設され、30年にはゴルフ・コースが有名なペブルビーチの設計者ウイリアム・ベルの設計によってオープンした。

フレデリック・ターマンは、心理学教授ルイス・ターマンの息子で、スタンフォードで学士、修士号取得後、MITに行ってヴァニヴァー・ブッシュ電気工学教授の最初の博士号取得者となった。1925年、結核を患い気候のよいスタンフォードに電気工学科の助教授として戻ってきた。健康が回復するにつれ、めざましい活躍が始まった。MITで大学と企業との近さを見たターマンは、スタンフォードで、理論と応用の結合、企業との協力関係、R&D発展を推進した。彼自身多数の発明をしてパテントを取り、周辺における産業育成に尽力した。ヴァリアン兄弟やヒューレット&パッカードがスタンフォードに来たのも30年代である（第6章参照）。

スタンフォードの名声が高まるにつれ、優秀な人材が集まってきた。ナチス台頭によってヨーロッパの一流の学者がアメリカに亡命したが、スタンフォードにも、34年スイス人物理学者フェリックス・ブロックがやってきた（後述）。スタンフォードは40年までに、伝統的学部教育、大学院教育、基礎研究に加え応用科学の重視という複合的アプローチ、さらにソーシャル・ライフ、スポーツ等を含み持つマルティヴァーシティへと成長した。

ハーバート・フーヴァーの貢献

フーヴァーは第1期生として地質・鉱山学を学び、世界的に一流の鉱山技師としての評判を得ていた。1912年に大学理事になって、ウィルバー学長を助けて大学改革を後押しした。第一次大戦中12万人のアメリカ人の本国帰還とドイツ軍の侵略で食糧不足に苦しむベルギーと仏北部に船での食糧供給を続けた。コーネルのホワイトが真の歴史を知るために第一次資料の収集が重要であるとしてフランス革命の資料を集めたことを航行中に読み、大戦関連の資料を集め、後世の人が戦争の原因を理解して戦争を回避し、平和の維持に貢献するようにと願い、1919年、スタンフォードに「戦争、革命および平和に関するフーヴァー研究所」を設立した。彼はハーディングとクーリッジ大統領のもとで商務長官を務めたが、カリフォルニアの若者が西部で経営学を学べるように、スタンフォードにビジネス・スクール設立を提案し、西部のビジネス・リーダーたちが集まって資金を集め、25年に開設された。

キャンパスでひときわ目を引くフーヴァー・タワーは280フィートの高さを誇り、レンガ色のドームを冠するが、大学開校50周年を祝って1941年に完成された。フーヴァー研究所の収集は、2つの大戦、ロシア革命、ナチス、中国革命、蒋介石の国民政府、日本占領中の連合軍政策に関する資料から、アフリカ、中近東、中南米にまで及ぶ。70年代に国内問題、政策研究にも手を広げた。アメリカのみならず世界各国から著名な学者を集め、スタンフォード大学の名声を高める役割を果たしたが、反面、共和党のシンクタンクとも言われたように保守的イメージが強い。

フーヴァーは1929年に共和党の第31代大統領に就任した。ウィルバーは学長を休職して、内務長官を務めた。しかし、株が大暴落した29年10月29日の「暗い火曜日」に始まる大恐慌を乗り切れず、33年の再選に挑むが、フランクリン・ルーズベルトに破れ、大統領としては不運だった。フーヴァーは半世紀にわたってスタンフォードの発展に尽くし、44年の妻の死後、大学内の丘の上の白亜の邸宅を大学に寄付した。この建物は妻の名をとってルー・ヘンリー・フーヴァー・ハウスと呼ばれ、学長邸となっている。

戦争経験、戦後のトレシダー学長

2つの大戦はスタンフォードにも大きな爪痕を残した。第一次大戦中にはROTC（予備兵訓練）が導入され、多くの学生が入隊、77人が戦死。37年に建設されたメモリアルホールのロビーには、戦死者の名前が記されている（後に第二次大戦、朝鮮戦争、ベトナム戦争での戦死者名も追加）。第二次大戦時にも、軍の士官や専門家養成の場となり、キャンパスは兵士学生で埋まり、やがて多くの学生が出征した。教授たちも戦争に動員された。ターマンはヴァニヴァー・ブッシュに呼ばれて、ハーバード無線電波研究所で働き、レーダー探知妨害器を爆撃機に備え付け、これにより味方700機が敵機の追撃を逃れたといわれる。物理学者ウィリアム・ハンセンはMIT放射線研究所、航空工学のウィリアム・デュランドはワシントンの航空関連国家諮問委員会で働いた。

日本人留学生

1891年の開校時には5人であった日本人留学生は、1900年には19人に増え、03年に「日本人学生会」を作り、16年には日本人学生クラブハウスを建設した。エンシナ寮が日本人学生の入居を拒否したためだが、強制収用されるまで日本人学生寮として使用していた（戦後は国際学生寮、68年取り壊し）。

この建物の前で、日本人学生がジョーダン、ウィルバーを囲んで撮った写真が数枚残っている。両学長は日本との関係の橋渡しになり、また勤勉な日本人学生を支援した。ヤマト・イチハシ（1878～1963）も写っている。イチハシは、名古屋出身、16歳で渡米し、日系人差別がひどい時代にスタンフォードで学士と修士号（1908）、ハーバードで14年に政治経済学博士号を取得。ジョーダンに呼ばれてスタンフォードに戻り、日本史、

1904年頃の日本人留学生、ジョーダン学長を囲んで
(Photo: Courtesy Stanford Archive)

日本政治、国際関係、日系人史を教えていた。1920年に、渋沢栄一、日本領事、日系ビジネスマン等からの3・75万ドルの寄付によって「基金付き助教授」となったが、これはスタンフォードの最初のエンダウド・チェアだった。彼はスタンフォードにおける日本・アジア研究の礎を築いた。

1941年12月8日の真珠湾攻撃で日米開戦になると、翌年2月19日の大統領令9066号が発令され、西海岸地域のすべての日本人と日系アメリカ人が強制収容された。64歳のイチハシも学生と共に収容所に送られた。彼は戦後スタンフォードに戻るがすでに退職しており、ほとんど自宅にこもって研究を続けた。この基金付きポストは1992年ヤマト・イチハシ・チェアとなって今に続く。

大学に数々の新風を吹き込んだウィルバーの退職によって、ドナルド・トレシダーが第4代学長（1943〜48）に就任した。スタンフォード医学部卒、ヨセミテ国立公園内のロッジ経営者で、大学理事会長を務めていた。彼は大学の財政、行政、建設、大学運営改革を進めた。終戦とともに帰還兵がGI法（第7-II章参照）を利用して大学に殺到し、スタンフォードの学生数も、47年には4000人ほどの帰還兵を含め8200人に達した。多数の学生寮が建設された。60年代にはエスコンディド・ヴィレッジが徐々に完成、既婚学生寮も整備された。46年に、後述する「スタンフォード・リサーチ・インスティチュート」が設立された。トレシダーは、戦中戦後の困難な時期に高い教育水準を保つため努力するが、不幸なことに、5年も経たないうちに出張先のニューヨークのホテルで急死した。学生団体ASSUは、1962年に完成した学生会館をトレシダー・ユニオンと呼ぶことにした。

4　スタンフォード大学の飛躍——スターリングとターマンの時代

第5代学長に就任したウォラス・スターリングは、時に42歳、49～68年までの19年間の舵取りをすることになった。スタンフォードで博士号を取得、カリフォルニア工科大学の歴史学教授をしていた。スターリングは、スタンフォードを全国トップクラスの研究大学に成長させようと努力した。彼の片腕となったのが、戦後工学部長としてスタンフォードに戻り、55～65年は副学長として活躍したフレデリック・ターマンだ。このコンビが、スタンフォードに飛躍の時代をもたらした。

戦後の財政難を乗り切り、スタンフォードを一流大学に育てるために、まず給与を改善して優秀な教授を雇い、老朽化した建物・設備に代わる新築、学生の増加に対応する教室や学生寮の建設等が差し迫って必要だった。財源拡大のために大々的な寄付集め運動が展開された。特に60年にフォード財団からの「大学調達額の3分の1相当額を寄付する」という申し入れがあり、1億ドルを目標とする3年間キャンペーンが展開され、卒業生が動員されて1億1300万ドルを達成。寄付による基金付き教授ポストも次第に増えた。

一方、大学の800エーカーの広大な土地は、教育用に使用されていない部分は安価に牧畜、農業用に賃貸されていたのだが、1951年に商業・工業用賃貸に踏み切り、キャンパス南部のインダストリアル・パークと、北部のショッピング・センターという2つの発展を見た。

新しい大学のビジョン

ターマンは、MITで恩師ブッシュの大学、政府、産業の連携の考え方に触れ、また戦争への科学者動員による科学の力のすごさを見た。ターマンは大学のあり方が将来2つの面で重要な方向転換をするであろうことを誰よりも早く見抜いた。

第1は、大学と連邦政府との関係だ。第二次大戦中から西海岸の戦略上の重要性を理解した連邦政府は、西海岸の航空機、エレクトロニクス産業の育成にてこ入れするが、戦後、大学が技術発展に貢献し、国の軍事力、経済力を左右するとあらためて認識し、大学の研究助成に乗り出した。ブッシュはこのような連邦科学政策の立役者だった。冷戦の展開、朝鮮戦争、宇宙開発をめぐるソ連との競争もこの動きに拍車をかけた。ターマンは、連邦政府の助成は、優秀な研究者の集まる大学に集中するであろうと予見し、スタンフォードに第一線の頭脳を呼び寄せることに奔走した。これが「傑出した才能の尖塔」の考えだった。

第2は、大学と産業との関係である。過去において産業の立地条件というと、原材料の生産地、輸送の便、労働力の豊富さ、大資本の有無、商品市場の存在が決定的だった。しかしターマンは、新しいタイプの産業は知の生産地、つまり大学の周辺に集まるだろうと洞察した。大学は孤立した学問の府ではなく、産業と緊密な関係を築き、経済発展に貢献するべきだという、大学の役割についての新しいビジョンを強く打ち出した。これは創立者の大学ビジョンでもあったのだ。大学を中核としその周辺に第一線の技術・頭脳が集まるコミュニティを作ろうとする努力が、インダストリアル・パークの建設に結実した（第6章参照）。

「傑出した才能の尖塔」の形成―第2のゴールドラッシュ

「傑出した才能のまわりには自然と優秀な研究者、学生が集まり、大学はトップクラスに成長する。広い分野を平凡にカバーするよりは、少数の稀有の人材から成る尖塔を作るべきである。大学に9万ドルの金があるなら、5人の教授を雇って各人に1・8万ドル払うより、3万ドルで1人の逸材を迎え、残りで5人を雇い1・2万ドル払った方が効用は大である。」ターマン哲学の真髄だ。

ターマンは、戦時中のハーバード無線電波研究所での経験を通してエレクトロニクス時代の到来を予見し、46年に工学部長として戻るにあたり、この研究所で働いていた有能な技術者数人を引き抜き、電気工学科を一躍全国トップランクに引き上げた。航空宇宙工学科と短波研究所も設立した。

ターマンの予見は正しかった。著名な研究者を他大学から引き抜いて「傑出した才能の尖塔」が形成されるにつれ、スタンフォードに対する連邦政府の研究助成は急速に増加していった。優秀な教授は大学に多額の助成金をもたらし、最新設備の設置、学生の就学費をサポートした。間接費は大学の運営費、施設費をカバーした。一流大学へと成長する上昇気流に乗ると、さらにより多くの一流の頭脳が集まってきた。『タイム』誌は「カリフォルニアの第2のゴールドラッシュ」と評し、ターマンは「引き抜き屋」の異名を与えられた。

コンピュータ・サイエンスの発展

トランジスターの共同開発でノーベル賞を受賞したウィリアム・ショックレーは、ターマンの誘いもあり、マウンテンビューで半導体研究所を設立したが、56年からスタンフォード電気工学の講師、その後教授となった。ショックレーの企業は成功しなかったが、そこからは多くのスピンオフが生まれ、シリコン・バレー発祥の地となった。

ジョージ・フォーサイトが57年に数学科に着任。まさにコンピュータ革命が始まろうとしていた。彼は、コンピュータの有用性が計算や情報処理だけでなく多方面に広がるだろうと予測し、コンピュータ・サイエンスという新しい学問分野の確立を考えた。電気工学、物理、ビジネス、航空宇宙学等、多分野の人材を集めて、65年にコンピュータ・サイエンス科（CS）を設立し、全米の大学にCSの教育と研究を広げるパイオニアとなった。

CSと関連学科から多岐にわたる革新的テクノロジーが生み出された。ジョン・マッカーシーは62年人工頭脳（AI）という言葉を作り発展させた。エド・ファイゲンボームは遺伝子研究のジョシュア・レダバーグと遺伝子構造を共同研究、またナレッジ・システム・ラボを設立してAIの応用による多方面の研究を推進、さらにシリコン・バレーのいくつかの企業のスタートアップに参加している。製造工程の自動化に貢献するロボット作成、音声認識、医学・生命科学分野への応用、デスクトップ印刷用ソフト、ウェブ・ソフト開発等、多くの革新的テクノロジーが生まれた。医学治療に有益な同時的インタラクティブ・データ入手方法の開発は、68年のノーマン・シャムウェーによるアメリカ最初の心臓移植に使用された。近年は生命科学情報の発達が著しい。ジョン・チャウニングによる音シンセサイザーはコンピュータ音楽の時代を開けた。70年代初めのインターネット開発、80年代の高速度情報送付、91年のSLACでのウェブ・サーバーの開発、等々。電気工学やCSの教授や学生からは、ヤフー、グーグルなど多くの企業が誕生した（第6章1参照）。

物理学科、SLAC

フェリックス・ブロックが１９３４年に物理学科に赴任し、45年に核磁気共鳴（ＮＭＲ）を発見（52年物理学ノーベル賞受賞、スタンフォードの最初の受賞者）、物理学科の発展が始まった（55年にはウィリス・ラムが受賞）。ヴァリアン兄弟によるクライストロン発明、47年ウィリアム・ハンセンやエドワード・ギンズトンによる直線電子加速器建設、50年にロバート・ホフスタターの核磁気構造研究（61年物理学賞）、61年にはアーサー・シャローが赴任しレーザー分光研究（81年物理学賞）というように、めざましい研究成果を達成していった。97年にはスティーブ・チューが物理学賞受賞（オバマ政府エネルギー省長官）。

１９５０年代後半、素粒子研究に必要な巨大な加速衝突器を備えた国立研究所設立の構想が作られ、受け入れ先に指名されようと有名大学数校が激しい競争を展開したが、62年にエネルギー省管轄の国立研究所をスタンフォードが委託運営するという形で、スタンフォード直線加速器研究所（ＳＬＡＣ）が設置され、66年にフリーウェイ２８０沿いに2マイルの直線チューブが完成した。今では高エネルギー物理学から光子科学、粒子宇宙物理学まで拡大、世界各国からの研究者が集まる。パーシス・ドレルは初めての女性所長だ。２００８年に「ＳＬＡＣ国立研究所」と名称変更した。

化学科の拡充

１９５０年代の終わりに企業から5年間にわたって毎年5万ドルという寄付提供があった時、ターマンは、高名な研究者の引き抜きによって化学科を強化することを提案し、ウィスコンシン大学のウィリアム・ジョンソンと、経口避妊薬の開発者でシンテックス副社長であったウェイン州立大学カール・ジェラシの両教授がそれぞれの研究チームを引き連れてやってきた。61年にはポール・フロリー（74年ノーベル化学賞）、62年ヘンリー・トーブ

（83年化学賞）等も赴任、化学科は一躍全米トップに上昇した。69年にはリナス・ポーリング（54年医化学受賞）がやってきた。

バイオメディカル

１９５９年にサンフランシスコにあった医学部と病院は、キャンパス内に引っ越し、基礎医学、臨床、生物学、化学、物理、コンピュータ・サイエンス、工学との連携が容易になり、原子力医学やコンピュータの医療利用を発展させた。48年に赴任したヘンリー・カプランは、放射線治療、原子力医学開始、55年にはギンストン、ハンセン等と共に医療用原子加速器建設、医学部の成長に貢献。卓越した頭脳が集まってきた。59年創設の生物化学科には、ポール・バーグ（ＤＮＡ研究、80年化学賞）、アーサー・コーンバーグ（ＤＮＡポリメライズ発見、59年医学賞）、ジョシュア・レダバーグ（58年医学賞）がやってきた。68年に赴任したスタンレー・コーヘン（86年医学賞）のＤＮＡ合成の発明は、バイオテクノロジー産業の発展に貢献した（第6章参照）。

スタンフォード・リサーチ・インスティチュート（ＳＲＩ）

ＳＲＩが大学と産業、政府との連携に果たした役割は大きい。ＳＲＩは、大学とカリフォルニアの企業家が集まって、カリフォルニアの産業発展のため、学際的な基礎＆応用研究を目的として１９４６年に設立された。学長が所長、大半の研究員が教授の兼任、依頼者のニーズに応える研究を行い、そこからの収入でまかなうというやり方だった。ＳＲＩには、企業からだけでなく、政府からの契約も増加した。連邦政府が防衛関連の研究開発に巨額な資金を投入するようになったからだ。ＳＲＩは世界的に有名な研究所に成長し、情報・通信の先端技術、人工頭脳、医学・薬学・バイオ、エネルギー関連から教育、政策研究までカバー。キャンパスの裏の丘陵地にあるディッシュと呼ばれるラジオ・テレスコープの建設（61）、太陽エネルギー研究、マウスの開発等多数の研究開発に貢献した。

しかし、1960年代の反戦運動で大学の軍事関連研究に反対の声が高まり、特にSRIは国防省からの研究依頼が大きな比重を占めていたため、反対運動の標的になった。また、SRIが大学付属組織としては巨大化しすぎたこともあり、70年に大学から切り離され、75年に「SRIインタナショナル」という独立組織になった。その後もR&Dの重要な研究所であり、その研究からスピンオフして誕生したベンチャー企業も少なくない。

5 変化の時代

1960年代後半から70年代は、社会的平等や正義が論じられ、価値・規範が大きく変動した時期だった。スタンフォードでも公民権運動、ベトナム反戦運動、女性運動、自由の要求、大学改革要求運動が展開した。スターリングの後、ライス大学長を務めていた化学者ケネス・ピッツァーが第6代学長に就任したが、社会的激動とキャンパスでの不安定な時期をうまく乗り切れず3年で辞職し、副学長だった42歳のリチャード・ライマンが第7代学長（70〜80）となり、教育改革や平等化推進等多くの重要な改革が行われた。

カリキュラム改革では、白人・男性・西欧文明中心主義が修正されてエスニックやジェンダー・スタディーズが取り入れられ、多文化・多様性の価値化を反映するカリキュラムになった。80年の改革で「西洋文化」の授業が必修になると、西欧文明中心主義への批判が強く出て、88年にはその代わりに「文化、アイディア、価値」が1年生に必修となり、西欧文化と非西欧文化の両方、女性とマイノリティを含む内容となった。このカリキュラム改革は、全国的規模で多くの議論を巻き起こし、「文明戦争」が全米で起こった。97年の改革で、1年生への1年間の学際的「人文学入門」コースに代わった（第4章参照）。

第8代学長ドナルド・ケネディ（80〜92）は、48歳の生物学者、カーター政権下でＦＤＡ長官を務めた後、副学長だった。80年代には、大学の社会への貢献、知の移転による経済への貢献が強調され、知の資本化の時代が到来した。周辺のエレクトロニクス産業の発展とともに、大学への巨額寄付も増え、キャンパスには電気工学やコンピュータ・サイエンス関連建物の新築、さらに、医学部の著しい拡充と建設が始まった。5年間の百年祭ファンド・レイジング・キャンペーンで12・7億ドルを達成し、91年、スタンフォードは開校百年祭を祝った。89年10月17日の大地震でキャンパスは大きな損害を受けた。さらに、連邦政府スポンサーの研究において、間接費ふくらませが指摘され、間接費の不適切使用問題は他の研究大学にも波及、間接費の大幅削減となり、多額の連邦研究助成金を受ける研究大学は大きな財政的打撃を受けた。

第9代学長ゲハルト・カスパー（92〜00）は55歳、ドイツ生まれ、憲法学者でシカゴ大学副学長から抜擢された。38歳の政治学教授コンドレザ・ライスが、最初の黒人女性の副学長として颯爽と登場した（ブッシュ政権の国務長官を務め、今はフーヴァー研究所所属）。スタンフォードの成功を反映するように、ランキング上昇、建設ブーム、財源拡大、カリキュラム改革が行われた。

そして、２０００年にジョン・ヘネシー第10代学長にバトンタッチした。彼のリーダーシップのもとで推進されてきた大学の未曾有の変革についてはこれまでの章で取り上げてきた。

第7-II章 アメリカの高等教育史

SLAC 国立研究所 2 マイルの素粒子加速器が延びる
(Photo Brad Plummer/SLAC)

アメリカの高等教育の歴史を見ることによって、スタンフォードが大きな歴史のなかにどのように位置づいているか、さらに、アメリカにはどのような特徴の大学制度が形成されてきたかを見てみよう。

1　大学の誕生と発展

アメリカの高等教育は私立大学として始まった。建国後にジョージ・ワシントン等によって何度か国立大学設立が提案されたが、連邦政府の中央集権化に対する反対が強く、結局、教育は州の責任だという考え方から、多数の私立大学と州立大学が設立され、分散的・分権的な教育制度が作られた。

東部の私立名門校—植民地時代の9カレッジ

アメリカの最古の大学は1636年設立のハーバード・カレッジである。メイフラワー号に乗ったピルグリム・ファーザーズのプリマス上陸からわずか16年後だ。1776年の建国までに、ウィリアム&メアリー（1693）、イエール（1701）、プリンストン（旧称ニュージャージー、1746）、コロンビア（旧称キングス、1754）、ペンシルヴァニア（旧称フィラデルフィア、1755）、ブラウン（旧称ロードアイランド、1764）、ダートマス（1769）、ラトガーズ（旧称クィーンズ、1770）の9カレッジが開設された。

本国のケンブリッジやオックスフォード大学をモデルとして、大学というコミュニティ内で生活を共にしながら共に学ぶというレジデンシャル教育を取り入れ、古典とリベラルアーツを通した指導者養成を目的とした。しかし、イギリスの大学が教授による自治的組織であったのに対し、アメリカのカレッジは、外部の理事から成る理事会を最高の決定機関とし、学長は理事会から管理運営を委任されるという方式を取った。ゆえに学長は常にカレッジの外からの力を受け、外との交渉が必要であった。また、授業料収入だけでは不足だったので、州の援助や篤志家の寄付を獲得する手腕が期待された。

長い歴史はそれ自体名声の源泉である。ハーバード、イェール、プリンストン、コロンビア、ペンシルヴァニア、ブラウン、ダートマス、コーネルの8校はアイヴィー・リーグと呼ばれ（もとは1954年のスポーツ・リーグの形成から始まったのであるが）、つたに覆われた由緒ある建物が並ぶ東部名門校の代名詞になった。

州立大学の設立ラッシュ

建国後にジョージ・ワシントン等が押した「合衆国大学」構想は実現せず、公立大学は州の責任となり、各州は大学設立を急いだ。まず東部諸州から始まり（ジョージアから、ヴァージニア、ニューヨーク、メリーランド等）、開拓とともに中西部に広がり（オハイオ、ミシガン、ウィスコンシン等）、南北戦争（1861―65）の前までに14の州立大学が設立され、戦後は特に中部、西部に広がった。メキシコから割譲されて間もないカリフォルニアでは、金発見で始まったゴールド・ラッシュ（1849）で移住者が急増したが、1868年にはカリフォルニア大学がバークレーに誕生した。

高等教育の多様化、実用化

19世紀中頃から、アメリカの大学は、イギリス的伝統から脱皮してアメリカ独自の制度を形成していった。産業が発展するなかで、古典的リベラルアーツ中心の人格形成教育に対する不満が高まり、産業にも役立つ実用的教育が要求された。１８２４年にレンスレイアー工科大学が設立されたが、研究と実験、応用、実用的知識の普及を目標としたマサチューセッツ工科大学（ＭＩＴ）の設立（１８６５）は、高等教育の新しい動きを象徴した。１８６２年のモリル法はこのような動きを後押しした（第6章参照）。同法は、連邦から州への土地供与（ランド・グラント）によって大学設立を援助したが、実用的教育を重視し、特に農学・工学教育の発展へのてこ入れとなった。パーデュー、オレゴン、テキサスＡ＆Ｍ等のランド・グラント大学が設立された。また、既存の大学にも農学、応用科学、工学等が取り込まれていった。

産業発展のなかで富を蓄積した富豪たちからの寄付によって、私立大学も多数設立され、一流の大学建設をめざした。アメリカの高等教育は、少数に開かれたエリート的制度から一般にも開かれたより民主的制度へと転換していくとともに、新しい社会的ニーズに応える実用的教育へと内容を拡大し、大学の社会的重要性、有用性を確立していった。

建国後には、女子にも初等中等教育の機会が広がった。教師養成校は、女子の教育機会を拡大した。女子カレッジは１８５０年代までに約12校が設立された（マウント・ホリヨーク等）。最初の共学大学はオバリン・カレッジで、１８３７年に黒人と共に４人の女性を受け入れた。ハーバードの設立からちょうど２００年後だ。女性のための高等教育は、南北戦争後に飛躍的に拡大し、１８６０〜１９３０年代までの期間に、多数の女子大学が設立された。中西部に多く設立された州立大学はほとんど共学であり、私立のコーネル、シカゴ、スタンフォードは共学校として開校した。とはいえ、男子には農学と工学、女子には家政学という専攻の違いや女子の入学制限があり、特に法学、医学等は女性に入学枠を付けた。

南部では、奴隷制のもとで黒人に読み書きを教えることは犯罪だった。北部では、19世紀前半に少数の大学が自由黒人を受け入れ、少数のブラック・カレッジができたが、南北戦争後は、南部にも私立、州立のブラック・カレッジが設立された。

2　近代的大学作り

研究大学の創出

アメリカの大学の重要な展開は、研究重視、大学院の拡大、プロフェッショナリズムの登場である。18世紀にすでにドイツの大学は教育中心から研究重視へと移行しつつあり、１８１０年にはベルリン大学が創立され、アメリカの大学発展に大きな影響を与えた。トーマス・ジェファーソンによって設立されたヴァージニア大学（１８１９、州立）が、教育内容のレベルの高さ、より広いカリキュラムからの選択制の採用、宗教からの独立、啓蒙精神を土台としていた点で、時代の先駆けとなった。

コーネル大学は、１８６５年に、エズラ・コーネルの構想と出資およびランド・グラントで設立された私立大学であるが、東部での最初の重要な共学校であった。アンドルー・ホワイト初代学長は、多目的の民主的大学を構想し、リベラルアーツ中心のカリキュラムを拡大して実用的な応用科学や工学を加え、職業教育の価値化、硬直的な必修制から選択制への移行、宗教からの独立、さらに研究の強調という革新的大学として成長した。

ドイツの研究大学を最も忠実にモデルにし、充実した大学院と医学部を併設したジョンズ・ホプキンズ大学が、1876年に、鉄道での成功者ホプキンズの寄付によって、ダニエル・コイト・ギルマンを学長に開校し、アメリカのカレッジを真のユニヴァーシティへと転換させる時代の幕開けとなった。他の大学も大学院の拡充に努めた。

ハーバードのチャールズ・エリオット学長は1869〜1910年の41年間の在職中にさまざまな改革をした。修士号は学士号取得後3年以内に5ドルで取得できたのだが、正式に修得する学位となり、他の大学も同様の改革を行い、修士号取得者は急速に増えた。イェールが1861年にアメリカの最初の博士号を授与し、他大学の博士課程の拡大を刺激した。財政難に陥ったシカゴ大学は、ロックフェラーの援助を得て、1892年にウィリアム・レイニ・ハーパー学長のもとに、優秀な教授を他大学から引き抜き、トップクラスの共学の研究大学として新生した。アメリカの大きな大学は、学部と大学院を併せもつ2階層制となり、カレッジからユニヴァーシティへと改称した。

アメリカの産業発展、職の専門化の進行は、大学に対し、知識・技能の専門的教育を要求し、大学は次第に専門職養成をカリキュラムの中に取り込んでいった。イェール、コロンビア、ハーバード等は、南北戦争前に、医学、法学等のプロフェッショナル・スクールを設置していたが、20世紀初頭には大学院となり、ビジネス・スクールも設置。教師養成も、教師養成校から大学の教育学科へ、さらに大学院に昇格された。かくて大学は、学部、大学院、プロフェッショナル・スクールの3部構成となった。

リベラルアーツ中心の教育は根底的変化をとげていった。宗教色の払拭、科学主義、実用的プログラム、プロフェッショナル教育重視、職業との結びつきの強化、社会的ニーズへの対応、地域へのサービス提供、さらに研究・知の生産の推進までをカバーする多目的、多機能的な制度となり、大学の組織的、機能的巨大化が進んだ。1920～30年頃までに、ユニヴァーシティは「マルチヴァーシティ」へと変質した（クラーク・カー、1963）。研究大学の影響力が増加し、研究大学をトップとする大学の階層化が進んだ。入学者の増加、カリキュラムの改革は、大学を社会の周辺的存在から中核的制度へと転換させた。

偉大なる学長と富裕な寄付者の結合

アメリカの大学の収入は、基本財産運用、州からの援助、授業料が主たる財源であったが、ほとんどの大学は開校当時から財政的に苦しく、学長等はしばしば資金集めに奔走しなければならなかった。19世紀後半からの産業発展のなかで巨大な富を蓄積した成功者たちが、大学の新設や、既存大学に寄付を始めた。例えば、エズラ・コーネル（テレグラフ、通信）、ジョンズ・ホプキンズ（鉄道）、コーネリウス・ヴァンダービルト（船舶、鉄道）、ベンジャミン・デューク（タバコ、鉄道、綿）、アンドルー・カーネギー（鉄鋼）、ジョン・ロックフェラー（石油精製）、ポール・チューレーン（商業）、ウィリアム・ライス（商業）、リーランド・スタンフォード（鉄道）、ジョン・パーデュー（商業等）等々。

近代的大学建設にはしばしばこれらの大富豪と辣腕な学長の組み合わせがあった。多数の偉大なる学長が登場し、しばしば長期間にわたって学長を務め、文字通り、大学建設事業を進め、アメリカの高等教育の原型を作り上げていった。コロンビアのフレデリック・バーナード（1864～92）とニコラス・マレー・バトラー（1902から43年間）、ハーバードのエリオット（1869から41年間）、コーネルのホワイト（1865～85）、UCのB・ウィーラー（1899～1919）、ジョンズ・ホプキンズのギルマン（1876～1901）、MITのフランシス・ウォーカー（1881~97）、ヴァンダービルトのランドン・ガーランド（1875~93）、シカゴのハーパー（1891~1906）、スタンフォードのジョーダン（1891~1913）等。

ファンド・レイジングは、学長の重要な職務の一つとなった。大学は財源拡大のための担当者を置き、寄付集めや財産管理の専門化が進んだ。またビジネスマンが大学理事会に参加するようになった。ハーバードのエリオットやコロンビアのバトラー等は大学の基本財産（エンダウメント）を拡大し、安定した財政的基礎を築いた。私立だけでなく公立大学も寄付の恩恵を受けた。

1890年頃から、多額寄付者は、キャンパスを象徴する記念すべき建物と洗練された景観の建設に傾注した。例えば、シカゴでは、ロックフェラーからの援助を受けて、ゴシック尖塔の建物が建設された。UCバークレーはハースト（新聞）から多大な援助を得て、ゴシック・スタイルの時計塔他多数の建物を建設した。第一次大戦後の学生数の著しい上昇は、キャンパス建設ブームを続行させ、キャンパスの巨大化、図書館、サイエンス・ラボ等の充実、大きなフットボール・スタジアム建設、多くの大学の現在見るキャンパスの原形がこの時期にでき上がった。新しい学生寮は、ラウンジ、ゲーム・ルーム、スポーツ施設、アドバイサーの住み込みという形に移行した。

大学教授というプロフェッションの形成

19世紀後半、大学の重要性の上昇とともに、大学教授という新しいプロフェッションが形成され、社会的ステータスも上昇した。授業よりも研究が教授という職業を形容する主要素となった。特に研究大学では、教授の仕事は、学部での授業中心から大学院での研究へと重点が移行し、図書館、実験施設と設備の整備、授業負担の短縮等によって研究環境の充実が図られた。大学の学科が、学問分野と対応する形で組織化されていった。学問分野ごとに多数の学会が形成され、専門学術誌が発行され、全国的な規模の教授市場が形成された。

講師、助教授、准教授、教授という職階と昇進、テニュア制度が形成され、学長や管理者による恣意的雇用や解雇が行われないように、教授という職業上の権利が制度化された。1915年に、「学問・研究の自由」と教授の職業的権利や利益を守るため、「アメリカ大学教授協会」（AAUP）が設立された。

教授陣の質が大学の質の高さを決めるという考え方が定着し、優秀な人材を求める競争が高まった。豊かな財源を獲得した大学は、他大学からの引き抜きによって教授陣の質を高め、一流大学への道を歩んだ。

学生生活—寮教育と課外活動の重要性

寮生活は、知的・道徳的・社交的発達を含む人格形成の場であり、カレッジ教育の重要な一環であった。学生は親に代わって教授の監督下に置かれ、寮生活は権威主義的、抑圧的であったが、次第に、学生の自己責任を強調するように変わり、1870年頃から学生自治会が形成され、オナー・システム（学生の正直さを信頼し、試験は教授の監督なしで行われる）が導入され、学生の懲罰についても学生自治会にまかせるようになった。1776年に最初のフラターニティが設立され、ソロリティも登場し、19世紀後半には多数の組織ができた。ギリシャ文字2つか3つを組み合わせた名前をもち、ブラザーフッド、シスターフッドを強調する組織であり、キャンパス内に独自の寮をもち、いくつかは全国組織へと広がった。

1870年頃学生数最大で最も影響力のある大学であったイェールでは、学部生の4年間をフレッシュマン、ソフォモア、ジュニア、シニアと呼ぶようになった。学生はキャンパスでのソーシャル・ライフを価値化し、課外活動は学生生活の重要な要素となった。スポーツ、文学・音楽・ドラマ・討論・趣味等のさまざまなクラブ活動を発展させ、文学雑誌、学生新聞、その他の出版活動も活発であった。1850年代に大学対抗スポーツが発展したが、80年代には特にフットボール試合が人気を博して、学生のみならず、同窓生、地域住民にとっても重要なイベントとなった。チームの色やマスコットができ、試合の時にはバンド行進、チアリーダーが登場して、応援合戦を展開した。熱烈な同窓生支持者からの寄付を受けて巨大なスタジアムが建設され、強いチームは大学の宣伝にもなるので、よい選手を獲得するためスポーツ奨学金を提供するようになった。

第一次大戦後には、学生のキャンパスでの生活全般の充実により多くの関心が向けられるようになり、寮の改善、保健サービス、各種カウンセリング・サービス、雇用サービスが提供されるようになった。

3　高等教育の拡大と標準化—現行制度の形成

19世紀後半には、大学数、学生数、大学組織ともに著しく拡大した。南北戦争前の大学は、学長、財務担当、図書館員に教授が10人、学生100人というのが平均的だったが、副学長、学部長、学務、入学関連、学生サービス、ファンド・レイジング、渉外担当が置かれ、大学管理組織は膨張した。連邦政府には教育省もなく、全国的な基準設定をしなかったので、高校も大学も両者の接続もばらばらであったが、1900年頃から、大学設立基準、高校での教育履修と卒業（単位）、大学入学資格と入学試験、カリキュラム等についての標準化の努力がされ、現在の大学制度の原型が形成された。

大学認可制度

大学の学位の価値が上昇するなかでインチキ学位も出現し、大学設置と学位授与に一定の基準を設定し、教育の質と学位の正当性を保障しようとする動きが出てきた。しかし、連邦政府は自ら私立大学の認可に乗り出すことを避け、大学も連邦政府の介入による自治の侵害を危惧した。そこで、非営利の民間組織による大学設置基準設定・認可・定期的審査という方式が形成された。1885年に最初の大学認可機関がニューイングランド地域に設立されたのを皮切りに、地域別に6団体が作られた。現在、特定分野（法学、ビジネス等）の認可機関も加え、100ほどの団体がある。すべての大学は設立あるいはプログラム設置にあたり認可機関による審査・認定を受け、その後は、大学による自己審査と、認可機関による10年に1度の審査がある。

大学関連組織の創設と影響力の拡大

19世紀後半から、さまざまな大学連合組織が設立され、情報・意見交換、メンバー支援、外部への発言を行うようになり、大学を標準化する力となった。「アメリカ大学協会」（AAU）は、1900年、東部の名門校に加え、カリフォルニア大学、開校間もないスタンフォードを含む14のエリート研究大学の学長が集まって創設された。メンバーシップは自由加入ではなく、現メンバーの4分の3の合意に基づく招待された大学のみが加入でき、1世紀が経った現在でも、アメリカの60大学とカナダの2大学のみをメンバーとするエリート大学クラブである。メンバー大学のリーダー的位置ゆえに、ここでの議論、提言は大学のあり方を方向づける力となった。

多くの大学と教育関連団体をメンバーとする最大の傘的組織「アメリカ教育協議会」（ACE、1918）も、高等教育に関する重要な政策について発言、調査レポートを発表してきた。公、私立の各種大学組織、専門領域別組織（法学、医学等）、職種別組織（大学長、大学理事、教授、入学許可担当者、奨学金担当者、等）も多数ある。これらの団体は、近年では、政府や議会への政策提言や意見表明やロビー活動、調査・政策研究、重要な裁判における法廷への意見提出等を通して影響力を振るう。

ナショナル・アカデミー（学術院、1863）は、各分野の一流の学者をメンバーとする権威ある組織だ。科学、工学、医学院と「学術研究会議（NRC）」の4部門あり、専門知識をもって広範囲にわたる研究をし、助言、提言を行う。大規模な博士課程評価を行ったのはNRCだ（第8章参照）。

巨大な財団の登場、影響力の拡大

20世紀に入ると、富豪たちは富の社会還元として財団を設立し、大学援助を始めたが、高等教育全体のあり方に影響力をもつような財団がいくつか登場した。これらの組織は、大学への寄付の条件として、一定の質的保障を要求し、大学財政・会計、入学資格、教授数と教育内容、施設設備等をチェックするようになり、大学の標準化を進める力となった。やがて、これらの財団は、エリート大学の元学長等の有力な教育者を長として雇い、莫大な財力を用いて、大学への個別寄付を超えて、さまざまな研究調査レポート作成、特定プロジェクト助成等の手段を用いて、高等教育のあり方に発言権をもつようになった。

カーネギー財団教育振興会（1905）は教育政策研究に力を入れ、有名なフレクシナー・レポート（1910）による医学教育改善、標準テストの開発と入学政策の標準化の力となった。1960年代に元カリフォルニア大総長であったクラーク・カーをカーネギー高等教育委員会の長に迎え、カーネギー分類、連邦学生援助制度等、多数の調査、研究レポート出版、政策提言を行い大きなインパクトを与えた。

ロックフェラー財団教育委員会（1903）は、大学の自助努力を奨励してマッチング・ファンド方式（大学が自ら集めた額に上乗せして一定割合の額を寄付する）を採用した。イェールが1890年代に卒業生対象に毎年の寄付集め活動を展開し、大きな成功を収めたことから、卒業生を寄付者プールとする方法は他の大学にも広がった。マッチング・ファンド方式で、大学は同窓会との関係を強くし、同窓会の組織化が進み、その重要性が高まるにつれ、同窓会メンバーが大学理事会にも加わるようになった。

フォード財団（1936）は、ブラック・カレッジへの援助、連邦援助が少ない社会科学、行動科学、ビジネス、等への援助に重要な役割を果たす。

入試に標準テスト導入、奨学金制度

入学志願者の増加によって次第に選抜的入学へと移行し、特に人気の高い大学の入試はより競争的となり、選抜度の上昇は学生の質の向上になった。高校での教育内容・水準も大学への接続も基準がなくばらばらだったのだが、コロンビアのバトラーやハーバードのエリオット学長らは、大学入学に一定の基準を設定する必要があると考え、資格認定のための信頼できる標準テストを作成しようとする努力が始まった。数大学が集まって1900年に「大学入試委員会」（カレッジ・ボード）が設立され、翌年にはアチーブメント・テストが作成され、東部の一部の大学が、合否判断にこのテスト結果と高校の成績証明書の提出を要求するようになった。

スタンフォードの心理学教授ルイス・ターマンは、アルフレッド・ビネーが開発したテストを応用して、1916年、スタンフォード・ビネー・インテリジェンス・スケールという生来的知的能力テスト（IQテスト）を作成し、アメリカの学校に広く使用されるようになった。カール・ブリガムが20年代に開発した「知能テスト」は、まずハーバードが採用し、他の選抜的大学にも広がった。大学は、標準テストに加え、独自の入学試験も実施し、インタビュー、エッセー、人格評価等が導入され、さらに大学入学に必要な高校での単位の定義も明確化され、入学制度の枠組みができていった。

標準テストを開発・実施・採点する組織「教育テストサービス」（ＥＴＳ）が１９４７年に設立され、個別評価のエッセー方式から択一解答方式になり、機械による大量の自動処理が可能となった。学生は大学別に入試を受けなくてすむようになり、大学にとっても入学決定の簡略化、経費節約となった。ＥＴＳは、今では、ＳＡＴ、ＧＲＥ（大学院入学用テスト）、英語用のＴＯＥＦＬ、分野別テストなど多数の標準テストを開発、実施する世界最大のテスト機関だ。ＳＡＴに対してはその後、テストが何を測定するのか（適性テストか、アチーブメント・テストか）、入学資質の測定として適切か、人種・性によるバイアスの存在等さまざまな議論がされ、いろいろな修正が加えられてきた。ＳＡＴに対抗するものとして、１９５９年アイオワ大学心理学教授２人が開発したカリキュラム基礎のアチーブメント・テスト（ＡＣＴ）があり、現在、願書提出にＳＡＴ、ＡＣＴどちらも承認している大学が多い。

4　高等教育の大衆化と多様化、上下階層化の進行

エリート型から大衆型へ、さらにユニヴァーサル型へ

18～22歳人口の大学在学率は1900年には4％であったが、20年代に20％に達し、高等教育はエリート型（在学率15％以下）から大衆型（15％以上）に移行した（マーチン・トロー、74）。高等教育の大衆化は、他方で、大学間格差の拡大、上下階層化を進行させた。有名大学では入学志願者の増加によって選抜的入学制度となり、選抜度の高さは大学の名声を上げ、学生の質、学部教育の質を向上させるとともに大学院教育・研究を拡充して研究大学へと成長していった。中核的な州立大学も同様に研究大学に成長し州の旗艦大学となった。地域的大学もピラミッドの上昇をめざして努力した。

新参がコミュニティ・カレッジだ。1900年頃から職業教育に重点を置いた公立の2年制大学が設立されたが、一般教養重視の2年制大学も増えた。前者はコミュニティ・カレッジと呼ばれるようになり、20年代に急増して高等教育の裾野を著しく広げた。地域密着型で、高卒なら誰でも入学できるオープン・アドミッションと授業料の安さゆえ底辺のカレッジに見られてきたが、時代のニーズに対応して、その機能を弾力的に拡大し、近年では大学1年生の約半数を受け入れている。2年間のリベラルアーツ教育（準学士号、4年制大学の3学年への進学が可能。近年一部で学士号プログラムも提供）を提供するとともに、職業教育（多数の資格コース）、教師養成コース、

補習・補充教育、英語教育、再訓練教育、企業等の依頼に応じた特別コース、BAやMA取得者のためのより上級コース、海外留学生の受け入れと語学研修の拡大、生涯教育、レクリエーション活動までカバーする多機能大学となり、国際化も進めている。

連邦政府による大学助成、学生援助

戦後、高等教育は未曾有の拡大をし、大衆化時代に入った。44年の従軍者社会復帰支援法（GI法）は、授業料と生活費一部を支給し、220万の復員者が大学に流入し、高等教育の爆発的拡大は60年代を通して続いた。戦後の経済的繁栄、ベビーブーマーの大学到来に加え、人的投資としての高等教育という考え方の広がり、社会的平等推進手段としての教育への期待の高まり、女性たちのめざましい大学進学、またテクノロジー革新と国際的競争の激化のなかで経済が必要とする労働力養成の必要等の要因が高等教育の拡大を後押しした。

連邦政府は、スプートニク・ショックもあり、大学助成を優先事項にした。58年の国家防衛教育法によって、研究助成金の拡大、理工系教育の改善とともに、学生の就学援助、教師養成プログラム援助等が始まり、連邦政府は大学の最大の財政援助者になった。授業料の低い公立大学、特にコミュニティ・カレッジの拡大は、高等教育へのアクセスを拡大した。70年代に在学率は50％にまで上昇し、前述のトローは、高等教育は大衆型からユニヴァーサル（普遍）型に移行したと形容した。

ケネディのニューフロンティア政策、ジョンソンの「偉大な社会の建設」は、貧困や不平等の解消の手段として教育に関心を向けた。65年高等教育法は政府による最も包括的な大学・学生援助策であり、学部生への学費援助（ニーズ・ベースの奨学金、就労就学プログラム、ローン）、大学助成（図書館、ラボ、設備、教材等の拡充）、教員養成奨励金等が始まった。研究成果中心の助成金配分だと付与先はエリート校に集中してしまうが、研究能力の育成や強化のための助成、新しい研究センター建設の助成も重視し、研究資金の再分配を配慮した。

60年代は経済好況にあり、大学全体への援助と、トップ研究大学への研究助成がともに拡大した。しかし、60年代も後半になると、ベトナム戦争の本格化と反戦運動の高まり、人種的平等を求める公民権運動と人種衝突がキャンパスにも広がった。

ニクソン政権は、高等教育の機会の平等化推進を重点政策にした。その方法として、2つの方法が論じられた。大学援助方式（学生1人当たりの補助金を大学に付与することによって学費を低く抑える）か、あるいは学生援助方式（学生に学費援助金を与え、学生はそれを大学に授業料として支払う）か？　ニクソンは、前者ではなく、後者の方が、大学が市場の変化により敏感に対応するようになるだろうと考えた。72年の高等教育修正法によって、すべての低所得層学生への学費援助プログラムが設置され、就労就学プログラム、奨学金、ローン等が拡大された。これが今日にいたるアメリカの学費援助制度を形成することになった。

上下階層化と機能的分業

カリフォルニア・モデル

カリフォルニア大学（UC）は、1868年にバークレーに設立され、有能な学長たちの長期リーダーシップで、財源拡大、建設、一流の教授の獲得に成功し（例えば1928年の物理学者アーネスト・ローレンスのイェールからの引き抜き）、1936年までに「マルチヴァーシティ」（カー、64）となり、60年代の高等教育の爆発的拡大期に、質の高い研究大学9校のマンモス大学に成長した。05年のマーセッド校新設で10校となった。

クラーク・カーはバークレー校初代学長（52～58）、ＵＣ総長（58～67）としてＵＣの発展を導いたが、マッカーシズムの赤狩りや思想統制への抵抗、60年代の学生運動の対応がリベラルすぎるとして、67年に保守的なレーガンが州知事に就任すると、大学理事会は彼を解雇した。カーはカーネギー財団教育委員会理事長となり、さまざまな教育研究や改革を提案し、高等教育に大きな足跡を残した巨人であった。

カーが中心になって作成した「カリフォルニア・マスタープラン」(60)は、州立の大学について3階層システムのビジョンに立っており、州の高等教育制度の発展を導く指針となった。①トップに研究大学であるカリフォルニア大学（学部入学は高校のトップ8分の1対象）、②中間を支えるのが州立大学（23校、学士・修士課程提供、学部入学は高校のトップ3分の1）、③裾野を支えるのがコミュニティ・カレッジ（１０８校、準学士課程提供。オープン・アドミッション。州立大学やＵＣに接続し進学できる）。

3階層の州立大学に加え、スタンフォード、サザンカリフォルニア、カリフォルニア工科大学、クレアモント等の研究大学からリベラルアーツ大学までの私立校が並存して、教育需要に対応し、多様な労働力を供給するという構想だ。高等教育の量的拡大と機能的分業体制をビジョン化するとともに、コミュニティ・カレッジが行き止まりにならないように上級大学への接続に配慮することを強調している。このシステムは、他州の公立大学の発展にもモデルとなった。

カーネギー分類

カーが残したもう一つの大きなインパクトは、１９７３年に作成されたカーネギー分類法だ。類似の大学をグループ化することによってアメリカの高等教育の多様性を理解し、意味ある比較研究を可能にすることを目的にして、まず第一次カテゴリーとして、研究大学、博士課程大学、修士課程大学、学士課程大学、２年制大学に分け、グループ内をさらに、公立・私立、Ⅰ類・Ⅱ類別（連邦研究助成額、学位授与数、分野数、学部入学選抜性による）に分けていた。上下階層化、上をめざした競争の激化という批判を受けながらも、30年にわたって使用されてきた。２００５年に新分類が登場し、授与学位を中心基準として「博士号授与／研究大学」は同一グループとなり、「連邦研究助成金額」と「学部入学の選抜性」の基準が削除された。研究への過度の比重の弊害を修正し教育とのバランスを取る配慮や、上下階層化やランキングとして使用されるようになった弊害の除去等を理由としている（第8章参照）。ともあれ、カーネギー分類法が、大学の使命、機能や規模の差異に意味づけをすることになったことは明らかだ。

5　大学改革の時代—教育改革、平等推進、多様性の価値化

大学を動かした社会的力

60年代以降の学生数の拡大は学生の多様化を伴った。女子学生は著しく増加し、人種的多様化も進んだが、一方で人種的衝突や緊張も高めた。学生の年齢幅は拡大し、パート、通学生が増加し、教授も多様化した。大学文化、学生文化や価値の多様化の時代でもあった。性の解放、伝統的拘束からの解放、対抗文化運動と、アメリカの社会全体が大きな変化の波に洗われたが、それは大学にも押し寄せ、あるいは大学こそが震源地となった。急激な大学の拡大、大教室授業、コミュニティ帰属感の喪失、疎外感の拡大で、学生の間には不満がくすぶってい

た。64～65年、UCバークレーで、キャンパスでの政治的演説、署名集め、チラシ配布等の政治活動が禁止されると、学生たちはフリー・スピーチ運動を展開し、政治活動や表現の自由、学問の自由、学生の自治要求、教育改革、学生生活の改善を要求した。公民権運動、女性運動、ベトナム反戦運動は学生たちのエネルギーを結集させ、社会改革、大学改革を求めた。

1938年の判例は州立大学における黒人の入学拒否を違憲としたが、黒人は入学許可されても、教室、図書館、食堂等は分離され、寮は分離か、キャンパス内居住が禁止された。人種分離を違憲とする画期的判決となったのが、54年の最高裁ブラウン判決であり、「人種分離は不平等」として、大学も含むすべての公立学校の人種混合を命じた。それでも、特に南部では、バス、レストラン、トイレ等での人種分離、黒人の大学入学阻止、投票妨害は続いていた。60年代に人種差別撤廃運動は大学キャンパスに広がった。64年に公民権法が成立した。大学ではブラック・スタディーズの開設、マイノリティ学生と教授の増加を求めた。

65年ジョンソン大統領がベトナム戦を拡大させると、大学キャンパスで戦争反対・徴兵反対運動が全国に広がった（徴兵制は73年に停止、志願制に移行）。さらに、大学でのROTC（予備兵訓練プログラム）反対、CIAや軍事関連企業によるリクルート目的でのキャンパス訪問妨害をした。70年にオハイオ州立ケント大学で学生4人がナショナル・ガードに射殺される事件が生じ、多くの大学で大規模なデモが展開した。75年のベトナム停戦後、反戦運動は連邦政府との契約で大学が行う軍事関連研究反対へと転換した。政府は、多くの軍事関連研究の契約相手を大学から独立組織へと移行させた。

さらに、大学の資産運営のための投資についても社会的責任を問い、軍事関連企業、人種差別的企業、搾取的労働条件の企業等への投資に反対した。大学は、アパルトヘイトをしている南アフリカで事業している企業に対する投資を中止した。大学資産の投資先企業に社会的責任を要求する動きは、後には、アメリカ大手企業の東南アジア工場における労働条件改善要求にも取り入れられるようになった。

大学の諸改革

大学で諸改革が実施された。①大学運営への学生参加―学生代表も大学理事会に1、2席与えられたり、学科の運営においても学生の発言権と責任が増えた。②教育改革―エスニック・スタディ、ジェンダー・スタディがカリキュラムに取り入れられ、教育内容の多様化が進んだ。西洋文明中心主義も批判され、非西洋文明、複数主義、マルチカルチュラリズムが強調されるようになったが、必修とするか選択かのカリキュラム戦争が起こり、「ポリティカル・コレクトネス」が問題となった。オナー・プログラム、学際的アプローチの取り入れ、大教室授業からより少人数授業、教授との人間的接触の重視、セミナー、インターンシップ、外国留学推進等が進んだ。③学生生活、学生文化・価値の変化―学生寮での各種規制撤廃、学生寮の男女別から混合への移行、門限廃止。学生の生活環境の改善として、寮の改善（トイレ・風呂、台所付き、共通ラウンジの設置）、寮の多様化と選択肢の拡大、ゲイ・カップルやシングルマザーの寮入居受け入れも進んだ。④学生への各種サービスの改善―キャリア・プランニング・サービス、保健サービスやフィットネス・センターの充実、子どものいる学生や教職員のためキャンパス保育所設置等が配慮されるようになった。そして、最大と言うべきものが、次に述べる平等化のための改革であろう。

平等化推進

60、70年代は、人種・性の平等を求める公民権運動・女性運動が広がったが、平等化の法的整備が進んだ画期的時代であった。64年公民権法第7条は、大学も含め、雇用上のあらゆる差別を禁止した。ジョンソン大統領令（65、67）は、現に存在する差別的結果の是正のための「積極的措置」アファーマティブ・アクション（以下AA）を要求した。72年高等教育修正法第9条は、連邦助成金（奨学金援助、研究契約、建物・施設助成等）を受け取るすべての教育機関におけるあらゆる差別を禁止した。

いくつかの平等化措置は激しい衝突を生みつつのプロセスであった。最大にして最長の対立を生んできたのがAAだが、それ以外にも、例えば、伝統的に男性中心だった大学間対抗スポーツにおける平等化措置をめぐっては多くの訴訟も起こされた。しかし、参加の機会、スポーツ奨学金、監督やコーチ雇用等の面での平等化は進んだ。

大学でのセクハラは、被害者の労働権、教育を受ける権利の侵害になるし、大学にとっても、社会的名声の損傷のみならず、連邦助成金停止という厳しい制裁を受ける可能性があるし、被害者が損害賠償請求する訴えを起こした場合財政的リスクとなる。大学は、防止策、教職員へのセミナー参加の義務づけ、訴えがあった場合のガイドライン作成等セクハラ政策を実施している。教授と学生間の同意に基づく性的関係は、大学にとって頭の痛い問題となっている。同意があっても後にセクハラ訴訟になるリスクがある。指導教授の場合は禁止とか、学科長や学部長に話し指導的立場を離れることを要求するなどの政策を採っている大学が増えた。キャンパスでの性犯罪その他犯罪対策として、連邦奨学金プログラムに参加しているすべての大学には、キャンパス安全対策と犯罪情報開示が義務づけられている。

93年には家族・疾病休業法が成立したが、キャンパス保育所の設置、育児に必要な場合はテニュア審査期間の延長等、大学での仕事と家族の両立政策も進んだ。

「多様性の教育的利益」の強調へ

ＡＡは、連邦政府および政府と契約をもつ組織に対し、「過去における人種・性的差別の結果」が存在する場合は、その是正のための「積極的措置」を要求した。長い過去の差別の結果を消し去るには、差別禁止という消極的アプローチでは不十分であり、人種・性を配慮したより積極的アプローチが必要であるという考え方だ。高等教育は長い歴史において、いろいろな差別をしてきた。女性への制限、黒人排除、20年代エリート大学によるユダヤ系学生の入学枠設定、80年代にも一流大学への進出が著しかったアジア系学生の入学を抑えようとした。近年、より有利な大学への入学や雇用を求める競争が激化するとともに、大学はまさに平等をめぐる闘争、衝突の場になった。

70年代は割当制も含む比較的強いＡＡが実施され、社会的にも受け入れられていた。しかし、80年代には、社会潮流の保守化や、ＡＡによって自分たちの利益が侵害されていると感じ出した白人男性からの逆差別の訴えが増加し、ＡＡは政治的・イデオロギー的にも激しい対立点となった。判例も次第にＡＡを制限する方向に転換した。90年代になると、ＡＡ批判派は大学の入学政策を標的として反対運動を展開したため、大学はＡＡをめぐる攻防戦の舞台となった。

⑴ファカルティの雇用関連ＡＡ

60年代にはまだ女性やマイノリティの教授は、特に研究大学においては少なかった。70年頃から女性グループは女性教授の増加のためのＡＡを要求した。大学におけるＡＡ実施は、まず、どこに女性やマイノリティの「過少雇用」があるか把握することから始まる。大学全体、学部別、学科や分野ごとに、職階別、性別、人種別の詳細な雇用統計を整備する。次に、分野ごとの有資格者プール（博士号取得者統計）を分析する。そして、両者の比較によって、「過少雇用」がある学科や分野は、増加目標を設定してＡＡプランを作成する（例えば、各年、３年プラン）。大学はＡＡの年次報告書を政府機関に提出しなければならない。資料収集とやり方のノウハウが確立されるまではかなりの大作業だ。

教員採用の手続きや判断基準についてもガイドラインを作成して、選考プロセスや評価の公正さを期する。例えば、インタビューで女性候補者に、婚姻状況、出産予定、子どもの有無等、職務に直接関連しない質問をすることは差別となる。

70、80年代にはテニュアを否定されたファカルティによる訴訟もあったが、近年では女性の進出は進み、ＡＡは限定的になっており、数的割当や優遇措置は違憲、介入的プログラムも避けられる傾向にある。工学部等、女性・マイノリティがまだ非常に少ない分野では、これらのグループの有資格人材を積極的に探し、応募するように奨励する政策が採られている。女性の進出と比べてマイノリティの進出の方は遅れている。

⑵入学における人種配慮のＡＡ

競争率の高い選抜的大学は、70年前後から、マイノリティ学生を増やすため、人種配慮の入学政策を採用してきた（入学においては、マイノリティはアフリカ系、ヒスパニック系、原住民。アジア系は入らない）。しかし次第に、白人からの逆差別の訴えが増えてきた。特に選抜的公立大学の一部で採用されてきた明確な数的割当、マイノリティへの点数付与方式や別配慮する2トラック方式は、ＡＡ反対の標的となった。カリフォルニア大学デイヴィス校医学部の入学政策をめぐる判例が、有名なバッキー判決だ。１００人中16人をマイノリティ用特別枠とする入学策を用いていたのだが、不合格になった白人男性が逆差別を訴えたものだ。78年連邦最高裁判決は数的割当を違憲としたが、人種を複数の配慮要素の一つとして限定的に用いることは合憲であるとした。

その後の一連の訴訟のうち最大の注目を集めたのが、ミシガン大学アンアーバー校の2つの入学政策をめぐる２００３年の最高裁判決である。マイノリティ人種に20点（総点数１５０点）を付与した学部の入学政策について、人種が個人を特徴づける決定的要素となっており、個人として十分な評価を受けることを困難にしているという理由で違憲とした。一方、マイノリティが孤立感、疎外感を感じることなく自由に発言できるように感じる割合を維持するために人種を配慮要素の一つとして使用した法科大学院の入学政策（割合設定はないが、10―17％を維持してきた）は、人種使用が十分に限定的であり、応募者は個人として評価されているという理由で合憲とした。

「人種配慮」はリスク要因となり、一部の州立大学は、人種使用をやめて、「高校での成績がトップＸ％であれば入学を保障する方式」を採用するようになった（ＵＣ、テキサス大等）。カリフォルニア、ワシントン、フロリダ、ミシガン、ネブラスカ州等で、人種・性等の使用を禁止する州法や知事令が成立している。

⑶多様性の教育的利益

「人種配慮」ではなく、むしろ「人種無視」して個人のメリットに基づいて評価する方向へと移行してきた。マイノリティに対して、積極的なリクルート活動はするが、しかし、入学決定においては、人種配慮は限定的である。人種配慮に代わって、「社会経済的不利な環境への配慮」に重点が置かれるようになった。①大学入学が家族内で最初である、②社会的・経済的・教育的・文化的その他の困難を乗り越えてきた、③卒業生の間にトップクラス大学院への進学者がほとんどいない高校出身、等の状況を考慮要因とするように変わってきた。

近年では、「マイノリティの教育機会の拡大」と言うよりも、「学生の多様性がもたらす教育的利益」が強調されるようになった。ＡＡという表現をやめ、「学生の多様性」「多文化主義」を使用するようになった。学生にとって、異なる視点、意見との出会いは、思考を深め、より複雑な思考を可能にし、異文化理解、異なる環境への適応力を付けるという教育効果が強調される。ファカルティの多様性も強調される（拙著『大学教育とジェンダー――ジェンダーはアメリカの大学をどう変革したか』東信堂、２００４参照）。

60年代半ばまで、大学は各種の社会的プログラム規制から免除されていた。しかし、64年の公民権法や72年教育修正法等、各種の規制が大学にも拡大されていった。雇用、昇進、解雇、賃金、年金関連の規制、ＡＡの実施と報告、心身障害者のアクセス確保、年齢差別廃止等々。さらに、有害廃棄物、建設基準、健康安全基準の拡大、環境保全、人間使用の研究、動物実験、等、さまざまな規制が増えた。

大学は時代とともに大きく変わってきた。戦争中の動員から、戦後の帰還兵吸収と教育・職業訓練、高等教育の拡大への対応、60年代の平等化、自由化に対応する諸改革、70、80年代の経済貢献要請、企業との協力関係、そして大学のグローバリゼーションの時代に突入した。

第8章
アメリカの高等教育を展望する

クァドラングルの回廊（Photo Y. Kawashima）

アメリカの高等教育の特徴として、多数、多様、非均質、非集中、分散、無秩序、競争等があげられる。一見ばらばらで弱さに見える特性だが、実は、変化のなかで強さを発揮する弾力性、対応力を高等教育制度に与えている。近年の世界大学ランキングにおいて、アメリカの研究大学はヨーロッパの一流大学を押さえてトップをほぼ独占している。学生や研究者の流入の面でも群を抜く。あらためてアメリカ型モデルの強さ、より正確には、「トップ・グループの研究大学」の強さが、世界の注目を集めている。

1　アメリカの高等教育の特徴

多様性、非均質性

アメリカには５０００に近い大学があり、約１９００万人の学生が学び、フルタイム70万人、パートタイム61万人の教授、その他で総数にして３４０万人以上が働く巨大セクターだ。公立・私立、非営利・営利、４年制・2年制、教育使命、レベル、サイズ、財源、学生構成等の面で多種多様だが、通常、カーネギー分類法によって、**図8―1**のように、グループ化されている。これは、カーネギー財団教育振興会が分析のために大学を類似性によって分類したもので、73年の作成以来、何回かの修正を経て、現在使用されているものは05年版である（第7―Ⅱ章参照）。グループ化は上下階層化ではないのだが、現実にはその意味があることは否めない。同じグループ内の大学も決して均質ではない。

研究大学の覇権

大学のステータスは研究能力にかかっている。公・私立の研究大学、特に96のトップ・グループこそが最上層を構成し、優秀な教授と学生、研究財源を求めて熾烈な競争をしている。ただし、ピラミッド型とはいえ、その頂点に1校が君臨するというより、数校が凌ぎを削る競争的頂上だ。トップのトップは私立大が多く、高等教育のオピニオン・リーダー、トレンド・セッターだ。近年は、国境を越えて、世界に冠たる大学群であり、「スーパーリーグ」（英『エコノミスト誌』05・9・8）のメンバー、国際的な人材と世界ステータスを求めるグローバル競争への参加者だ。

公立大学の重要性

大学数の面では公立は36％だが、学生の75％を受け入れており、大規模校が多い。州立旗艦大学はしばしば複数のキャンパスをもち、州の発展を担う。例えば、カリフォルニア大学はトップレベルの研究大学として長年君臨してきた（近年は、州立大として受ける制約や財政難のた

図 8-1　カーネギー分類による大学数（大学数シェア％）（＊学生数シェア％）

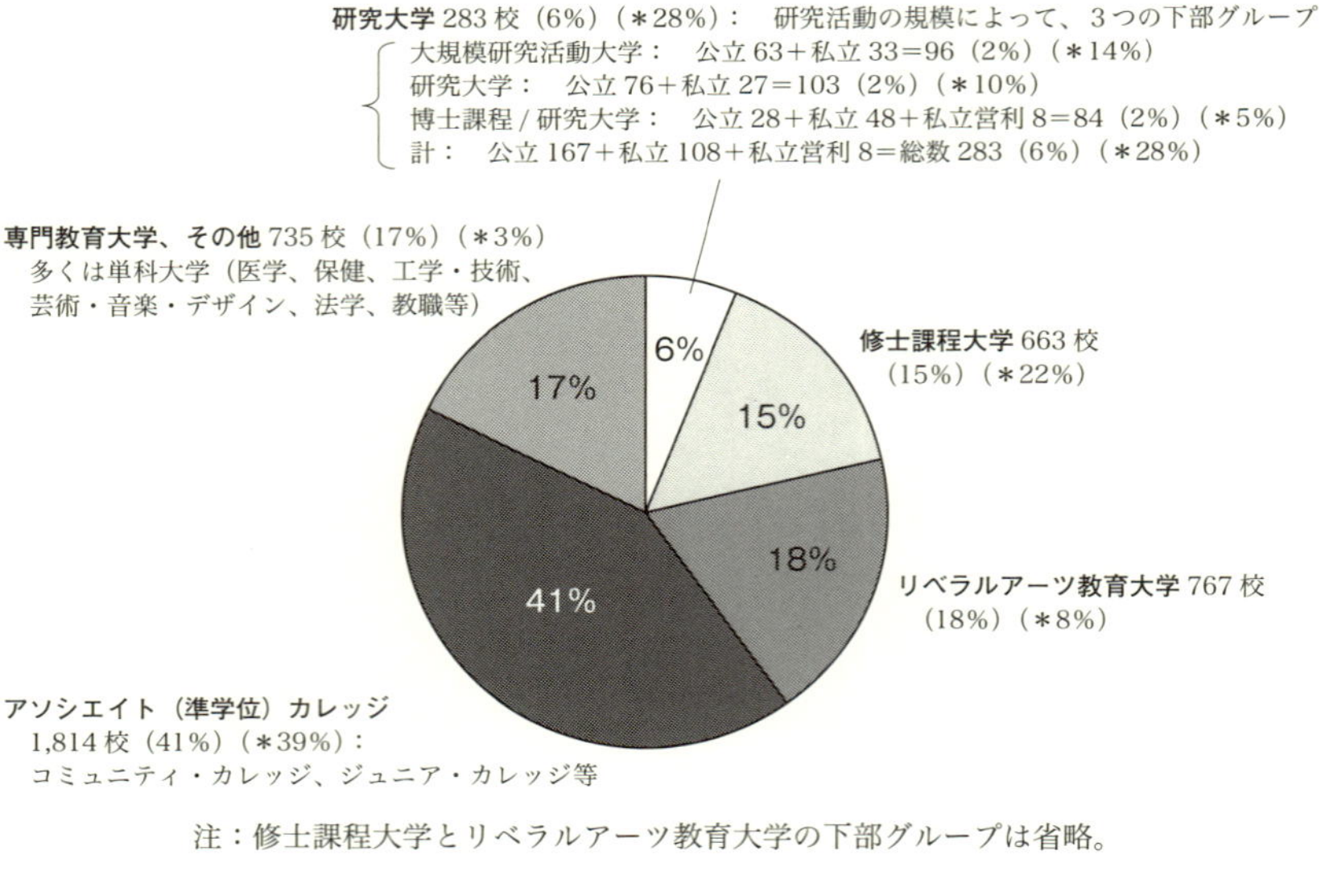

注：修士課程大学とリベラルアーツ教育大学の下部グループは省略。

め、私大のように自由に大胆な改革ができないことが停滞傾向を生んでいるが）。加えて、州立カリフォルニア大学、州立工科大学、コミュニティ・カレッジが教育ニーズに対応している。

利益追究大学の拡大

私立大学は伝統的に非営利組織によって運営されてきたが、近年急成長してマーケット・シェアを伸ばしているのが利益追求大学だ。公立、私立非営利、私立営利と３分化（36％、35％、29％）されている。最大の営利大学フェニックスは学生数30万人を超え、オンライン中心で世界にキャンパスをもち、拡大を続ける。営利大学の特徴は、働く成人対象にキャリアと結びつく実用教育を提供し、研究はほとんどしない。中央集権的組織による経営方式で、教育内容も中央組織が決定、大半がパート教員、不要なものは削減というように、伝統的大学とは大きく異なる大胆なやり方で成長している。

大学教育の大衆化とエリート教育の両立

アメリカの大学教育は、①イギリスのケンブリッジ大学をモデルにした人格形成・教養教育、②19世紀後半からのドイツ研究大学をモデルにした研究重視、③産業発展の必要に応える実用教育・専門教育、④１９２０年頃からは公立のコミュニティ・カレッジが参入し、多種多様な大学の混在によって、卓越したエリート教育と大衆教育、研究と教育の両立が機能している。多様な大学のすみわけは、しかし、固定的なものではなく、学生、教授共に移動する流動性をもつ（第7－Ⅱ章参照）。

非集中、分散、学術市場メカニズム

連邦政府による中央集権的な高等教育政策やモデル的国立大学がなかったことが、アメリカの高等教育に独自性を与えた。第1に、少数のトップ研究大学、特に私立大が学術水準の高さを設定し維持する主導的役割を担ってきた。第2に、連邦・州政府からの大きなコントロールに代わって、高等教育市場が発展しその作用を強く受けることになった。学界・学術誌等を通した全国的学術市場、職業組織を通した同僚意識が形成され、情報の流通経路が作られている。教授ポストは公募され、教授の大学間移動を容易にしている。学生の転校も可能だ。第3に、競争性。学生、教授、財源、ステータスを求めての競争こそ、一流大学の質の高さを維持するメカニズムである。特に、有名私立大学は、人材や財源の豊かさ、リーダーシップをもって、革新的な改革を試み、大学のトレンド・セッターとなっている。私立大と同じ市場での競争が、公立大の質の高さも維持している。このような制度が、大学に、人材の流動性、変化への敏感性、対応力を生んでいる。

競争と協力—共通性、基準の設定

多様性、分散性のなかに一定の共通性、基準が形成されている。しかしそれは、連邦政策によってではない。大学設立認定・審査すら民間団体が行っている。競争の一方には協力あり。多数の大学関係組織は情報交換、協力の場となり、大学としてのオピニオン形成、基準設定、共通性を作り出す役割を果たしている。多数の団体による情報収集、調査、レポート出版など、情報の豊かさと流通ネットワークの発展の意義も大きい（第7–II章参照）。

人材の多様性、国際性

大学における性・人種平等は特に60年代の社会運動と政府の政策に後押しされて進んだ。特に女性の進出はめざましく、「大学の女性化」とすら言われている（学生は女性が56％、男性が44％）。著名大学にも女性学長が登場した（ハーバード、プリンストン、MIT、ミシガン、UCSF等）。性・人種平等をめぐる激しい社会的衝突、論争を経て、今日では「多様性の価値化」となって結実している。教授や学生の多様性が教育でも研究でも優れたアイディアを生み出し、グローバル社会にふさわしい人材教育をするとして価値付けられているが、それは大学の国際化も進めている。

財源の多様性と不安定さ

大学財政は公私によって大きく異なるが、どちらも多様な財源から成っている。政府財源に大幅に依存している場合、当然コントロールも受けやすい。財源の多様性が、アメリカの大学の自治と学問の自由保障のメカニズムなのだが、一方で、財源確保は、公私立を問わず、大学運営の重要課題になっている。財源として、①授業料収入（公立では2割未満、私立4年制でも平均36％）、②連邦財源（大学の研究費の6割）、③州・市財源（漸減し、州・市立大でも2、3割程度）、④自己財源、⑤企業との研究契約、⑥販売・サービス収入（寮、食堂等）、その他事業収入、等がある。

連邦政府の高等教育政策

アメリカの大学は、連邦政府によって統治され、指導され、運営財源を与えられているわけではない。しかし政府は、時代の必要に応じて大学教育の発展にてこ入れしてきた。今日もいろいろな政策を通して大学のあり方に大きくかかわっている。科学助成策（研究助成、研究インフラ整備助成、大学発テクノロジー移転奨励、等）、奨学金制度、性・人種平等政策の実施、等、については第6章および第7-II章で見てきた。

大学の自治、学問の自由

大学の自治、学問の自由は、伝統的に、政府による干渉から守ることであったが、テクノロジーの移転の奨励策で企業との研究契約、学産連携が進むにつれ、企業利益からの研究の自由、中立性の保護が重要問題となった。研究結果の活用による社会貢献という新しい規範は広く受け入れられているものの、科学の中立性や知の公開性や共有性という伝統的規範と、研究結果の秘密性や金銭化をめぐる衝突と調整がさまざまな形で試みられてきた（第6章参照）。

ヨーロッパの研究大学との違い

次節で見るように、国際ランキングは、アメリカの一流研究大学の強さとヨーロッパの由緒ある有名大学の沈下を対照的に示し、ヨーロッパに多大なショックを与えた。多種多様、非集中、分散、競争というアメリカ型に対し、ヨーロッパ型の中央集中、教育省による政策決定、政府による財源とコントロールの強さ、大学間の競争の少なさ等の問題点が指摘された。このような制度は、①科学の急速な進歩への調整には硬直的すぎる、②既存のハイアラーキーのトップに有利にはたらき、現状維持傾向が強い、③弾力性や学術的創造性や革新は犠牲にされがちである、④教授はほとんど内部養成され、権力独占的で、改革に抵抗する、④学際的交流や刺激が制限される、⑤政府や政府委員会（伝統的分野の人が委員になることが多い）による助成決定方式は、担当者が自己のパワー、リソースを崩されると感じて変化に抵抗し、制度的硬直化に陥りやすい、と手厳しい。

競争の激しいアメリカで、教授、学生、資源、ステータスを求める競争に勝ち抜く必要が、アメリカの研究大学に、社会のニーズへの敏感性、可変力、弾力性を与えている。

2　大学ランキングから見るアメリカの研究大学

アメリカは競争社会だ。競争が改善の力になると考える。競争は参加者についての評価・比較・ランキングを伴い、情報として公開される。

大学院の質の高さを評価しようとする試みは、研究大学の名声と重要性が上昇するなかで、すでに１９２５年に始まった。ランキングは当初研究者個人が実施した小規模な主観的評価による単純な方式だったが、60年代に「アメリカ教育協議会（ＡＣＥ）」がランキングの有益性を支持してスポンサーとなり、大規模化、方法の精緻化の時代に入った。その後、雑誌出版社による営利活動として、受験生向けの情報としてカレッジ（学部教育）ランキングが始まり、さらにプロフェッショナル・スクール、大学院ランキングにも参入していった。

ランキングの有益性は一体どこにあるのだろうか？　研究や教育の質についての情報提供は、①学生の入学先の選択を助ける、②大学の自己点検、他との比較、適切な資源配分、改善に資する、③政府や助成団体の教育政策の策定と適切性や効率の把握に役立つ、④大学に投入される大きな公費の使用についての説明責任がある、等だろう。

しかし、大学評価の必要性、有益性は認めつつも、「質」の評価は容易ではない。評価の目的、方法によって、結果も異なる。①評価対象—学部、大学院プログラム、特定分野についての研究の質、教育の質、卒業生の社会的成功等、②評価基準—数量的客観的指標、評価者による主観的評価、③評価者—学部長・学科長、ピア（同じ分野の研究者）、学生、等々。インターネットの発展は、ランキングの増加とともに多様化も進めた。学生による大学ランキングもあれば、学生の書き込みの教授評価等、まさに百花繚乱、ゲーム化の感がある。評価方法をめぐる議論、批判も終わることなく続いている。

大学ランキングは多くの国にも波及したが、２００３年についに世界大学ランキングが登場し、研究大学が世界舞台で評価される時代になった。

（1）大学院ランキング

アイオワ大学長レイモンド・ヒューズによる１９２５年の先駆的調査は、38大学の24大学院プログラムの質について、学科ごとに教授たち50人ほどが5段階評価したものだが、他の研究者によって、大学の総合ランキングにされた。シカゴ、ハーバード、コロンビア、イェール、プリンストン等のエリート大学をトップとするハイアラーキーがすでに形成されていた。バークレーは9位、スタンフォードはまだ14位だ。

60年代にACEは2回の大規模な調査をスポンサーしたが、66年調査（アラン・カーター）は、１００大学の大学院30学科について、教授４０００人が参加、「教授の質」「教育の質・効率」の2項目について点数評価し分野ごとにランキングした。それをもとに後継者が総合ランキングにした。バークレー、ハーバード、ウィスコンシン、ミシガンに続いて、スタンフォードが5位。69年調査では、スタンフォードは、バークレー、ハーバードに続いて3位に浮上し、飛躍的成長を示している（なお、大学院ランキングは、基本的には学科・プログラム別のランキングなのだが、それだけだと大学全体としての位置をとらえにくいため、簡便な把握方法として、大学の総合ランキングに変換されることが多い。ただし、総合ランキングには批判も強い）。

80年代になると、学術の最高権威とも言えるナショナル・アカデミーの研究部門ＮＲＣ（学術研究会議）が、より一層野心的な博士課程プログラム評価に着手した。第1回調査レポート（１９８２）は、２３０大学の32分野２７００プログラムを対象に、「研究の質」と「教育の質・効率」について、それまでの調査のような主観的評価だけでなく、統計資料を用いた客観的評価を併用し、調査項目は、学生数、教授数、博士号授与数、女性・マイノリティへの博士号授与割合、近年の卒業生数と特徴、図書館、研究サポート、最近の論文発表数等19項目にわたった。これは、最も権威ある重要な評価資料となった（ウェブスターが総合ランキングに変換した結果は、バークレー、スタンフォード、ハーバードとイェール、ＭＩＴの順であった）。

第2回レポート（１９９５）（ニュートンが総合ランキングに変換し、スタンフォードはトップとなり、バークレー、ミシガン、コーネル、ウィスコンシンの順）、さらに第3回レポートが２０１０年に発表された。この調査では、さらに多数の項目が評価対象となっている。①教授の研究関連—教授１人当たり発表論文数、論文当たり引用数、研究グラントのある教授の割合、教授1人当たり受賞数、インターディシプリナリーな教授の割合、②学生関連―GRE（大学院入学用統一テスト）平均点、大学の学費援助、外部からの学費援助、博士号取得者数、取得率、取得までの年数、大学関係就職プランをもつ学生の割合、学生の研究スペース、学生の健康保険、学生サポート等の充実、③多様性関連―教授と学生のアジア系以外マイノリティの割合、女性割合、留学生割合。今回はプログラムについての単一ランキングに代わって、ランク幅（第x～y位の間）を示している。

では、大学ランクは長期的に見るとどう変化し、あるいはしなかったのか？　評価方法の違いにもかかわらず、トップ・グループは長期的にトップにとどまっており、多少のランクの入れ替わりや少数の新規参入がある程度だ。トップ・グループは競争での常勝者なのだ。競争的市場での優秀な教授の獲得、スタッフ、学生およびサポートシステムの充実、教育費を超えて研究にどのくらいの財源をあてられるかの資金力が物を言う。蓄積の多い古い大学、大きい大学、医学部の存在は有利条件となる。連邦政府R&D助成金の配分は、ランクが上位の大学に集中していることは第6章で述べた通りだ。教授の質の高さは、R&D助成金の多額さと結びつき、R&D資金の豊富さが優秀な教授・学生を一層引き寄せ、研究のアウトプットを高め、高いランクに結びつくのである。

大学院ランキングは、トップ研究大学の特性や構成要素を明らかにし、競争的市場で成功するための戦略にまでインパクトを与えるようになったが、この点については、章の終わりに論じよう。

（2）カレッジ（学部教育）ランキング

大学教育の大衆化のなかで、受験生に向けた大学選択の有益情報として、カレッジ・ランキングが始まった（早くは67年）。83年に『USニューズ&ワールド・レポート誌』（以下N&W）による「アメリカのベスト・カレッジ」が登場し、それまでの大学関係者による大学院ランキングとはまったく異なる展開と問題をもたらした。カレッジ・ランキングは大量な販売部数と収益を生む巨大な市場となり、複数の雑誌・新聞社、教育サービス関連会社が参入して、ランキング競争が始まった。多数あるが２つだけ取り上げよう。

N&Wランキングは、当初は学長によるトップ５校番付けの合計点という単純方式だったが、批判に応えて何回も変更され、今では複数指標による複合的スコア方式になった。大学グループ別（カーネギー分類、全国的、地域的）に、次の７分野の18指標を用いて点数を出し、ウェイトをかけ、総合点について、トップ校を１００にして換算しランキングしている。①主観的評価（ウェイト22・５％）（学長、副学長、入学担当長によるピア評価および高校カウンセラーによる評価）、②入学選抜度（15％）（合格率、高校での成績、標準テストの点数）、③教授資源（20％）（最高学歴、フルタイム割合、学生／教員比率、クラスサイズ）、④就学継続・卒業率（20％）、⑤教育財源の豊かさ（10％）（学生1人当たり教育費）、⑥卒業生の寄付率（５％）、⑦卒業率達成度（７・５％）（予測値と実際値との比較）。

10／11年版では、全国的大学では、ハーバード、プリンストン、イェール、コロンビア、スタンフォードとペンシルヴァニア大が5位に並ぶ。上位大学は、高いピア評価、高い卒業率、教授1人当たり学生数の少なさ（3～7人）、小さいクラスサイズ、入学生の標準テスト点数の高さ、高校での成績上位者の多さ、低い合格率（7～15％）、高い卒業生寄付率（4～6割）という特徴が浮かび上がる。大学院ランキングのトップ・グループが学部ランキングでもトップに入っている。また、83年の開始以来25年間のランキングを見ると、評価方法の変更にもかかわらず、トップは多少の順位の入れ替わりがあるとはいえ著しく安定している。ただ近年、上位はみな私立大だ。公立大はランク下げし、バークレーがやっと22位に入っているだけだ。公立大は、ピア評価や学生の在学継続・卒業率等では私立トップ校と遜色なくても、不利な要素がいくつかあるためだ（大きいクラスサイズ、教授対学生数の高さ、公立校として入試にかかる制約があり学生の選抜度が私立エリート校より低い、卒業生の寄付率が非常に低い、等）。

大学はこのようなランキングを嫌い批判してきたが、一方で、上位にランクされた場合は大学の宣伝に利用する。ランキングを多数の受験生と親が利用しているため、大学も無視できない。大学のランクは、翌年の入学状況、入学政策および授業料設定にも影響する。ランクの低下（上昇）は翌年の志願者数の低下（上昇）をもたらし、合格者の入学率も低下（上昇）するので、大学はより多くの学生を合格させることになり、合格率の上昇（低下）、すなわち選抜度の低下（上昇）となる。入学生のテスト平均点も低下（上昇）する。授業料の高さはしばしば教育の質の高さに対応していると見られるため、大学は正規の授業料の引き下げを嫌い、表向きには授業料は変更せず、目立たない代替策として、学生により多くの奨学金パックを与える対策を取る傾向にある。結果として、学生の実質負担の授業料は低下、大学財源にも響くという悪い連鎖になる。

一方、『プリンストン・レビュー・ベスト・カレッジ』（大学とは無関係）は、まったく異なるランキングをしている。学生が自分の大学についてインターネットで調査票に回答した結果に基づき、大学と大学生活の諸面（アカデミック関連、大学生活の質、学生の政治姿勢、ソーシャル・ライフ等の8分野の62項目）について、項目ごとにランキングしている。いくつかの項目を取り出してみよう。学生が授業外でもいつも勉強している大学、ほとんど勉強しない大学。学生による教員評価の高い大学、低い大学。学費援助制度のよさ、大学事務の円滑さ、教室でのディスカッションの奨励も問われている。図書館は「充実している」「これでも図書館?」。スポーツは強いがアカデミックは弱い大学リストもある。発表のたびに、特にトップ・リストに登場する大学から苦情と批判が向けられるのが、「パーティ・スクール」（勉強時間数、ドラッグ使用、飲酒度、パーティ頻度等から複合的判定）、逆が、著しくまじめタイプの大学だ。「大学での生活経験の質」について、「非常にハッピー」か「アンハッピー」か、「キャンパスの美しさ／ひどさ」、「学食の質の高さ／これでも食べ物？」、「学生寮が宮殿みたいに素晴らしい／まるで地下牢」、等々。このランキングは受験生向けであるが、大学関係者にとっても、学生の経験や考えを知る資料となっている。

（3）世界大学ランキング

大学のグローバル化のなかで、ランキングもグローバル化の時代に入った。2003年の上海交通大学高等教育センターによる「世界の大学トップ500校」を皮切りに、その数はあっという間に増えた。異なるランキングの指標は、表8―1に一覧した。

「上海ランキング」は、もともとは中国の大学を世界の一流大学と比較してどのくらいのギャップがあるか見ようと実施したのだそうだが、結果をネット公開するや世界的な反響があったため、毎年調査に踏み切ったのだという。すべて数値化された指標による客観的評価のランキングだ。11年版のトップ10は、ハーバード、スタンフォード、MIT、UCバークレー、ケンブリッジ、カルテック、プリンストン、コロンビア、シカゴ、オクスフォードの順で、アメリカ8校とイギリス2校。トップ20では、アメリカ17校、イギリス3校と、アメリカは圧倒的に強い。トップ100ではアメリカが53校、イギリス10校、日本5校（東大は昨年の20位から21位に落ちた、京大27、大阪82、名古屋94、東北97。全校が昨年より順位は落ちている）。日本以外のアジアの大学は1校もトップ100

表 8-1 世界大学ランキングの指標（ウェイト） 一覧

上海ランキング

①教育の質（ノーベル賞・数学フィールド賞受賞の卒業生数：近年卒業に大きいウェイト）10%
②教授の質：同賞受賞教授数 20%、引用度の高い（HiCi*）研究者数 20%
③研究アウトプット：
『ネイチャー』と『サイエンス』掲載論文数 5 年間分 20%
『サイエンス引用インデックス（SCI）』と『社会科学引用インデックス（SSCI）』による論文数 20%
④学術的パフォーマンス（上記 5 項目の点数をフルタイム研究者 1 人当たりに換算）10%

タイムズ高等教育ランキング

①教育環境 30%：ピア・レビュー 15%、博士号授与数 / 教授数 6%、学生数 / 教授数 4.5%、大学の収入 / 教授数 2.25%、博士号授与数 / 学士号授与数（研究重視の環境）2.25%
②研究 30%：ピア・レビュー 18%、1 人当たり研究収入 6%、ピア・レビュー誌への 1 人当たり発表論文数 6%
③発表論文当たり引用回数（研究の影響力）30%
④国際指標 7.5%：教授の外国人比率 2.5%、学生の外国人比率 2.5%、発表論文における国際共同著者論文の割合 2.5%
⑤産業からの収入（知の移転指標：教授 1 人当たり額）2.5%

QS ランキング

①ピア・レビュー（世界の研究者による、自己分野の、国内トップ 10 校、海外トップ 30 校）40%
②企業による評価（国際企業のリクルート担当者による、雇いたい大学の卒業生、国内 10 校、海外 30 校）10%
③学生 / 教授比 20%　④教授 1 人当たり論文引用数 20%　⑤教授の国際率 5%
⑥学生の国際率 5%

台湾「学術論文パフォーマンス・ランキング」

①研究生産性：発表論文数（過去 11 年間、09 年度、各 10%）
②研究インパクト：引用数（11 年間、2 年間、論文当たり引用数平均 11 年間分、各 10%）
③研究の卓越性：h- インデックス（引用の多さの指標）2 年間 20%、引用数の多い論文数（HiCi）過去 10 年間 15%
ハイ・インパクト・ジャーナルへの論文数 15%
＊長期と短期を入れることにより大学の歴史の違いの調整（歴史の長い大学に有利になることへの配慮）、
＊フルタイム教授数に換算することにより大学サイズの調整（大きい大学に有利になることへの配慮）をしている。

注：『サイエンス引用インデックス SCI』と『社会科学引用インデックス SSCI』；HiCi はその年の引用数の多さがトップ 1%に属する論文；「ハイ・インパクト・ジャーナル」は、「掲載論文当たり引用数」がトップ 5%の学術誌（ハイ・インパクトは質の高さを示す指標）。

入りしていない。

「上海ランキング」は、批判があるものの、資料と方法論の明確性、透明性、および研究大学の質の一面をとらえた最初の世界比較として評価を得て、大学の自己点検、他との比較、国の大学政策の分析資料として参照されるようになった。独仏などでは、自国の名門校のランクの低さに大きな衝撃を受けて高等教育制度の点検に走った。

「タイムズ高等教育ランキング」の11／12年ランキングを見よう（タイムズ高等教育誌がトムソン・ロイターズと資料提携して評価。かつてはＱＳと組んでいたが、両者は10年から別々のランキングを始めた）。タイムズのランキングは、大学の重要な役割である教育、研究、知の移転、国際化を示す5カテゴリーの13指標を用いているが、大ニュースとして出したのは、カリフォルニア工科大学（カルテック）にハーバードがトップの座を譲ったことだ。昨年２位のカルテックは知の移転指標として使われている「産業からの収入」が著しく高いことが、ランクを押し上げた。ハーバードとスタンフォードが2位を分け、オックスフォード、プリンストン、ケンブリッジ、ＭＩＴ、ロンドン・インペリアル・カレッジ、シカゴ、バークレーと続く。アメリカがトップ10のうちの7、トップ50のうちの30を占める。ただし、バークレー等のアメリカの州立旗艦大学の多くが州財源、連邦財源ともに縮小して財政難に苦しみ、国際ランクにも低下傾向が出ている。日本は、東大30位をトップに、京大52、東工大１０８、大阪１１９、東北１２０位。アジアでは、ホンコン大、シンガポール国立大、北京大、ポハン理工大（韓国）、ホンコン理工大、清華大、韓国理工大が１００以内に入っている。東大をスタンフォードやハーバードのスコアと比べると、国際化の著しい低さ（23対67）と論文引用度の低さ（69対１００）が目立つ。

「QS世界のベスト大学ランキング」（QSはQuacquarelli Symondsの頭文字）は、「上海ランキング」を批判して始まり、主観的評価と客観的評価を併用しているが、特に、「卒業生を雇う立場にある企業による評価」が入っていることが特徴だが、主観的評価の不透明性に批判もある。11／12年ランクは、上からケンブリッジ、ハーバード、MIT、イエール、オックスフォードの順でトップ10のうちアメリカ6、イギリス4。スタンフォードは11位（国際化指標が比較的低い）。アジアでは、ホンコン大22位、東大26位、シンガポール国立大28位、京大32位。日本の大学は（ピア・レビューでは東大7位、京都19位と高い）、論文引用や国際化が著しく低いことがランクを下げている。

「学術論文パフォーマンスの世界大学ランキング」は、台湾の「大学評価&認定委員会（HEEACT）」が07年に開始したものであり、学術論文のパフォーマンス（論文数、引用度）から見た大学ランキングを行っている。10年版によると、ハーバード、スタンフォード、ジョンズ・ホプキンズ等トップ8位までをアメリカの大学が占めている（東大14位、京大28位）。スコアを見ると、ハーバード1校が雲の上で96、2位のスタンフォード50、東大は41である。

「世界の大学ウェブ・ランキング」というのもある。スペイン最大の国立研究機構に属するサイバーメトリックス研究所が始めたもので、大学のウェブに掲載される情報（学術論文、セミナー・ワークショップ資料、教材等、大学情報）について、4つの基準を使用して評価している。①可視性（外部からの接続頻度）50％、②サイズ（ウェブページ数）20％、③ファイル・タイプの豊富さ15％、④学術論文・レポート数と引用数15％だ。ここでも、アメリカの研究大学が、実にトップ21位までずらりと並び（ハーバード、MIT、スタンフォード、バークレー、コーネル等）、トップ100のうち79校を占める。アメリカの一人勝ちだ。アジアでは、東大51位、ホンコン大78位、京大83位。

大学のウェブ情報の量と質とアクセスの多さは、近年はますます多くの研究論文や各種レポートや教材がウェブに掲載されており、知・情報流布の手段としてサイバースペースの重要性は著しく拡大しているし、学生は国内外の大学情報をウェブで入手する時代だから、大学ウェブの量と質は大切だ。サイバースペースは国際競争の場となっていることを意味する。大学の英語ウェブでの存在感を増やすことは、国際競争力を高めるためにも大切なのだ。

大学の質をいくつかの指標でとらえることはそもそも不可能であり、スコアの僅差に基づくランキングがあたかも大学の質についての現実を反映すると理解することは誤りだ。とはいえ、異なるランキングを通して結果にかなりの安定性がある一方で、上下の動きもある。ランキング情報は、大学が自校のランクを上げるためには戦略的にどのような改善策を立てどこに資源を投入するべきかを見る一つの道具となったと言えよう。

（4）なぜランキングは重要か

ランキングのインパクト

大学ランキングは、多くの国にも広がり、国内でも、国際でも、大学評価の一つの方法になった。ランキングは一体どんなインパクトを生んだのだろうか？

第1に、統計資料の充実、公開、透明化を進めた。個々の大学、個々の研究者の研究にいたるまでの広範で詳細な情報までが収集され、公開されている。

第2に、有益な情報源として使われるようになった。学生の入学先選択にも、大学関係者の自己評価・他大学との比較・改善のためにも、高等教育政策や公財源の分配決定にも参照されている。

第3に、評価は、大学のあり方の結果であるとともに、大学のあり方のフレームワークを作っている。アメリカ大学院ランキングは、「トップであるための要件」あるいは「知の生産に適した条件」を抽出した。さらには「トップをめざすために必要な戦略」も示唆している。世界ランキングはそれを国際標準にした。優秀な教授と学生の確保、研究環境の良好さは必要要素だ。学術誌への論文発表、引用の多さは、研究アウトプットの指標として使われているが、優秀な大学院生は教授の共同研究者となり、共同論文発表を増やす。引用度の高い世界的学術誌の多くがアメリカで出版されており、英語圏に有利な条件だ。大学院比重の高さ、研究費の多さ、研究設備施設の充実、研究時間の多さ（授業負担の少なさ）、共同研究の機会の多さ、国際性も、トップであるための重要な要件となっている。

第4に、ランキングは学生、研究者、資金等のリソースの移動にインパクトを与え始めている。大学の国際的ランクの高さは、リソースの吸引力となり、教育と研究のアウトプットを高め、国際的ステータスを高めるというサイクルが、国際規模で展開されるようになった。

第5に、一部の国の高等教育政策へのインパクトも生み出している。研究大学での知の創造や経済発展に果たす重要性が認識され、また国内トップ大学の国際的位置は国家の威信にもかかわるというわけで、国内トップクラスの大学の国際ランクを上げるような補助金配分、留学生増加政策、外国人研究者増加による国際化推進等が国家政策の中に位置づけられるようになってきた。

ランキングは単なるランク付けを超えて、重大な影響力を振るい出しているのである。

日本の研究大学にとって意味するもの

国際ランクの高さは、国際学術市場で優秀な学生、研究者を引き付ける力となり、低ければ競争に落伍する。ランキングは海の向こうでの話だという議論は、日本の大学をガラパゴス化させるだけだ。まず、競争の国際化のなかで、自己評価、他との比較を通した問題把握、改善のために、統計の整備と公開、透明化は第一歩だ。次に、日本の大学の「学生・教授の国際化度の低さ」は際立っており、海外からの優秀な留学生と研究者のリクルートに力を入れる必要がある。

研究アウトプットの面では、日本のトップレベル研究大学の論文数は高い水準にあるのだが、「発表論文の引用度（引用インパクト）の低さ」が、国際ランクを下げている。日本の研究の国際評価を高めるためには、特に、「ＨｉＣｉ論文（Highty cited-、引用数の多さがトップ1%の論文）」「引用インパクトの高い学術誌への論文数」の増加が必要だ。

革新的アイディアに基づく研究をいかに増やすか？　スタンフォードのようなアメリカの先進的研究大学では、学際的研究所の増加、学内交流の価値化、企業との交流、国際的な研究連携や共同研究が進行している。日本の大学においても、大学自体の内向き志向、学科閉鎖性を破り、国内での共同研究、交流を拡大するとともに、積極的に国際的共同研究を推進することは、共同論文発表、論文インパクトを増加して研究アウトプットを上昇させることになるであろう。同時に、大学の国際化の面にも貢献するであろう。タイムズ高等教育ランキングはいち早く「共著論文の国際度」を指標として取り入れている。連携はランクがほぼ同じレベルの大学間が多い。その面でも、日本の大学が研究の国際的位置の高さを維持することは大切だ。

日本人の海外留学、ポストドク、研究滞在者は、中国、インド、韓国がめざましく拡大しているのと対照的に、縮小傾向にあることは第5章で見た。より積極的な海外進出は、日本の大学の国際化、論文・引用数増加、海外との共同研究の拡大、国際学術市場での存在感の拡大にもつながるであろう。

おわりに

大学は時代の変化に対応して必要な変革をする。しかし、大学は社会変化を創り出す力でもありうる。スタンフォードは、まさに変化に後からついていくのではなく、変化を創り出す、先導する大学だ。本書のタイトル『21世紀を創る大学』は、スタンフォードの特徴を的確にとらえる表現だと思う。

スタンフォードの変革力、活力、柔軟性はどこから来るのか？　これは本書の基底のテーマであり、随所で触れてきたが、ここでもう一度、変化の原動力の要素を抽出して本書のまとめとしたい。

変化の伝統

大学はそれぞれの歴史、使命、文化をもち、それが、人の個性と同じく、大学に独特の個性、校風を与える。進取の姿勢は、スタンフォードの創立以来の大学精神だ。それは西部開拓のパイオニアであった創立者の人生哲学であった。スタンフォードは東部の先進大学に追いつき追い越すべく成長した。発展を続けた大学は、活力、変革力を育んできた。「変化」はスタンフォードの伝統であり、変化を価値づける文化がある。この可変力こそが飛躍をもたらした。スタンフォードが育てたシリコン・バレーの成功と両者の連携関係は、また、スタンフォードに特有の活力を与えている。パイオニア精神は今も強く生きている（第7-I章）。

競争が生む可変力

アメリカの高等教育は、研究大学から教養中心、職業教育、大衆教育等多様な機能の大学から成り、競争的、流動的制度を発展させ、それが大学に弾力性、対応性、柔軟性を与えている。特に、研究大学間には、優秀な教授や学生、連邦研究助成費や寄付金等の財源を求める激しい競争がある。急速な社会変化に対応し、競争的市場で勝者になるためには、変革力、弾力性、柔軟性が必要なのだ。しかし、大学間の競争は、企業間のそれとは本質的に異なり、情報の公開、共有のもとでの競争である（第8章）。

情報の多さ、公開性、透明性、共有性

大学は競争の一方で協力する。多数の大学関連団体が設置されており、横のつながり、意見交換の場となっている。また、これら団体による多様な情報収集・分析・流布は、教育省や国立科学財団等による詳細な統計資料とともに、有益情報の多さ、豊かさを構成している。情報の公開性、透明性、共有性があってこそ、全体動向の把握、各大学による自己評価、他との比較、問題点摘出が可能になり、改革の必要性、方向性が見えてくる。

例えば、各大学における詳細な教授・学生の構成、労働力プールの情報収集と分析が平等化推進を可能にした。「コモン・データセット」は、大学と大学情報出版社等との協力で始まったものだが、参加大学は、大学の一般情報、入学、教育、学部生活、学費援助、教授等についての情報を共通の様式を用いてウェブに掲載しており、受験生や親や高校の進学カウンセラーにとっても、出版社にとっても、大学を比較するのに便利なサイトとなっている。66年創刊の『高等教育クロニクル』誌は、大学関連の重要な時事ニュースや統計資料を提供してきたが、近年は日々インターネットで流している。情報流通ネットワークの発展は、便利さはもちろんだが、変革を促す力ともなるものであり、その意義は大きい。

ランキング、大学評価も、批判があるとはいえ、大学の自己評価、他大学との比較、問題点の把握、改善に貢献している。研究者の研究生産性の評価方法も精緻化され、詳細なデータが作成されている。そして、グローバル化で、大学の質の高さ、ステータス、人材、財源を求める競争は国際舞台で展開されるようになった。世界の主要な研究大学が比較されランクされ、そのインパクトは国際的に拡大している。世界でトップクラスの大学には、世界から人材が流入する。スタンフォードのトップへの上昇は、大学に世界舞台で活躍する活力を与えている（第8章）。

大学ビジョンとリーダーシップ

大きな改革の成功には、当然ながら、改革ビジョン、リーダーシップ、ガヴァナンス、学内の広範な支持、財源の裏打ちが牽引力として必要だ。スタンフォードは開校以来、時代を先見するビジョンとリーダーシップをもつ学長等にめぐまれ発展してきた大学だが、特に、21世紀初年に登場したヘネシー学長は、カリスマ性とリーダー資質に加え、教授としてのアカデミック経験とシリコン・バレーでの起業および経営経験から、最も大胆に、大学運営にビジネス・モデルを取り入れ、アメリカの大学史に新しい局面を開いたリーダーだと言われている。「21世紀の大学ビジョン」と「イニシアティブ」の具体的実践によって、10年間という短期間に、大学全体の根幹的変革を達成してきた。

ガヴァナンス・インフラの強さ

ガヴァナンスの強さは、制度の中にビルトインされている。まず学長は、大学理事会による任命であるが、理事会はサーチ委員会を設置して大学内外の候補者を探し、学内意見を聞いた上で最終的に最適任者として判断された人物を選任し、大学運営を委託する。学長はアカデミック関連のトップポストである副学長を任命し、副学長が学部長およびその他の重要なアカデミック・ポストを任命し、彼らがアカデミック分野でのガヴァナンスを構成する。このような体制が、学部長選任が個々の学部内でばらばらに決定される方式に比べると、大学ビジョン・方針が学内のトップ指導者たちに共有され、大きな改革を全学的に実施することを容易にしている。一方、学長は、大学の管理運営のために、財政、寄付集め、土地建物管理、渉外、同窓会等のトップポストに学長補佐を任命する。優秀な大学アドミニストレーターの存在が、大学のマネジメントを強化し、大きな改革の推進を支える（第1章）。

とはいえ、かなりの自由と独立性を保つ学部、学科、個々の教授から成る大学という組織において、全学的改革を進めるためには、学内の広範な支持が不可欠だ。上から下への命令ではうまくいかない。多くの教授、学科、学部の意見を反映しつつ大学全体の大きなビジョンにまとめ、具体化するリーダーシップ・スキルが成功の鍵を握る（学長インタビュー）。

21世紀の大学ビジョン

高等教育は社会の進展のなかでその役割を拡大し続けてきた。知の伝達と人格形成教育から始まり、職業教育への拡大、新しい知の創出、社会的平等への貢献、再教育、生涯教育までカバーし、地域やビジネス・コミュニティにもアウトリーチし、社会の重要なリソースになる「開かれた大学」だ。研究大学は、近年特に、知の創出と移転を通した経済発展への貢献、地域のR＆Dの中心地、先端研究の拠点の役割を強化している。さらに、グローバル化の進行の中で、スタンフォードは、「21世紀の研究大学」として、その視野、役割、責任を世界へと広げ、グローバル人材・リーダーを育成し、大学がもつリソースを動員して、ますます複雑化する世界的問題の解決に積極的に取り組んでいこうとする。その成功を担う鍵が、教育・研究の多面的、国際的アプローチであり、スタンフォードの変革の柱だ。

教育・研究の広域学際化

全学的学際化は、大学組織、教育カリキュラム、研究体制の再編成を伴うものであり、学内多数のファカルティの支持がないと実施できないし、成功しない大改革だ。既存の学科組織を維持しつつも、国際問題研究所、環境問題研究所等の学際的研究所やプロジェクト、学際的教育プログラムの新設、組織を横断的に結びつける再編成が断行されてきた。煙突型からマトリックス的組織に替わった（学長インタビュー）。学生の専攻やコースワーク（授業科目）の選択肢は大幅に拡大された。ロー・スクールは2学期制の長い伝統をあえて捨てて4学期制に合流し、広域学際化に参加した。アントレプレナーシップやリーダーシップ教育はビジネス・スクールを超えて他学部にも広がっている。知のフロンティアの前進がめざましく国際競争も熾烈なバイオメディカル分野では、医・理・工学との連携、革新的知の発見を医療に結びつけるトランスレーショナル医学が推進されている。全学で学科、学部の枠を超える広範な交流、共同研究が広がった（第1&2章）。

教育・研究の国際化

学生・研究者の国際比率の上昇、教育プログラムの国際化、海外キャンパス増設による留学経験の拡充、海外大学との提携、研究課題のグローバル化、国際的研究連携が著しく広がっている。国際的チームを組んでの共同研究は、学内での学際研究と同様に、斬新な知の創出に貢献する。大学を訪れる多数の著名な研究者の滞在や世界のリーダーによる講演も国際化の重要な一環だ。国際化の度合いは、大学の国際的ステータスの反映、質の高さの指標の一つにもなっている（第5章）。

多様性の価値化

人種・エスニック、出身のバックグラウンド、地域等のバランス配慮は、社会的平等化への配慮であると同時に、多用性の強さをもたらすものとして価値づける。女性の少ない分野での女性の増加もその一環である。グローバル化の中で活躍する人材の育成には、世界の多様な文化、言語、思考の理解は必要不可欠だ。国際化は多様化ともつながる。そして、多様性は変化の原動力となりうる。

大学文化の重要性

「成功の大学文化」については第1章で触れたが、大学を包む文化、価値規範は、教育にも研究にも著しく大切な文化資本だ。活気に満ちたキャンパスや教室、成功のモデルの身近な存在、成功や達成を奨励する文化、リーダーシップ、チャレンジ、創造を価値づける大学文化は、学生のモティベーションを高揚し成長させ、研究者の革新的研究を生み出す。「成功の大学文化」は、「成功」の土壌である。

大学は企業とは異なるが、しかし、スタンフォードの大学文化とシリコン・バレーの企業文化は相互に影響し合っている。企業との多様な形態の相互利益的連携関係は拡大しており、大学発テクノロジーの産業移転の強調のみならず、教育カリキュラム自体の中に大学・産業の連携が組み込まれている。学内広域的にイノベーション、アントレプレナーシップが取り入れられ、産業界のリーダーたちが教育的リソースとして活用され、シリコン・バレーの活力がキャンパスに持ち込まれている。企業研究者との研究連携も増えている（第2＆6章）。

財源の豊かさ

大きな改革には財源が必要だ。財源の確保は改革への支持を増やし、実施を容易にする。アメリカの学長には経営能力が期待され、財源拡大にも手腕を要求されるが、ヘネシー学長はこの面でも抜群だ。スタンフォードは近年寄付獲得額において全米トップにある。「スタンフォードの挑戦」を推進するために展開した06年からの5年間キャンペーンは目標額43億ドルを大幅に上回り、53億ドルを達成した。ビジネス成功者（しばしば卒業生）からの巨額の寄付のほか、同窓生からの大小の寄付が大学財政を支え、基本財産の拡大に加え、多数の建物の新築、学際的研究所の設立、学部生の学費援助、大学院生のフェローシップの充実、教授基金の増加、国際プログラムの強化を達成した。成功している大学には寄付も集まる。そして資金獲得力が大学のさらなる飛躍を支える（第1章）。

同窓会の役割の拡大

ファンドレイジングに重要な役割を果たすのが同窓会だ。スタンフォード同窓会は第1期卒業生がすぐに組織し、以来大学を支えてきたが、その役割はますます増大している。長い間大学とは独立の組織であったが、98年には大学の組織となり、その会長は学長任命のポストであり、ガヴァナンスの一端を担う。財政的支援に加え、近年では、同窓生ネットワークが大学にとって貴重なリソースとなっている。国内支部は各地での大学サポート組織となるが、さらに世界各国に広がるネットワークは、大学のグローバル化に有用な拠点として貢献している。

学生の大学への帰属意識あるいは愛校心は強い。大学も卒業生を大事にする。同窓会は、卒業生に大学の近況を流し、ホームカミングや各種のイベント、教育活動その他いろいろな機会を通して大学へのコネクション、母校意識を維持させる。学長自ら国内、海外の同窓会を訪問し、大学の重要な事柄を説明する会（Leading Matters）を開催している。質の高い教育が社会的成功者を多く輩出し、彼らは自分が受けた教育への感謝から、大学の支援者となる。

教育の価値

スタンフォードの教育は、学生を大切にする教育だ。学部では少人数セミナーの増加、教授との接触の増加、そして研究を重点化し十分チャレンジングな機会を与える。学際化による学習の広さと専門分野の深さのバランス、読書力、論文・レポート作成力、プレゼンテーション、ディスカッション、オラル・コミュニケーション力、クリティカル思考力、新しい発想や創造力を伸ばす教育だ。アートの創造性を活用するため全学的にアート教育を推進している。また、学生のための教育的リソースやサポートシステム（ライティングやコミュニケーション、ティーチング・ラーニング、言語学習、パブリック・サービス活動等のセンター）が充実している。学部生のほとんどがキャンパス内の寮に住み、寮教育は教育の重要な一部であり、リーダーシップの発達、交流やネットワーク形成の場である。海外キャンパスその他への海外留学の機会は拡充され、学部生の44％が海外経験をする。

大学院教育は、学部、学科によって、また修士課程、博士課程、プロフェッショナル課程かによって差があるが、コースワーク（授業科目履修）は教育の土台だ。研究では教授のていねいな指導を受けるが、その関係は固定的徒弟的ではなく、より自由で弾力的、複数指導的であり、研究者としての目線での関係を築ける。受身の存在ではなく、TA、RA、学科やプログラムを構成するメンバーとしての責任を負う。日本人留学生たちはほとんどが大学院生であり、日本で学部教育を受けているが、インタビューで、スタンフォードでの教育と研究からいかにチャレンジと刺激を受け、知的興奮を経験するか語っている。スタンフォードの教育が学生たちによって高く評価され十分活用されている。個人にとっても社会にとっても教育の価値が活かされている（第3章）。

日本の大学教育を価値化するために

日本でもいろいろな大学教育改革が実施されてきた。特に90年代には、知を基盤とする社会に対応する「大学院重点化」方針が打ち出された。「大学院教育の整備充実、量的拡大」(91年大学審議会答申)、「新時代の大学院教育―国際的に魅力ある大学院教育の構築に向けて」(05年中教審答申)が提出され、教員公募制、大学運営組織の改善、自己点検・評価や大学認証評価制度、ファカルティ・デベロプメント、学生による授業評価、留学生増加策、国立大学の独立法人化、大学院教育、特に博士課程の教育と研究の強化、コースワークの充実、21世紀COE(Center of Excellence)やグローバルCOEプログラム等による競争的資金配分方式の採用等、さまざまな改革が導入された。11年には「グローバル化社会の大学院教育」(中教審答申)が提出され、成長を牽引する世界的な大学院教育拠点の形成、グローバル人材の養成、専門職大学院の質の向上、等の改革構想が示されている。

国の発展に果たす大学の重要性が拡大するなかで、多くの国で大学改革が試みられている。アメリカの研究大学は世界の主要な研究大学に参照されているが、日本の大学改革においても、多くの面でアメリカの研究大学はモデルとなっている。スタンフォードが特にこの10年ほどの間に推進した変革には参考になるものは多いと考える。

大学はそもそも、企業のような利益追求を究極的目的とした中央集権的組織と異なり、多目的・多機能の分権的組織であるため、組織全体的な大改革は容易ではなく、制度変更はしたが実体はあまり変らないという場合も少なくない。しかし、急テンポで進む技術革新とグローバル競争で日本が立ち遅れないためには、大学が革新的知の創出と優秀な人材養成という機能をうまく果たすような制度改革を推進することは急務だ。

同時に、日々の教育実践において、大学教育を学生にとっても社会にとってもより有意義なもの、より価値があるものへと変えていく努力が必要だ。大学は、個々の教授が教育・研究活動においてかなりの自由をもつゆえ、個人レベルでできる改善の余地も大きいと言える。

スタンフォードでは、「授業を欠席しても大丈夫」ということはありえないのだが、日本の大学では授業の欠席はかなり日常的だ。もし学部教育が受験から解放されたモラトリアムになるなら、読書力、分析力、思考力、表現力、創造力を最も伸ばせる貴重な4年間と授業料の無駄である。また、教育費を補助している税金の無駄使いでもある。授業欠席や不勉強を是としてきた長年の伝統は捨て去り、「成功、達成、挑戦を価値化する大学文化」を醸成するべきだ。大学教育にどれほどの人的、物的、金銭的リソースが注ぎ込まれているかを考えるなら、教育は個人的にも、社会的にも十分に活用されるべきであろう。

しかし、学習意欲の低さは、学生だけの責任ではない。学生のモティベーションを高める教育、知的な挑戦と刺激に満ちた教育、諸能力を伸ばす教育、受身ではなく積極的参加型教育が提供されるべきだ。大学は、学生にエネルギーを与え、エンパワーする場となることが必要だ。正規カリキュラムに加え、寮教育やサークル活動も含めてリーダーシップを発揮できる場と機会を拡充し、多様な教育的リソースを充実して、キャンパス全体を「教育的空間」とするべきだ。大学外の人材もリソースとして活用する。学生は、このような「教育的空間」にあるすべてのリソースやチャンスを十分に利用して教育を価値高いものにし、また卒業後にも続く大きなネットワークを形成する絶好の場として活用するべきだ。

海外経験は短期のものでも学生には大きな刺激となり、教育効果は著しく大きい。グローバル人材の育成にも必須だ。海外経験をカリキュラムの一環として組み込む等、留学の機会の拡大に努めるべきだろう。近年、シリコン・バレーにオフィスを開設する日本の大学が増え、学生の短期滞在、夏期の語学研修や企業インターンシップの機会も増えている。海外大学との教育提携を推進したり、複数大学参加のコンソーシアムをいくつかの拠点的地域に形成することもリソースの有効活用となる。

グローバル化は大学のグローバル化を要求する。大学間の競争も、質の評価、ランクもグローバルな時代となった。ガラパゴス化は許されない。教授、学生の国際化比率を高め、人材の多様化を図り、また積極的に海外の優秀な研究組織との研究連携を進める必要がある。日本の大学が世界市場での競争力を高め、教育・研究をリードする世界的拠点としての位置を保つためにも、海外人材の流入を図るとともに、積極的に海外に出て行くことが大切だ。

ホーン川嶋瑤子

The Johns Hopkins Univ. Press., 2007).
Kerr, Clark. *The Use of the University* (Cambridge: Harvard Univ. Press, 1963, 1995).
Merton, Robert K. "Science and Technology in a Democratic Order," *Journal of Legal and Political Sociology* (1942).
Merton, Robert K. "The Matthew Effect in Science," *Science* 15 (1968).
Merton, Robert K. "The Normative Structure of Science," *The Sociology of Science: Theoretical and Empirical Investigations* (Chicago: University of Chicago Press, 1979).
Thelin, John R. *A History of American Higher Education* (Baltimore: Johns Hopkins Univ. Press, 2004).
Trow, Martin. "Problems in the Transition from Elite to Mass Higher Education," in *Policies for Higher Education* (Paris: OECD, 1974).
Trow, Martin. "American Higher Education: Past, Present and Future," *Educational Researcher*, April 1988.
ホーン川嶋瑤子『飛躍する大学スタンフォード』(小学館、1985)
ホーン川嶋瑤子『大学教育とジェンダー：ジェンダーはアメリカの大学をどう変革したか』(東信堂、2004)

留学生、国際研究者

Stanford Bechtel International Center, Annual Report.
Institute of International Education (IIE), Open Doors, 2010.
UNESCO Global Education Digest 2009.

大学と産業の連携

Stanford Technology Licensing Office (OTL) 年次報告書、各種資料
Association of University Technology Managers (AUTM). *U.S. Licensing Activity Survey, FY 2009.*

大学ランキング

Hughes, Raymond M. *A Study of the Graduate Schools of America* (Oxford, OH: Miami Univ. Press, 1925).
Carter, Allan M. *An Assessment of Quality in Graduate Education* (Washington DC: American Council on Education (ACE), 1966).
The U.S. National Research Council (NRC). Graduate Rankings 1982, 1995; Assessment of Research Doctoral Programs 2010. (http://sites.nationalacademies.org/).
The U.S. News & World Report 誌 (http://www.usnews.com/).
The Princeton Review (http://www.princetonreview.com/).
Academic Ranking of World Universities (ARWU) (http://www.shanghairanking.com/).
The Times Higher Education World University Rankings (http://www.timeshighereducation.co.uk/).
QS World University Rankings (http://www.topuniversities.com/).
Performance Ranking of Scientific Papers for World Universities (http://www.heeact.edu.tw/).
Ranking Web of World Universities (Webometrics Ranking) (http://www.webometrics.info/).

主な参考文献

スタンフォード大学についての情報

Stanford University Home Page: http://www.stanford.edu/
Stanford Report eNews（Office of University Communications）.
Stanford（Stanford Alumni Association）. 隔月発行誌
Stanford Bulletin. 各年
Stanford Facts. 各年
Statistics Book（Stanford IR&DS）. 各年
Common Data Set：多くの大学がウェブに掲載している教育共通情報。
Stanford University Budget Plan. 各年

スタンフォード大学の歴史、その他

A Chronology of Stanford University and its Founders: 1824-2000（Stanford Historical Society, 2001）.
Fetter, Jean H. *Questions and Admissions*（Stanford: Stanford Univ. Press, 1995）.
Mirrielees, Edith R. *Stanford, the Story of a University*（New York, NY: Putnam, 1959）.
Wels, Susan. *Stanford: Portrait of a University*（Stanford: Stanford Alumni Association, 1999）.

アメリカの大学教育についての情報一般、統計

The Chronicle of Higher Education.
NCES. *Digest of Education Statistics.*（国立教育統計センター『教育統計ダイジェスト』各年）
NSF. *Science and Engineering Indicators 2010.*（隔年）
NSF. *Survey of R&D Expenditures at Universities and Colleges: FY 2009.*

アメリカの高等教育分析、歴史関連

Bok, Derek. *Universities in the Marketplace: The Commercialization of Higher Education*（New Jersey: Princeton Univ. Press, 2003）.
Brubacher, John S. and Willis Rudy. 1st & 4th editions, *Higher Education in Transition: A History of American Colleges and Universities*（New Brunswick, NJ: Transaction Publishers, 1958 & 1997）.
Cole, Jonathan R. *The Great American University*（New York: Public Affairs, 2009）.
Graham, Hugh Davis and Nancy Diamond. *The Rise of American Research Universities: Elites and Challengers in the Postwar Era*（Baltimore: Johns Hopkins Univ. Press, 1997）.
Gumport, Patricia.（Ed.）*Sociology of Higher Education: Contributions and Their Contexts*（Baltimore:

人 名 索 引

〔学長（（　）在職年）〕

ジョーダン、デイビッド・スター（1891 〜 1913）　ⅱ, 5, 34, 199, 242, 243, 246, 251, 269
ウィルバー、レイ・ライマン（1916 〜 1943）　34, 98, 247-250, 251
トレシダー、ドナルド（1943 〜 48）　252, 253
スターリング、ウォラス（1949 〜 68）　34, 99, 253
ライマン、リチャード（1970 〜 80）　259
ケネディ、ドナルド（1980 〜 92）　260
カスパー、ゲハルト（1992 〜 2000）　188, 260
ヘネシー、ジョン（2000-）　ⅱ, ⅲ, 3-11, 17, 18, 52, 67, 260, 313, 316

〔インタビュー（掲載順）〕

ヘネシー、ジョン（John Hennessy）学長　前掲
オキモト、ダニエル（Daniel Okimoto）（APARC 名誉所長、政治学教授）　43-47
青木昌彦（経済学科名誉教授）　48, 49
西義雄（工学部電気工学科教授、CIS 総括責任者）　61-63
マトソン、パメラ（Pamela Matson）（地球科学部学部長）　67, 68
スタイペック、デボラ（Deborah Stipek）（教育学大学院学部長）　75, 76
西野精治（医学部教授、睡眠・生体リズム研究所長）　108, 109
赤津晴子（メディカルセンター臨床准教授）　110
加藤明（医学部神経生物学科研究員、現東海大学准教授）　111, 112
ホーン、ローランド（Roland N. Horne）（地球科学部エネルギー資源学科教授）　128-131

〔大学院経験者インタビュー（学科）（掲載順）〕

松重和歌子（GSB）　81-83, 88, 89
岩崎洋平（GSB、I-PER）　81, 83-86, 88, 89
鹿島幸裕（GSB）　81, 84, 85, 87-89
山田亜紀（社会学科）　156-158
清水崇之（電気工学科）　158-160
寺澤洋子（音楽学科と CCRMA）　160-163
星友啓（哲学科）　163-165
榊原小葉子（歴史学科）　165-167
宮崎勇典（医学部 CSB）　187-189
井手卓（エネルギー資源学科）　190-193
八井田翔（物理学科）　193-196

〔その他〕

イチハシ、ヤマト　41, 252
ヴァリアン兄弟　200, 249, 257
オアー、フランクリン　69, 71
コーヘン、スタンレー　100, 204, 258
ショックレー、ウィリアム　202, 255, 256
ターマン、フレデリック　52, 99, 115, 200-202, 209, 211, 224, 249, 251, 253-255, 257
パッカード、デイヴィッド　200, 249

〔な行〕

〔は行〕

事 項 索 引

著者紹介

ホーン川嶋瑤子（Yoko Horne Kawashima）

東京大学法学部卒、スタンフォード大学教育学博士号＆経済学修士号

現在、評論・著述業。

お茶の水女子大学ジェンダー研究センター教授＆客員教授、東京大学教育学研究科非常勤講師、スタンフォード大学ジェンダー研究所アフィリエイト研究員＆教育学大学院客員研究員、ジェンダー研究の国際学術誌『日米女性ジャーナル』＆ *U.S.- Japan Women's Journal: A Journal for the International Exchange of Gender Studies* 創刊・編集長、UNESCO 教育プランナー等を歴任。

（主要著作）

『飛躍する大学スタンフォード』（小学館、1985）

『女子労働と労働市場構造の分析』（日本経済評論社、1985）

『女たちが変えるアメリカ』（岩波新書、1988）

「労働市場構造、企業組織におけるジェンダー作用と女性労働」『ジェンダーの日本史』（東京大学出版会、1995）

「言説、力、セクシュアリティ、主体の構築」『ジェンダー研究』（1999）

"The Labor Market, Corporate Organization, Corporate Culture, and Gender in Japan." In *Gender and Japanese History* (Osaka University Press, 1999).

「フェミニズム理論の現在」『ジェンダー研究』（2000）

『大学教育とジェンダー：ジェンダーはアメリカの大学をどう変革したか』（東信堂、2004）

スタンフォード 21世紀を創る大学

Stanford University: Leading the 21st Century

2012年3月15日　初版第1刷発行　〔検印省略〕

＊定価はカバーに表示してあります。

著者 © ホーン川嶋瑤子　発行者 下田勝司　印刷・製本／中央精版印刷

東京都文京区向丘1-20-6　郵便振替 00110-6-37828

〒113-0023　TEL (03)3818-5521　FAX (03)3818-5514

発行所 株式会社 東信堂

Published by TOSHINDO PUBLISHING CO., LTD

1-20-6, Mukougaoka, Bunkyo-ku, Tokyo, 113-0023, Japan

E-mail : tk203444@fsinet.or.jp　http://www.toshindo-pub.com

ISBN978-4-7989-0101-5 C3037

東信堂

大学の自己変革とオートノミー——点検から創造へ	寺﨑昌男	二五〇〇円
大学教育の創造——歴史・システム・カリキュラム	寺﨑昌男	二五〇〇円
大学教育の可能性——教養教育・評価・実践	寺﨑昌男	二五〇〇円
大学は歴史の思想で変わる——FD・評価・私学	寺﨑昌男	二八〇〇円
大学改革　その先を読む	寺﨑昌男	一三〇〇円
大学自らの総合力——理念とFD　そしてSD	寺﨑昌男	二〇〇〇円
高等教育質保証の国際比較	羽田貴史・米澤彰純・杉本和弘編	三六〇〇円
大学教育の臨床的研究——臨床的人間形成論第1部	田中毎実	二八〇〇円
大学教育のネットワークを創る——FDの明日へ	京都大学高等教育研究開発推進センター編　松下佳代編集代表	三二〇〇円
ポートフォリオが日本の大学を変える——ティーチング／ラーニング／アカデミック・ポートフォリオの活用	土持ゲーリー法一	二五〇〇円
ティーチング・ポートフォリオ——授業改善の秘訣	土持ゲーリー法一	二〇〇〇円
ラーニング・ポートフォリオ——学習改善の秘訣	土持ゲーリー法一	二五〇〇円
学士課程教育の質保証へむけて——学生調査と初年次教育からみえてきたもの	山田礼子	三二〇〇円
大学教育を科学する——学生の教育評価の国際比較	山田礼子編著	三六〇〇円
一年次（導入）教育の日米比較	山田礼子	二八〇〇円
初年次教育でなぜ学生が成長するのか——全国大学調査からみえてきたこと	河合塾編著	二八〇〇円
アクティブラーニングでなぜ学生が成長するのか——経済系・工学系の全国大学調査からみえてきたこと	河合塾編著	二八〇〇円
教育哲学	宇佐美寛	二四〇〇円
大学の授業	宇佐美寛	二五〇〇円
大学授業の病理——FD批判	宇佐美寛	二五〇〇円
授業研究の病理	宇佐美寛	二五〇〇円
大学授業入門	宇佐美寛	一六〇〇円
作文の論理——〈わかる文章〉の仕組み	宇佐美寛編著	一九〇〇円
作文の教育——〈教養教育〉批判	宇佐美寛	二〇〇〇円
問題形式で考えさせる	大田邦郎	二〇〇〇円
視写の教育——〈からだ〉に読み書きさせる	池田久美子	二四〇〇円

〒113-0023　東京都文京区向丘 1-20-6　TEL 03-3818-5521　FAX03-3818-5514　振替 00110-6-37828
Email tk203444@fsinet.or.jp　URL:http://www.toshindo-pub.com/

※定価：表示価格（本体）＋税

〈未来を拓く人文・社会科学シリーズ〈全17冊・別巻2〉〉

科学技術ガバナンス	城山英明編	一八〇〇円
ボトムアップな人間関係―心理・教育・福祉・環境・社会の12の現場から	サトウタツヤ編	一六〇〇円
高齢社会を生きる―老いる人／看取るシステム	清水哲郎編	一八〇〇円
家族のデザイン	小長谷有紀編	一八〇〇円
水をめぐるガバナンス―日本、アジア、中東、ヨーロッパの現場から	蔵治光一郎編	一八〇〇円
生活者がつくる市場社会	久米郁夫編	一八〇〇円
グローバル・ガバナンスの最前線―現在と過去のあいだ	遠藤乾編	二二〇〇円
資源を見る眼―現場からの分配論	佐藤仁編	二〇〇〇円
これからの教養教育―「カタ」の効用	葛西康徳・鈴木佳秀編	二〇〇〇円
「対テロ戦争」の時代の平和構築―過去からの視点、未来への展望	黒木英充編	一八〇〇円
企業の錯誤／教育の迷走―人材育成の「失われた一〇年」	青島矢一編	一八〇〇円
日本文化の空間学	桑子敏雄編	二二〇〇円
千年持続学の構築	木村武史編	一八〇〇円
多元的共生を求めて―〈市民の社会〉をつくる	宇田川妙子編	一八〇〇円
芸術は何を超えていくのか？	沼野充義編	一八〇〇円
芸術の生まれる場	木下直之編	二〇〇〇円
文学・芸術は何のためにあるのか？	吉岡洋・岡田暁生編	二〇〇〇円
紛争現場からの平和構築―国際刑事司法の役割と課題	城山英明・石田勇治・遠藤乾編	二八〇〇円
〈境界〉の今を生きる	荒川歩・川喜田敦子・谷川竜一・内藤順子・柴田晃芳編	一八〇〇円
日本の未来社会―エネルギー・環境と技術・政策	城山英明・鈴木達治郎・角和昌浩編	二二〇〇円

東信堂
〒113-0023 東京都文京区向丘 1-20-6
TEL 03-3818-5521 FAX03-3818-5514 振替 00110-6-37828
Email tk203444@fsinet.or.jp URL:http://www.toshindo-pub.com/

※定価：表示価格（本体）＋税